3º/3 산문선

일러두기

일부 표현은 현재 시점에 맞게 다듬었으나 주로 집필 당시의 사회적 상황과 맥락을 고려해 기존 표현을 유지했다.

차례

1. 아침의 생각

어차피 죽을 인생을 최선을 다해 살아가는 이유	011
시간 도둑	018
이십대와 삼십대	024
죄와 인간, 무엇을 미워할 것인가	031
자유 아닌 자유	038
앞에서 날아오는 돌	046
연탄가스	054
우리집?	061
일상이 뮤지컬인 사람들	069
어머니의 노래	076
이별	079
그레고리안	085
앎	093
비관적 현실주의와 감성 근육	102

2. 오후의 마음

내 안의 어린 예술가는 어디로	131
나쁜 습관	153
숙련 노동자 미스 김	157
카메라	163
리파리	168
지중해식 생존요리법	194
탐욕	205
콘탁스G1과 장 보드리야르	206
다카야마	212
튜닝의 감도	216
상점	221
나쁜 꿈	232
자전거	234
샤워부스에서 노래하기	238

예측 불가능한 인간이 된다는 것	245
해찰과 두통	251
역사의 중심	256
죽은 자들의 몫—이한열 30주기에 부쳐	264
추방과 멀미	272
여행이 불가능한 시대의 여행법	319

3. 밤의 기억

나쁜 부모 사랑하기	337
어떤 부탁	345
엇갈림	348
부다페스트의 여인	352
사랑이라는 이름의 버그	360
내 마음의 신파	368
서정의 정치학	373

위험한 책 읽기	381
책 속에는 길이 없다	404
독자, 책의 우주를 여행하는 히치하이커	438
평범	464
작가의 말 많이 쓰고 적게 건진 세월	469

1. 아침의 생각

어차피 죽을 인생을 최선을 다해 살아가는 이유

죽음은 왜 그렇게 두려운 것일까?

에피쿠로스는 이 질문을 파고들었다. 죽음에 대한 공포를 극복하지 않고는 '고귀한 쾌락'을 있는 그대로 즐기기 어렵다고 생각했기 때문이었다.

메노이케우스에게 보내는 편지에서 그는 죽음을 두려워할 필요가 없다고 말한다. 사람들에게 죽음이 우리와 아무 상관이 없다는 생각에 익숙해질 것을 권했다. 죽게 되면 더는 아무것도 자각할 수 없게 되기 때문이라는 것이다. 여기에서 더 나아가 그는, 죽음이 우리와 아무 상관이 없다는 점을 잘 통찰한다면 오히려 유한한 삶이 더 즐거울 수 있다, 왜냐하면 이런 통찰이 영원히 살고자 하는 욕구를 없애주기 때문이라고 말했다. 에피쿠로스의 생각은 이렇게 요약될 수 있을 것이다: 우리가 존재하는 한 죽음은 오지 않고, 죽음이 오면 우리는 더이상 존재하지 않는다.

노인들에게 가장 두려운 것이 무엇이냐고 물으면 '혼자 죽는 것'이라고들 답한다고 한다. 그중에서도 누구에게도 자신의 죽음이 인지되지 못한 채 오랫동안 버려지는 무연사가 가장 두렵다고 한다. 그들은 마치 죽은 뒤에도 살아 있을 것처럼 생각하고 말하고 있다. 그러나 죽음 이후의 우리는 아무것도 보지도, 느끼지도 못한다. 에피쿠로스가 이천삼백여 년 전에 통찰했듯이 그런 상태를 바로 죽음이라 한다. 그러므로 혼자 죽든, 함께 죽든 혹은 가족들 앞에서 죽든, 죽음은 우리를 똑같은 상태로 인도한다. 그것은 절대적인 무와 침묵의 세계다.

그런데 '혼자 죽는 것'이 두렵다고 말하는 노인들의 말은 그냥 어리석기만 한 것일까? 혹시 그들은 죽음이 아닌 '혼자'를 강조하고 있는 것 아닐까? 인간이 정말 무서워하는 것은 죽음 그 자체가 아니라 철저하게 혼자가 되는 것이라고 읽을 수는 없을까? 죽음은 개별적이다. 탄생은 어미의 고통과 함께하지만 죽음은 홀로 겪는다. 요컨대, 우리는 모두 혼자 죽는다.

우울증을 겪는 이들은 그렇지 않은 이들보다 자살률이 매우 높다. 원인이 무엇이든 간에 우울증에 걸리면 세상과 인간관계에 대해 비관적이 되면서 다음과 같은 생각들에 사로잡힌다. '세상은 점점 나빠지고 있다. 나는 철저하게 혼자이며 무가치한 존재다. 어차피 인간은 결국 죽는다. 아무도 이 운명에서 벗어날 수 없다……'

우울증 환자들은 인간이 혼자라는 것, 죽을 수밖에 없는 가련한 운명이라는 것을 냉철하게 직시한다는 점에서 극단적으로 현실적이다. '혼자 죽는' 고통을 미리 맛보고 있는 그들에게는 삶이 이미 죽음이고 죽음이 곧 삶이다. 다른 사람들과 달리 그들은 죽음으로 이 절대고독을 끝장내고자 한다. 고층아파트에서 아이를 밖으로 던져 주이고 자기도 자살을 시도하는 우울증 환자는 '이런 세상 살아봐야 고통이다. 이게 아이를 위하는 길이다'라고 철석같이 믿는다. 삶의 고통과 의미 없음에 대한 무서운 확신이 있기 때문이다. 에피쿠로스가 죽음의 무의미성이라는 계단을 통해 고귀한 쾌락의 세계로 들어갔다면, 우울증 환자들은 삶의 무의미와 고통이라는 다이빙대에서 죽음의 세계로 점프한다.

영화 〈그래비티〉의 무대는 행성과 행성 사이의 우주 공간이다. 그곳은 매우 춥고, 산소와 물이 없는 무중력상태다. 거기에 주인공 라이언 스톤 박사가 떠 있다. 그녀는 유일한 혈육인 어린 딸의 사고사를 겪고 이 우주 공간에 와 있다. 우주 공간은 죽음에 대한 은유로 쓰기에 딱 좋다. '거기 있다'는 것은 알지만 가보는 것은 거의 불가능한 거대한 무와 침묵의 세계로, 어떤 생명도 존재하지 않는다. 영화가 시작하자마자 스톤 박사는 수리하던 허블망원경으로부터 멀어져 어둠 속으로 빨려들어간다. 관객들은 누구나 알고 있다. 저대로 계속 멀어진다면 그녀는 끝내 돌아오지 못하게 되리라는 것을. 우주는 끝이 없으므로 그녀의 육신은 마치 혼령처럼 영원히 우주라는 이름의 구천을 떠돌게 되리라는 것을.

그런데 그녀는 동료에 의해 구조된다. 살아남기는 했지만 그녀의 눈에 비친 세계는 아직도 우울증 환자의 그것이다. 허블망원경 수리라는 임무, 딸의 죽음에서 벗어나기 위해 선택한 과제는 무산되었으며 우주왕복선 안팎에는 사고로 죽은 동료들의 시체가 떠다닌다. 지구와의 통신은 모두 두절되었다. 마지막 남은 동료 역시 그녀를 살리기 위해 스스로 희생하면서 광막한 우주 공간으로 떠나간다. 이제 그녀는 모든 것을 잃었다. 우주는 육중한 침묵 그 자체다. 게다가 우주선에는 남은 연료도 없다. 그쯤에서 그녀는 전형적인 우울증 환자의 선택으로 기운다. 죽음이 자신을 찾아오기 전에 스스로 죽음의 길로 걸어들어가는 것이다.

여기까지 영화는 우울증 환자가 겪는 심리적 풍경을 우주 공간이라는 표상을 통해 인상적으로 보여주었다. 영화를 보는 내내 나를 사로잡은 것은 절대고독 속에 유폐된 스톤 박사의 눈에 비친 광대무변한 우주 공간의 압도적 공허였다. 한 번이라도 우울증을 앓아본 사람이라면 그런 공허를 겪기 위해 굳이 우주복을 입고 대기권 밖까지 나갈 필요가 없다는 것을 잘 알고 있을 것이다. 연료가 떨어진 우주선 안에서 그녀는 지구의 어떤 가족들이 웃고 떠드는 소리를 우연히 잡은 라디오 전파로 듣는다. 그리고 그 사람들이 살고 있을 저 아름다운 푸른 지구를 내려다본다. 행복한 이들, 그러나 그들은 너무 멀리에 있다. 그리고 그들의 삶은 나와는 아무 상관이 없다. 그녀의 정신 역시 무중력상태에 머물러 있다.

잠깐의 임사 체험 이후, 스톤 박사는 마지막 남은 비상 연료와 소화기의 분사력까지 이용해 중국 우주선에 다다르고 그 우주선을 조종해 지구로 귀환한다. 이 영화가 딸을 불의의 사고로 잃은 한 우울증 환자의 심리적 풍경이라는 가정을 받아들인다면, 그녀가 어떻게 이 '정신적 무중력' 상태에서 벗어나 강력한 중력이 존재하는 지구로 되돌아올 수 있었는지도 물어야 할 것이다. 프로이트라면 아마도 그녀가 우주 공간에서 비로소 행하게 된 애도 덕분이라고 해석할 것이다. 반면 에피쿠로스라면 동료들의 진짜 죽음(딸의 죽음은 전화로 전해들었을 뿐이다)이 그녀로 하여금 죽음이 자신과 아무런 상관이 없다는 점을 올바르게 통찰하게 하였고, 이를 통해 그녀가 유한한 삶에 대한 갈망을 새롭게 느끼게 되었다고 말할 것이다. 어떻게 보자면 우울증 환자는 매를 먼저 맞기 원하는 학생처럼 죽음을 지나치게 두려워해 온종일 그것에 사로잡혀 있는 이들인지도 모른다. 죽음에 대한 이 과도한 공포, 삶의 소소한 즐거움마저 파괴하는 이 두려움은 어떻게 극복되는 것일까? 〈그래비티〉의 카메라는 위성 파편에 얼굴이 관통당한 남자 동료의 시체를 오래 응시한다. 사라진 그의 얼굴―소거된 인격―너머로 우주가 보이는 장면은 이 영화에서 가장 인상적인 장면 중 하나다. 죽음이 고작 이런 거라면 에피쿠로스가 옳은 것이다. 얼굴 없는 시체와 조금 전까지 춤을 추고 있던 동료 사이에는 아무 관계가 없다. 그들 사이에는 저 무정한 우주가 있을 뿐이다. 그러니 스톤 박사가 비로소 자신이 떠나온 작은 행성으로 시선을 돌리는 것은 자연스럽다. 진짜 죽음에 대한 직면과 통찰이 그녀에게 에피쿠로스적 계시의 공간을 열어준 것이다. 가서 지구의 공기와 물과 중력, 늘 네 곁에 있었지만 알지 못했던, 저 찬란하지만 유한한 것들을 죽음이 찾아오기까지 마음껏 즐기라고.

지구에 막 도착한 그녀에게는 이제 전혀 새로운 삶이 기다리고 있을 것이다. 죽음의 무의미를 깨달은 자만이 경험할 수 있는.

(『다다다』)

시간 도둑

 내가 어렸을 때는 시간이 한 달 단위로 흘렀다.『보물섬』이라는 만화잡지가 창간된 후부터 그랬다. 한 달 내내 그 잡지가 집으로 배달되기를 기다렸다. 우체부가 두툼한 잡지를 건네주면 방에 틀어박혀 단숨에 읽어치우고는 또 한 달을 기다렸다. 인터넷은커녕 TV 신호도 잘 안 잡히는 시골에서는 잡지가 구원이었다. 시간은 무한정으로 남아도는 것이어서 그걸 어떻게 처리해야 할지가 가장 큰 고민이었다.

 세월이 흘러 나는 어른이 되었다. 이제는 시간이 귀하다. 사방에서 볼 것이 쏟아진다. 정신 차리고 주위를 둘러보면 맹렬히 내 시간을 노리는 것들투성이다. 유튜브,

넷플릭스, 웹툰과 TV 프로그램들이 넘쳐난다. 메신저와 SNS 서비스들은 아는 사람, 나만 알고 그쪽은 나를 모르는 사람, 심지어 내가 알 수도 있다는 어떤 사람의 동정까지 숨가쁘게 알린다.

마르셀 에메의 단편소설 「생존 시간 카드」는 시간이 거래되는 가상의 세계가 배경이다. 이 세계에서 시간은 배급제로 모든 사람에게 똑같이 부여된다(여기까지는 우리와 같다). 그런데 자기에게 부여된 시간이 필요 없는 사람(혹은 시간보다 돈이 더 절실한 사람)은 다른 사람에게 그것을 팔 수가 있다. 부자들은 돈은 많은데 시간이 없다. 반면 가난한 사람들은 월급 받아서 하루하루 살아가기가 벅차고 때로 고통스럽기까지 하다. 그러니 가난한 사람들은 자기 시간을 부자에게 팔아 생활비를 마련한다. 그 결과 부자의 달력에는 4월 38일, 9월 33일 같은 날짜들이 덤으로 주어진다. 돈을 주고 산 시간에 그들은 골프도 치고 여행도 가고 마음껏 인생을 즐길 수 있다. 반면 가난한 자의 달력은 4월이 25일로 끝난다든가 5월은 27일까지밖에 없다든가 하게 된다. 즉, 5월 27일에 잠든 가난한 사람은 6월 1일 아침에 깨어나게 되는 것이다. 물론 이런 일은 현실에 존재하지 않는다. 부자에게든 빈자에게든 주어진 시간은 똑같다(다만 그 가격이 다르다. 부자의 시간은 비싸고 빈자의 시간은 싸다. 소득을 시간으로 나누면 재벌그룹 총수가 한 시간에 버는 돈이 평범한 샐러리맨 김대리가 일 년간 버는 연봉보다 많을 것이다. 소득이 높으면 휴식의 가치도 덩달아 치솟는다. 예컨대, 하루에 천만원을 버는 성형외과 의사에게는 하루의 휴식이 천만원짜리가 된다. 반면 하루에 십만원을 버는 노동자에게 하루의 결근은 십만원짜리에 불과하다. 그래서 고소득자 중에는 일중독자가 많다고 한다).

애플의 스티브 잡스는 스마트폰을 대중화시켰다. 20세기 최고의 시간 도둑이 TV였다면 21세기는 단연 스마트폰이다. 이 년 반의 뉴욕 체류를 마치고 서울로 돌아왔을 때, 가장 놀랐던 것은 지하철 내부의 모습이었다. 예전에는 무가지라도 읽고 있던 시민들이 이제는 하나같이 스마트폰을 내려다보고 있었다. 맨해튼의 뉴요커들은 여전히 지하철에서 종이책과 신문을 읽고 있었기에 체감하는 변화는 더 컸다. 그런데 뉴요커들이 책과 신문을 읽는 이유는 그들이 독서를 너무나 사랑해서가 아니라 맨해튼의 지하철에서는 휴대폰이 거의 터지지 않기 때문이었다. 데이터통신은 고사하고 음성통화도 안 되는 곳이 대부분이다. 뉴요커들도 지하철이 브루클린이나 퀸스의 지상구간으로 올라가는 순간, 일제히 책을 덮고 스마트폰을 꺼내든다.

마르셀 에메의 소설에서는 부자가 빈자에게 직접 시간을 산다. 이런 시스템은 때로 축복일 수도 있을 것이다. 하루에 천만원을 버는 성형외과 의사가 법정 최저임금을 받는 알바생에게 하루를 산다면 최소한 그 이상의 돈은 치를 것이니까. 잘하면 꽤 많은 돈을 받아낼 수도 있을 것이다. 그러나 현실은 좀더 엄혹하다. 우리의 시간은 애플과 삼성이 만든 스마트폰이 공짜로 가져간다. 돈을 주기는커녕 받아간다. 또한 스마트폰을 통해 메신저 서비스가 침투해 또 우리의 시간을 빼앗고 메시지가 오지 않는 시간에는 게임회사가 우리의 주의를 독점한다. 부자와 빈자 모두 스마트폰에 시간을 빼앗기지만 양상은 빈자에게 좀더 불리하다. 시간을 돈으로 환산하는 감수성이 발달한 부자들은 점점 스마트폰에 들이는 시간을 아까워하기 시작했다. 뉴욕타임스는 최근 뉴욕에서 유행하는 '폰 스택 Phone Stack' 게임을 소개했다. 룰은 간단하다. 고급 식당에 모여

식사를 할 때 모두의 휴대폰을 테이블 한가운데 쌓아놓고는 먼저 그것에 손을 대는 사람이 밥값을 내는 것이다. 이 게임은 얼핏 보기에는 스마트폰에 주의를 빼앗기지 말고 대화와 식사에 집중하자는 건전한 뜻을 품고 있는 것 같지만, 파워 게임의 면모도 있다. 더 오랜 시간 스마트폰에 무심할수록 더 힘이 강한 사람, 더 지위가 높은 사람이라는 것을 이제는 모두가 알아가고 있는 것이다. 이렇게 부자들이 스마트폰으로부터 멀어지는 사이, 지위가 낮은 이들의 의존도는 더 높아지고 있다. 부자나 권력자와 달리 사회적 약자는 '중요한 전화'를 받지 않았을 때의 타격이 더욱 크기 때문이다. 애타게 구직을 하는, 어제 면접을 본 회사로부터의 연락을 기다리는 젊은이가 스마트폰을 끄고 친구와의 대화에만 온전하게 집중하기는 어렵다. 그건 사치다. 하루종일 스마트폰을 만지작거리면서 혹시나 배터리가 다 떨어지지는 않았는지 초조하게 체크할 것이고, 그러다가 포털 사이트에 들어가 이런저런 뉴스를 검색하게 될 것이고, 친구로부터 온 별 중요치도 않은 메시지에 답장을 쓰게 될 것이다. 직급이 낮은 직원이라든가 거래처와의 관계에서 을의 처지에 있는 이들 역시 스마트폰의 전원을 함부로 끄지 못한다.

스티브 잡스라는 천재는 스마트폰이라는, 이름도 그럴싸하고 모양도 근사한 멋진 물건을 우리에게 선사했다. 그런데 이 앙증맞은 전자제품이 책과 신문, 잡지, 눈앞에 앉아 있는 친구 등이 사이좋게 나누어 갖던, 시간이라는 희소한 자원을 잠식하기 시작했다. 카페에 모인 친구 넷이 말없이 각자의 스마트폰을 들여다보고 있는 모습은 이제 세계 어디에서나 목격되는 풍경이다.

이제 가난한 사람들은 자발적으로 자기 시간을 헌납하면서 돈까지 낸다. 비싼 스마트폰 값과 사용료, 구독료를 지불해야 하는 것이다. 반면 부자들은 이들이 자발적으로 제공한 시간과 데이터, 돈을 거둬들인다. 어떻게? 애플과 구글, 아마존 같은 글로벌 IT기업의 주식을 사는 것이다. 월스트리트의 부자가 한국의 가난한 젊은이에게 직접 시간 쿠폰을 살 필요는 없다. 그들은 클릭 한 번으로 얼굴도 모르는, 지구 반대편에 사는 이들의 시간을 헐값으로 사들일 수 있다.

마르셀 에메의 어두운 버전이 이렇게 구현되었다.

(『다다다』)

이십대와 삼십대

 며칠 전 단골 미용실에 갔다. 디자이너 선생은 말이 없는 편이다. 그녀와 나는 오래된 동업자처럼 별다른 말 없이 작업에 들어간다. 나는 미용실에 갈 때마다 어느 조각가의 아틀리에에 와 있다는 느낌을 받곤 한다. 나는 내 머리를 조각의 재료로 내어주고 얌전히 앉아 있어야 한다. 그러면 흰옷을 입은 예술가 선생님이 쓱싹쓱싹 가위를 움직여 작품을 만들어낸다. 작품이 완성되면 나는 묵묵히 정해진 돈을 지불하고 내 머리를 되찾아온다. 이상한 것은 내 머리를 작품의 재료로 제공해주고도 그 대가를 받지 못한다는 점이다. 하긴 이상할 것도 없다. 그녀야 뭐가 아쉽겠는가. 돈 주고 자기 머리 제공하겠다는 사람들이 날마다 줄을 서 있는데.

"요즘 무슨 영화 보셨어요?"

긴 침묵이 불편했던지 디자이너 선생이 물어왔다.

"〈화양연화〉요."

가위질이 잠시 멈칫했다.

"그거 너무 재미없다던데……"

음…… 나는 별로 해줄 말이 없었다. 다행히 머리를 감아야 할 시간이 되었다. 이십대 초반의 씩씩한 스태프는 내 머리를 감기다가 똑같은 질문을 해왔다.

"요즘 영화 보신 거 있어요?"

"〈화양연화〉요."

머리를 감기던 손이 잠시 멈칫.

"우와, 그거 너무 재미없지 않아요?"

이런, 불과 오 분 사이에 〈화양연화〉가 재미없다는 얘기를 두 번이나 듣다니. 음, 그 영화가 그렇게나 재미가 없었단 말인가.

"저는 그 영화 보다가 죽는 줄 알았어요. 왕가위 영화는 다 그런 거 같아요. 전에 〈동사서독〉인가는 보다가 하도 지루해서 얼굴도 모르는 옆 사람 팝콘을 다 먹었다니까요."

옆 사람 팝콘을 먹은 것과 지루한 것이 무슨 관계가 있는지는 모르겠지만 스태프 말의 요지는 이해가 갔다. 왕가위 영화는 재미가 없다는 것. 그게 그 대형 미용실의 중론인 듯싶었다.

"근데, 나는 재밌었어요."

나는 조심스럽게 반론을 제기했다. 그녀는 눈을 둥그렇게 떴다. 어떻게 그런 영화가 재밌을 수 있냐는 듯이.

"삼십대가 돼서야 알 수 있는 것들, 그 영화엔 그런 게 있거든요."

그녀는 잠시 생각해보더니, 뭐 이해는 안되지만, 그래도 네가 손님이니까 이 정도에서 참는다는 표정으로 마지못해 고개를 끄덕였다.

삼십대가 되어서야 알 수 있는 것들? 말해놓고 보니 그럴싸했다. 십대와 이십대엔 결코 가능하지 않은 것들. 그것은 절제, 혹은 절제의 아름다움일 것이다. 십대엔 자기 욕망이 뭔지도 잘 모른다. 그래서 인정해야 할 것들을 인정하지 않고 그래서 문제들이 쓸데없이 커진다. "나는 너한테 입맞추고 싶고 너를 안고 싶고 너와 자고 싶어." 십대엔 자기 내부에 이런 욕망이 있다는 걸 승인하지 않는다. "난 단지 너와 있고 싶은 거야." 이런 거짓말을 하면서 실제로는 대형사고를 친다(아, 정말이지 십대로는 다시 돌아가고 싶지 않다). 이십대에는 자기 욕망이 뭔지는 좀 안다. 상대방의 욕망도 짐작할 수 있다. 문제는 절제가 안 된다는 것이다. 이십대의 욕망에는 길이 없다. 사방으로 분출하면서 주위를 불행하게 한다. 이 시기를 한 문장으로 요약하면 다음과 같다. "우리는 서로 사랑하잖아. 그런데 도대체 왜 안 된다는 거야?" 아, 가련한 청춘들. 그러나 그들에게는 그런 사랑이 어울린다. 그래서 그 무절제도 때로는 충분히 아름답다.

그러나 삼십대엔, 말하지 않는다. 영화 〈러브 어페어〉의 워런 비티와 아네트 베닝의 사랑이 그런 것 아닌가. 불구가 되고서도 그 사실을 알리지 않는 아네트 베닝, 그 사실을 모르면서도 약속 장소에 나오지 않은 그녀를 책망하지 않는 워런 비티. 말하지 않음으로써 말하는 방식. 그게 삼십대에 어울리는 사랑이다. 알 거 다 알고, 상대방이 알고 있다는 것도 알고, 그러면서도 슬쩍 모른 체해주는 것, 모른 체하고 있는 걸 상대방이 알고 있다는 것까지도 모른

체해주는 것, 이런 사랑이 삼십대엔 어울린다.

장만옥은 이상하게도 이런 역할을 잘 소화하는 배우다. 바다를 바라보며 돌아오지 않을 시동생을 기다리고 있을 때(《동사서독》), 공설운동장 매점에 앉아 이름 모를 남자에게 빼앗겨버린 자기 인생의 육십 초를 아쉬워하고 있을 때(《아비정전》), 떠나가는 남자를 붙잡지 못하고 제 팔뚝만 으스러져라 움켜쥘 때(《화양연화》), 그럴 때 그녀는 가장 빛난다. (이런 표현을 용서해준다면) 정말이지 똑, 꺾어가고 싶을 정도다.

이십대의 장만옥은 때로 펑펑 울었다. 나는 어두운 극장에서 자주 그녀와 마주쳤다(아, 그녀는 정말이지 너무나 많은 영화에 출연했었다). 그녀는 사랑 때문에 목을 매기도 했고 자신을 버린 사람에게 바락바락 소리를 질러대기도 했다. 그러던 그녀가 나와 함께 나이를 먹어가고 있다. 1964년생인 그녀는 서른을 넘기며 새로운 모습을 보여주기 시작했다. 아니, 그녀의 새로운 모습을 발견해준 사람을 만났다는 게 정확한 표현일 것이다. 왕가위. 왕가위는 장만옥이라는 배우 내면에 숨어 있는 '식물성'을 포착했다. 그는 그녀를 매점에, 바닷가에, 아파트에 붙박았다.

그러자 그녀는 양귀비꽃처럼 지독한 향기를 풍겨내며 하늘거렸다. 〈화양연화〉에서 그녀가 국숫집 골목을 슬로 모션으로 천천히 흐느적거리며 올라갈 때, 나는 그 장면 하나만으로도 행복할 수 있었다. 분명 왕가위는 속도의 아름다움을 아는, 그리고 그것을 보여줄 수 있는 작가였다. 빠르게 건너뛸 때도, 느리게 흘러갈 때에도 그는 속도가 수단이 아니라 이미 하나의 메시지라는 사실을 명확히 알고 있는 것 같았다. 〈화양연화〉 속에서 장만옥은 그 어느 때보다 '천천히' 움직인다. 천천히 웃고 천천히 울고 천천히 말하고 천천히 떠나가고 천천히 돌아온다. 그 느림으로 영화는 말한다. 삼십대의 사랑에 대하여, 절제의 아름다움에 대하여, 말해지지 않는 것의 비의에 대하여.

"수고하셨습니다."

인사말과 함께 예술가들에게서 머리통을 돌려받을 수 있었다. 수고했다는 인사말을 들으니 정말로, 서비스를 받은 게 아니라 내 쪽에서 그들에게 뭔가 용역을 제공했다는 느낌이 들었다. 나는 머리통을 매만지며 카운터 쪽으로 나와 아직 이십대인 조각가 선생에게 돈을 지불했다.

불쑥 이런 의문이 들었다. 언젠가 그들도, 단지 나이를 먹었다는 이유만으로 〈화양연화〉 같은 영화를 좋아하게 될 날이 올까. 열정이 없는 사랑도 가능하다고, 그냥 팔목을 꼭 잡는 것만으로도 견뎌낼 수 있는 그리움이 있다고, 믿게 될까?

   잘 모르겠다.

(『김영하 이우일의 영화이야기』)

죄와 인간, 무엇을 미워할 것인가

 꽤 오래전의 일이다. 남쪽 지방의 대학에서 학생들을 가르치는 선배가 자기 학교에 와서 강연을 해달라고 했다. 그 선배도 보고 싶고 해서 흔쾌히 수락했다. 강연을 그럭저럭 마치고 학교 직원들과 함께 저녁식사를 하러 갔는데 꿈에도 생각지 않았던 사람이 교직원이 되어 거기 있었다. 반가웠다. 몸이 좀 붇긴 했지만 옛 모습 그대로였다.

 우리가 처음 만난 것은 정확히 이십 년 전, 경기도 화성의 한 부대에서였다. 당시 나는 사단 헌병대 수사과 소속이었고 그는 내 바로 밑의 후임이었다. 그 사단은 사건이 많기로 유명했다. 수원, 화성, 안양, 과천, 평택, 오산, 송탄을 아우르는 넓은 관할구역 탓이었다. 그 부대 병사들보다는 휴가를 나와서 사고를 치는 다른 부대 병사들 때문에 사건이 넘쳤다. 강도 강간이나 패싸움, 탈영 같은 굵직한 사건부터 접촉사고 같은 소소한 사건까지 종류도 가지가지에 건수도 많았다. 이렇게 사건이 많이 터지는 수사과에서는 과원들끼리의 팀워크가 중요하다. 수사 진척이 느리다며 수사과장은 하루종일 고래고래 소리를 질러대고, 검사에게 불려가 야단을 맞고 온 수사관들은 의견서를 박박 찢으며 짜증을 부려댄다. 그 와중에 육군본부 같은 상급부대에서 난데없이 오래전에 처리한 사건을 전화로 문의해오기도 하는데, 누군지 묻지도 않고 친절하게 대답해줬다가는 함부로 기밀을 누설했다고 날벼락을 맞기도 한다. 이러니 정신을 바짝 차리고 서로 돕지 않으면 바로 사달이 난다. 워낙 사건이 많다보니 나는 사격이나 유격, 태권도 같은 야외에서 하는 훈련에는 거의 한 번도 나가보질 못했다. 끗발 센 헌병대에서 보내지 않겠다면 안 보내는 것이다. 나는 바깥 구경 한 번 제대로 못해보고 꼼짝없이 붙들려 피의자 신문조서나 의견서 같은 서류를 타이핑하면서 군생활을 보냈는데, 내 후임인 그도 나와 똑같은 신세였다. 우리는 탁구의 복식조처럼 눈부신 속도로

네벌식 수동타자기와 두벌식 전동타자기, 갓 도입되기 시작한 286컴퓨터 쿼티 자판을 번갈아 두들겨대며 정신없이 서류를 꾸며 법이 정한 시한 안에 사건을 검찰로 송치하는 작업을 도왔었다.

술자리가 무르익었을 즈음, 그가 말했다.

"참, 사건이 하나 있었어요. 제대하신 직후에 헌병대가 발칵 뒤집혔어요."

새로 부임한 헌병대장이 불시에 영창에 쳐들어가 소지품 검색을 했는데, 영창 곳곳에서 다수의 담배가 발견된 것이다. 대다수는 영창에서 근무를 서는 헌병들이 준 것이었다. 관련되지 않은 대원이 거의 없을 정도로 대규모의 사건이었는데, 새 헌병대장은 원리 원칙대로 헌병대 사병 거의 전원을 영창에 처넣고 정식으로 사건 처리를 했다고 한다. 그런데 문제는 수사과 인원들까지 모두 영창에 들어가는 바람에 조서를 타이핑할 사람이 하나도 없게 되었고, 하는 수 없이 수사과의 간부들이 내 후임인 그만 영창에서 빼냈다는 것이다.

"있었으면 형도 걸렸을 거예요. 참 운도 좋은 사람이라고 다들 그랬죠."

우연히 마주친 후임 덕분에 이십 년 전 영창의 모습과 거기에서 있었던 일들이 생생하게 떠올랐다. 영창에 깔려 있던 노란색 모놀륨부터 완강한 철창, 양반자세로 앉아 억지로 잠을 쫓으며 독서를 해야만 했던 수감자들, 집총을 거부하여 입대 첫날 영창으로 직행한 선량하고 평온한 얼굴의 여호와의 증인 신도들까지.

내가 그들과 인간적으로 깊은 관계를 형성하게 된 데에는 특별한 계기가 있었다. 어느 날 헌병대장이 나를 불러서는 수감자들의 수양록(수감자들의 일기)을 편집해 책으로 펴내고 싶다고 한 것이다. 평소 수사과 업무가 바빠 영창 근무를 거의 서지 않던 나는 그 일 때문에 자주 영창에 내려가 수감자들과 접촉하게 되었다. 그때 영창에는 고등학교 시절 자기와 친구들을 괴롭히던 선배를 칼로 찔러 죽인 일이 뒤늦게 들통나 잡혀들어온 이병과 탈영중에 수십 차례 강도, 절도, 강간을 저지른 혐의로 체포된 하사가 있었다. 죄질이 아주 나빴다.

영창의 수감자 전원이 수양록을 써내야 했지만 잡범들의 글은 하나같이 한심했다. 그들에게 수양록은 고등학교 시절부터 숱하게 썼던 반성문과 다를 바 없는 지겨운 의

무에 불과했다. 그러나 1심에서 각각 사형과 무기징역을 구형받은 이 중범들은 달랐다. 고등학교 졸업이 최종 학력이었던 이들은 당시 스무 살, 스물두 살에 불과했고 맞춤법도 엉망이었지만 막상 자기 삶과 죽음의 문제가 코앞에 닥쳐온 자들의 글은 무거웠다.

먼저 재판을 마친 하사는 1심에서 무기징역을 선고받았지만 2심을 거치고 사단장의 감형까지 더해져 십오 년으로 형이 줄었다. 그의 수양록은 길었다. 어떤 날은 수십 페이지에 달할 때도 있었다. 마지못해 의무로 쓰는 글이 아니었다. 그는 글쓰기를 통해 인생에서 처음으로 자기 자신과 대면하고 있는 것 같았다. 무기징역이 구형된 날의 일기에는 죽음에 대해 썼고, 십오 년으로 감형된 날의 일기에는 서른일곱 살이 되어 출소하는 자신의 모습을 담담히 그리고 있었다. "아직은 너무 멀게만 느껴지지만 희망을 버리지 말자. 하루하루 의미 있게 살아가자"고 쓰여 있었다. 그의 글을 읽고, 그의 눈을 보면 그가 일 년이 넘도록 남의 집 담장을 넘어다니며 그토록 나쁜 짓을 저질렀다는 게 믿어지지 않았다. 눈은 맑고 문체는 명징하고 말투는 공손했다. 언젠가 그에게 물었다. 후회하느냐고. 그는 그

맑은 눈으로 나를 바라보며 말했다.

"지난 일 년이 그냥 하룻밤의 꿈 같습니다. 현실 같지가 않습니다."

그에게는 애인이 있었다. 그가 기술 부사관으로 입대하자 그녀는 그를 떠났다. 휴가를 나온 그는 자기를 버린 애인을 찾아다니다가 귀대시간을 놓쳤고, 그대로 탈영병이 되어 수원까지 흘러갔다. 수원의 한 술집에서 그는 자신과 이름이 똑같은 남자를 만났다. 이 남자는 하사를 데리고 어떤 집으로 가더니 갑자기 그 집 담을 넘었고 하사는 그가 다시 밖으로 나오기를 기다렸다. 자기도 모르게 망을 보게 된 셈이었다. 그게 시작이었다. 이 동명이인 범죄자들은 그렇게 일 년 넘게 범행을 저질렀다.

마이클 윈터보텀의 〈에브리데이〉는 마약 밀매 혐의로 수감된 남자와 그 가족의 오 년간의 삶을 보여준다. 마약 밀매라는 범죄는 분명한 피해자가 없다. 사고팔지 말아야 할 물건이라서 문제지 본질은 장사고 거래다. 영화는 주인공의 수감생활과 면회 장면만 거듭 보여준다. 그래서인지 그가 정말 나쁜 사람이라는 생각은 들지 않고 단지 가족과 떨어져 거친 범죄자들과 함께 살아가야 하는 네 남매의 아버지로만 보인다. 만약 주인공이 저지른 범죄가 이십 년 전의 그 하사가 저지른 성질의 것이었다면 영화는 좀더 어려운 질문을 감당해야만 했을 것이다.

이십 년 전 운명은 나에게 독특한 임무를 맡겼다. 그것은 맑은 눈의 탈영병이 일 년 동안 저지른 끔찍한 죄상을 낱낱이 내 손으로 직접 기록한 후, 바로 그 주인공의 입으로 자신이 저지른 그 모든 일이 그저 '하룻밤의 꿈만 같다. 현실 같지가 않다'고 말하는 것을 내가 듣도록 했다. 그런 후에 그가 진심을 다해 적은 참회와 반성의 일기를 받아 그걸 편집하도록 했다. 조서 속 흉악범과 무책임한 회상의 주체, 참회하는 어린양은 모두 같은 사람이었다.

'죄는 미워하되 인간은 미워하지 말라'는 유명한 말이 있다. 그런데 막상 겪어보면 죄뿐만 아니라 인간을 함께 미워하는 일이 의외로 쉽지 않다는 것을 깨닫게 된다. 특히 그들이 우리 눈앞에 있을 때에는 더욱 그렇다.

(『다다다』)

자유 아닌 자유

대학교 2학년 때의 일이다. 여름방학을 맞은 나는 숭례문 근처의 한 회사에서 영어회화 카세트테이프를 파는 일을 시작했다. 며칠간의 세일즈 교육은 세상 물정 모르던 대학생에게는 새로운 세상이었다. 하루종일 세일즈, 세일즈 노래를 듣다보니 세상은 물건을 파는 사람과 그것을 사는 사람, 딱 두 종류의 인간으로 구성되어 있는 것만 같았다. 강사는 말했다. 세일즈를 하지 않을 때에도 우리는 늘 뭔가를 팔고 있다. 삶의 매 순간 우리는 자기 자신을 남에게 세일즈하고 있는 것이다. 그러니 이왕이면 잘 파는 게 좋지 않겠나?

극지방에서도 냉장고를 팔 수 있다는 유의 세일즈 성공

담들과 망설이는 잠재고객들을 어떻게 후려칠 것인가 하는 실전 요령들을 습득한 후 나와 동료들은 바로 실전에 투입되었다. 개량한복을 입은 삼십대 초반의 여성이 팀장이었다. 우리 실적 중 일부를 자기가 떼어먹는 다단계식 조직이었기 때문에 그녀는 우리의 전화통화 하나하나에 늘 신경을 곤두세웠다. 무작위로 전화를 걸어대다가 행여 관심을 보이는 고객이 있으면 상담 약속을 잡아 집으로 찾아갔다. 세일즈맨이 최초의 오더를 받는 것을 '아이스브레이크'라 부른다는 것을 그때 알았다. 개량한복 팀장은, 아이스브레이크까지가 힘들지 그 이후부터는 술술 풀린다고 여러 차례 강조하며 우리를 독려했다. 나와 동료들은 은근히 경쟁심을 불태우며 팀장이 준 주소록을 보고 전화를 걸어댔다. 그러나 얼음을 깨는 게 말처럼 쉬울 리 없었다. 일단은 고객이 우리 얘기를 듣게 해야 했고 집으로 가도 된다는 허락도 받아내야 했다. 집에 가서는 영어회화 테이프를 들려주며 이게 왜 거금을 들여 당장 사야만 하는 것인지를 납득시켜야 했다.

  일주일이 지나서야 우리 중 한 명이 드디어 고객과 약속을 잡는 데 성공했다. 그러나 사무실로 돌아온 그의 표정은 밝지 않았다. 자리보전을 할 지경인 할머니가 친구들과 오토바이만 타고 다닌다는 말썽쟁이 손자의 공부를 위해 영어회화 테이프를 사겠다고 했다는 것이다. 단칸방에서 근근이 살아가는 그 할머니의 쌈짓돈을 차마 우려낼 수 없었던 그는 들고 갔던 영어회화 테이프 상자를 그대로 들고 돌아왔다. 사정을 전해들은 팀장의 입에서 불이 뿜어져나왔다.

"네가 뭔데 고객이 영어회화 테이프가 필요한지 아닌지를 판단해? 가난한 사람은 영어 배우면 안 되나? 오토바이 타고 놀러 다니던 십대 손자가 어느 날 갑자기 영어 공부를 시작할 수도 있잖아? 그래서 나중에 성공할 수도 있잖아? 그런데 일개 세일즈맨 주제에 왜 네 멋대로 그런 가능성을 부정해? 네가 신이야? 고객이 영어회화 테이프가 필요하다잖아! 근데 왜 안 팔아? 우리가 깡패 데려가 강매했니? 고객이 자유롭게 선택한 걸 네가 왜 방해해?"

그녀는 '선택'이라는 말에 유난히 힘을 주어 강조하더니 이어 자신의 사례도 곁들였다.

"내가 이 일 시작한 지 얼마 안 됐을 때야. 상담 약속을 하고 가보니 산동네 단칸방에 온 식구가 다 살고 있었어. 자그마치 일곱이었어. 거기서 세 세트를 팔았어. 초급, 중급, 고급. 내 말 명심해. 집에 전화가 있다는 건 중산층이란 뜻이야. 매달 고정적으로 들어오는 수입이 있다는 거야. 돈이 진짜 없어봐, 전화를 어떻게 놔?"

자본주의사회의 마케팅이라는 것은 고객이 굳이 필요하다고 생각하지 않던 것도 필요하다고 여기게 만드는 것이다. 정말 필요한 것이었다면 고객에게 이미 있을 것이다. 아직 안 샀다는 것은 아직 그게 절실하게 필요하지 않았다는 뜻이기도 하다. 그걸 뻔히 알면서도 팀장은 고객이 물건을 '자유'롭게 '선택'했다는 식으로 눙치고 있었다. '자유'와 '선택'이라는 멋진 단어는 그 순간부터 나에게 좀 다른 의미를 가지게 되었다.

물론 세일즈맨은 고객이 물건을 사도록 유혹할 자유가 있고 고객은 그 유혹에 넘어갈 자유가 있다. 이때의 자유란 억압으로부터의 해방을 의미하는 정치적 개념이라기보다 강력한 저항이 없는 한 할 수 있는 모든 수단을 다 동원해 제 뜻을 이루겠다는 힘의 논리를 의미하는 것이다. 메이플라워호에 승선한 이들은 종교의 자유를 찾아 미국으로 건너왔지만 그 후예들은 원주민의 땅을 차지할 자유를 찾아 총을 들고 서부로 향했다. 메이플라워호의 자유가 정치적 해방으로서의 자유라면 서부로 향한 이들의 자유는 약탈의 권리를 의미한다. 자유가 이렇게 힘의 논리를 포장하는 명분에 불과한 사회에선 만인 대 만인의 투쟁이라는 홉스적 세계관이 진리가 된다. 초강대국 미국이 걸핏하면 들이대는 가치가 '자유'라는 것은 그래서 의미심장하다.

충분히 팔 수 있었던 상품을 양심 때문에 차마 팔지 못한 내 동료 같은 사람은 미국식 자유가 횡행하는 사회에서 낙오자가 되기 십상이다. 자신이 당하고 싶지 않은 일을 타인에게도 행하지 말라는 칸트적 도덕률은 이런 사회와 정면으로 충돌한다. 자유롭게 타인을 이용해 이익을 취할 수 있는 사람, 타인을 목적이 아닌 도구로만 볼 수 있는 사람이 승자가 된다. 팀장의 질책을 묵묵히 받아내던 동료는 다음날부터 사무실에 출근하지 않았다.

나는 한 달이 다 되어서야 겨우 아이스브레이크를 했다. 아무 소득도 없이 그래도 한 달을 버틴 것은 그 더운 여름에 쏟아부은 시간과 노력이 너무 아까웠기 때문이었다. 나는 단 한 세트라도 팔아서 내가 무의미하게 여름방학을 보내지 않았다는 위안을 얻고 싶었다. 다행히 불광동에 사는 한 고객이 내 물건을 사주었다. 올망졸망한 단독주택들이 늘어선 좁은 골목을 헤매다 겨우 찾아들어간 고객의 집은 작고 아담했다. 그들이 건네준 오렌지주스를 마시며 나는 영업을 시작했고, 잠시 후 순조롭게 계약을 마쳤다.

사무실로 돌아오자 팀장은 다른 동료들 들으라는 듯 꽤나 요란하게 내 아이스브레이크를 축하해주었다. 최소한의 목표를 이루었기 때문에 나는 다음날부터 사무실에 나가지 않았다. 그런데 그후로 몇 주가 지나도 수당이 입금되지 않았다. 십만원도 안 되는 돈이었지만 한 달의 시간과 맞바꾼 것이었다. 나는 뻔질나게 전화를 걸어 입금을 독촉했지만 팀장은 이런저런 변명으로 받아넘기거나 내 전화를 회피했다. 결국은 회사의 상급자와 매우 불쾌한 통화를 길게 하고 나서야 간신히 수당을 받아낼 수 있었다.

함께 그 일을 시작했던 대학생 동료들 중 한 달을 넘긴 사람은 거의 없었다. 개중에는 몇 세트를 판 친구도 있었지만 지인이나 친척이 사준 것이었다. 어쩌면 그러라고 우리를 고용한 것이었는지도 몰랐다. 몇 달 후 신촌에서 우연히 마주친 동료에게 수당에 얽힌 후일담을 전해들을 수 있었다. 예상대로 팀장은 수당을 떼어먹을 '자유'를 여러 차례 행사했고, 나만큼 집요하거나 독하지 못했던 어떤 동료들은 더럽고 치사해서 수당을 떼어먹힐 자유를 '선택'할 수밖에 없었다고 한다.

그 여름 '헝거게임'의 승자는 개량한복을 입은 팀장이었겠지만 그녀라고 언제까지 승자였을까 싶다. 그녀 위에는 그녀보다 더 독한 누군가가 있었을 것이고, 그 위에는 또 누군가가 있었을 것이다. 때는 1987년 6월 항쟁 직후였는데도 나와 내 대학생 동료들 누구도 이런 시스템을 바꿀 엄두도 내지 않았고 바꿔야 한다고도 생각하지 않았다. 내 몫의 알량한 수당만 챙기고 달아나면 된다고 생각했다. 그때 우리는 모두 대통령 직선제로의 개헌 같은 '큰 문제'만 바뀌면 다른 소소한 문제들은 저절로 바뀌리라 믿었던 것이다. 모두들 그렇게 생각하는 사이, 대기업이 주도하는 우리 사회의 '헝거게임'은 슬금슬금 전면적으로 확대되었고, 어느새 우리 모두는 아레나에서 만인 대 만인의 투쟁을 벌이면서도 이런 상황이 개선될 거라는 희망

따위는 감히 품지 못하는 그런 시대에 살게 되었다.

(『다다다』)

앞에서 날아오는 돌

 점을 보러 갔었다. 대학교 4학년 때니 벌써 꽤 오래전의 일이다. 졸업을 한 학기 앞둔 나로서는 내 앞날이 꽤나 궁금하던 참이었다. 한 여대 앞에 있던 그곳은 여느 점집들이 그렇듯이 사주, 팔자, 궁합, 관상 등 그 업계의 주 종목들을 다 다루고 있었고, 겉으로 봐서 특별한 점은 하나도 없었다. 허름한 ㄷ자 모양의 단층 한옥의 문을 밀고 들어가니 키가 작고 통통한 젊은 여자가 접수를 받고 있었다. 이 집은 그 무렵 막 이름을 날리기 시작했는데, 어리고 신통한 총각 점술가가 손님을 가려 받는 것으로도 유명했다. 마음에 들지 않는 손님이 오면 바로 돌려보낸다고 했다. 여자들 사이에 앉아 한 시간쯤 기다리자 내 차례였다.

명산의 이름에다 '도령'을 붙여 예명으로 삼은 그 점술가는 보기에도 남달랐다. 도령이라는 호칭이 무색하지 않게 머리를 길게 길러 땋았는데 발치에 닿을 정도였다. 이목구비는 크고 시원시원했고 손가락들은 희고 무척이나 길었다. 왠지는 모르겠지만 그는 나에 대해 좀 흥미를 느낀 것 같았다. 그는 내게 사주를 물어 흰 종이에 받아적더니 그것을 오래 들여다보았다. 그러고는 내 얼굴을 뚫어져라 한참을 바라보았다. 그는 다시 사주를 받아적은 종이의 여백에 알 수 없는 한자를 휘갈겨대더니 문진을 들어 종이 위에 올려놓았다.

 "뭐가 되고 싶으십니까?"

 그의 첫 질문이었다.

 "글쎄요. 혁명가?"

 무슨 심사로 그런 장난기가 동했는지는 모르겠지만 도령의 다음 행동을 보면 내 대답이 그의 흥미를 돋운 것은 분명했다. 도령은 밖에서 접수를 받는 여자(누이라는 소문이 있었다)를 불러 당분간 손님을 받지 말라고 일렀다. 그러고는 자세를 고쳐 잡았다.

 "운명은 앞에서 날아오는 돌이고 숙명은 뒤에서 날아오

는 돌입니다. 앞에서 날아오는 돌이라고 다 피할 수 있는 것은 아닙니다. 다만 힘이 들지요."

때는 1989년이었다. 1987년 6월 항쟁으로 대통령 직선제가 도입되었지만 정작 그 선거로 뽑힌 것은 노태우였다. 노태우 정권은 임수경씨와 고 문익환 목사의 방북에 이어 전대협의 격렬한 통일투쟁에 직면하자 공안정국으로 맞서기 시작했다. 베를린장벽이 무너지면서 학생운동이 기대고 있던 정신적 한 축, 동구권 사회주의국가들이 도미노처럼 무너지고 있었다. 반면 한국 자본주의는 88올림픽 이후 호황을 구가하기 시작하는 그런 무렵이었다.

"저도 국운이라는 것을 봅니다."

'국운'이라는 말을 던질 때 그의 눈꼬리가 가볍게 올라갔다.

"이 나라가 앞으로도 꽤 흔들리기는 하겠지만 뒤집어지는 일은 없을 겁니다."

도령의 단언이었다.

"그런데도 계속 혁명가를 꿈꾸신다면 감방에나 들락거리다 인생이 끝날 겁니다. 당신 사주에는 그런 운이 없습니다. 앞에서 날아오는 돌을 피할 수는 있지만 힘이 든다는 게 바로 그런 뜻입니다."

그는 자기가 적어놓은 해독 불가능한 한자들을 잠깐 내려다보더니 말을 이었다.

"당신은 나무입니다. 나무라서 물을 가까이하는 게 좋습니다. 그런데 이 나무를 큰 바위가 짓누르고 있습니다. 바위가 나무를 누르고 있으니 어떻겠습니까? 화가 나겠지요. 당신은 지금 세상에 대해 무척 화가 나 있습니다. 그런데 나무는 자라게 마련이고 바위는 부서지게 마련입니다. 그러니 나이를 먹을수록 부드러워지고 유순해질 겁니다."

나무와 바위의 비유는 꽤나 근사했다. 나는 언제나 비유와 대구로 이루어진 수사에 잘 설득되곤 했다.

"그럼 저는 어떤 일을 해야 되겠습니까?"

"사주에 말씀 언자가 둘이나 들어 있습니다. 말과 글로 먹고살게 될 겁니다. 그쪽으로 가면 사십 년 대운입니다."

그와 나는 한 시간 반이 다 되도록 이런저런 이야기를 나누었다. 한 시간에 네 명의 손님을 받는다는 그로서는 큰 선심을 쓴 셈이었다. 나 개인의 운명에서부터 이른바 국운까지 화제는 다양했다. 문득 이런 점술가 술친구가 하나 있으면 좋겠다는 생각이 들었다. 말이 오가는 김에 나는 그가 손님을 가려 받는 이유도 물었다.

"아침부터 저녁까지 꼼짝도 못하고 앉아서 손님을 받는 일인데, 관상이 나쁜 손님이 들어오면 내가 정신적으로 너무 힘이 듭니다. 안 좋은 얘기를 있는 그대로 해주자니 그것도 못할 짓이고 거짓말로 대충 둘러대는 것도 양심이 허락하지를 않고, 그래서 그냥 돌려보냅니다. 아예 듣지 않는 게 좋은 말도 있지요."

밖에서 누이가 자꾸만 눈치를 주는 통에 우리의 대화는 그쯤에서 끝이 났다.

시간이 흐르자 그의 예언은 하나둘 맞아들어가기 시작했다. 이듬해 나는 대학원에 진학했고 본격적으로 글을 쓰기 시작했다. 이 년쯤 후엔 잡지 등에 고료를 받고 글을 쓰기 시작했고, 얼떨결에 단행본도 출간하게 되었다. 그렇게 번 돈이 대학원의 등록금을 다 내고도 남았다. 대학원을 마치고 군대에 다녀오자마자 작가로 정식 등단을 했고 모교의 한국어학당에서 외국인들에게 한국말도 가르치기 시작했다. 그후로 라디오 진행자나 교수, 시나리오작가 등을 거쳐 마침내는 전업 소설가로 먹고살게 되었으니 말과 글로 먹고살게 되리라던 그의 예언은 잘 맞아떨어진 셈이었다. 어느샌가 나는 나를 짓누르던 바위의 압력도 더는 느끼지 못하게 되었다. 나는 그 무엇에도 크게 분노하지 않는 유순한 인간이 되었다. 국운 역시 그가 예측한 바와 크게 다르지 않았다.

도령을 만난 지 십 년쯤 지났을 때였나. 무슨 바람이 불었는지 문득 그가 다시 보고 싶었다. 알아봤더니 그의 운도 그새 크게 달라져 있었다. 다 쓰러져가는 한옥에 들어 있던 그의 점집은 초역세권 대로변의 빌딩으로 옮긴 상태였고 예약은 이미 삼 년치가 다 차 있다고 했다. 한 지상파 TV 프로그램에서 죽은 사람 사주를 들고 몇몇 점술가를 찾아갔는데, 오직 그와 또 한 명의 점술가만이 "왜 죽은 사람 사주를 갖고 장난을 치느냐?"고 말해 갑자기 유명해진 탓이었다.

영화 〈관상〉의 주인공 김내경은 1989년에 내가 만난 도령처럼 자신만만한 캐릭터다. 시골구석에서 나름 유명했던 그는 기회가 주어지자 거침없이 '국운'의 세계로 뛰어든다. 그 도령과 달리 김내경은 '앞에서 날아오는 돌'을 피하기 위해 분투한다. 그러나 그 분투는 결국 운명을 완성하는 데 도움을 줄 뿐이다. 그런 면에서 본다면 〈관상〉은 '인간은 운명을 절대로 거스를 수 없다'는 보수적인 메시지를 전하고 있는 것처럼 보인다. 그런데 수양대군과 김종서 쪽에서 보면 흥미로운 차이가 있다. (역사적 사실은 차치하고 오직 극 안에서의 모습만 볼 때) 김종서는 관상, 즉 운명을 있는 그대로 믿은 자요, 수양대군은 과감하게 그것을 바꾸고 속인 자다. 영화 속의 수양대군은 예언이 가진 암시적 속성을 간파하고 적극적으로 활용하고 있다.

작가로 자리를 잡은 후에 머리를 길게 땋은 그 도령의 신통한 점괘 얘기를 하면 거의 모든 사람이 그를 만나고 싶어했다. 그런데 내가 사람들에게 말하지 않은 것이 하나 있다. 1989년에 나더러 '말과 글로 먹고살게 되리라'고 단언한 사람은 내 주변에 단 한 명도 없었다는 것, 오직 그 도령만이 예외였다는 것이다. 그는 마치 정해진 운명을 읽어주듯 담담한 확신을 가지고 말했고 나는 그의 말을 '앞에서 날아오는 돌'이라고 여기고 피하지 않고 맞았던 셈이다.

우리의 운명이 이미 정해져 있다는 운명예정설 따위를 믿을 게 아니라면 믿을 수 있는 것은 하나밖에 없다. 우리에게 자기실현적 암시가 꼭 필요한 인생의 순간들이 있다는 것. 그 암시를 꼭 점집에서 들을 필요는 없겠지만 말이다.

(『다다다』)

연탄가스

 남들은 들으면 심각하게들 생각하지만 내겐 별스럽지 않은 과거가 하나 있다. 다름아니라 열 살 때 연탄가스를 마시는 바람에 그 이전의 기억을 다 날려먹은 사건이다. 그 무렵 우리 가족은 양평읍에 살았었는데 아버지는 군인이라 집에 잘 들어올 수 없었고 때마침 동생은 친척집에 간 터라 문제의 그날은 나와 어머니만 집에서 자고 있었다(고 한다. 내 기억엔 없으니까). 그다음 기억은 양평 읍내의 병원 침대에 누워 있던 것이었다. 옆엔 나보다 상태가 좀 심각했던 어머니가 아직 정신을 못 차린 채 누워 계셨다. 그렇지만 어린 마음에 사람들이 바나나 사들고 오는 것만 좋아서 헤벌레 하고 있었던 기억이 난다(사실 이것도 나중에 재구성된 것인지도 모른다. 너무 익숙한 장면 아닌가?).

그때 병원에서 나는 연탄가스에 관한 얘길 많이 들었다. 1970년대라면 수많은 사람들이 연탄가스 때문에 저세상으로 가던 때였으니 그것에 관련된 얘기도 많았다. 어느 집 누구는 어떻게 되고 어느 집 누구는 또 어떻게 되었노라는 이야기들을 물리게 들으며 나와 어머니는 길지 않은 병원 생활을 훌쩍 지나보냈다. 돌아와 생각해보면 그건 내 운명을 좌우할 중요한 사건이었지만 그때의 나는 그 심각성을 전혀 감지하지 못했었다. 예를 들어 그때 나만 살고 어머니는 돌아가셨다면 어떻게 되었을까, 또는 그 반대일 경우, 혹은 우리 둘 다 아침해를 보지 못했을 경우 모두 끔찍하기는 매일반이다. 각각의 경우마다 양상은 좀 달랐겠지만 어쨌든 우리는 그나마 주인집 아주머니에게 일찍 발견된 덕분에, 그리고 가까운 곳에 고압산소실이 비치된 병원이 있었기에 살아난 것이다. 그래서인지 아닌지 모르겠지만 어쩐지 어머니와 나 사이엔 이상한 유대감이 있는 것 같기도 하다. 사지에서 함께 살아나온 동지라 그런가?

그런데 그때 몰랐던 것이 또하나 있었다. 나중에 대학에 들어와 불현듯 내 유년에 관해 누군가에게 질문을 받거나 하면 마치 어두운 터널로 들어가는 것처럼 멍해져버리는 것이었다. 도대체 그 시기가 있기는 있었던 걸까? 도대체 초등학교 1학년, 2학년 때 나는 뭘 했던 걸까? 아무것도 생각나지 않았다.

"우리 광주 살 때, 옆집 살던 지연이, 이번에 시집간대"라고 어머니가 말할 때, 내 머릿속에는 아무 이미지도 떠오르지 않는다. 광주에서 살던 집이 아파트였는지 아니면 단독주택이었는지, 옆집에 살았다는 지연이라는 여자애가 예뻤는지 안 예뻤는지, 나는 도통 기억할 수 없는 것이었다. 부모님의 증언에 의하면 초등학교 1, 2학년 때의 나는 매우 산만하고 정신없는 아이였고 소방차를 좋아해 불만 나면 거기로 '출동'하는 골치 아픈 아이였다는데 그런 얘기를 들을 때마다 난 부모님께서 혹시 딴 집 아이 얘기를 하는 게 아닐까 하는 의구심에 사로잡힌다. 혹시 우리 부모는 어렸을 적 김영하라는 이름의 아이를 어디선가 잃어버리시고는 고아원에서 날 주워와 가짜 기억을 입력해놓은 게 아닐까? 연탄가스를 마셨다는 것도 사실은 거짓말이고 뭔가 이상한 물질을 주입하여 내 고아원 기억을 없애버린 게 아닐까, 하는 생각까지 하게 된다. 어쨌거나 나는 연탄가스를 마시기 전의 기억을 모두 잃어버린 것이었다. 그런데 그걸 어떻게 대학생이 되어서야 알게 된 걸까?

곰곰이 생각하다가 나는 중요한 것(어쩌면 단순한 것)을 깨닫게 되었다. 어렸을 적에는 기억 혹은 추억이라는 게 전혀 중요하지가 않다. 어린아이들에겐 현실과 미래가 더 중요하다. 과거의 추억이래봐야 얼마 되지도 않고 그거 회상하고 앉아 있을 한가한 시간도 별로 없다. 군인인 아버지 탓에 여섯 번이나 국민학교를 옮겨다녔던 나 같은 애한테는 더욱 그랬다. 그러니 기억을 잃어버렸다는 사실도 모른 채 그냥 살아가고 있었던 것이다. 그 사건 직후, 나는 양평에서 파주로 이사를 갔고 그리고 일 년 후엔 또 서울로 전학을 가야 했다. 그리고 그다음해엔 중학생이 되었다. 새로운 사람들과 어지러운 환경 속에서 나는 사춘기로 접어들었다.

작가가 된 이후 어디선가 한번 이런 과거를 밝히자 사람들은 모두 흥미있어했다. 기억상실증에 걸린 인간은 영화나 소설에선 흔해도 현실에선 좀처럼 만나기 힘들기 때문에 모두들 눈을 동그랗게 뜨고 내 주위로 몰려들어 이런저런 질문을 해댔다. 정말 기억이 없느냐, 아무것도 생각이 안 나느냐, 지금은 멀쩡하냐, 따위의 질문들.

솔직히 말하자면, 기억이 전혀 없다고 말할 수는 없다. 이를테면 나는 내가 여섯 살 때 가죽잠바를 입고 다녔다는 걸 알고 있다. 그렇지만 알고 있다는 것과 기억한다는 것은 조금 다른 얘기다. 지금도 어머니는 그 가죽잠바 얘기를 틈만 나면 하시는데, 때문에 내가 그 가죽잠바를 정말 기억하고 있는 건지 아니면 기억한다고 믿고 있는 건지 잘 모르겠다. 동생과 내가 대야에 들어앉아 목욕을 하던 즐거운 기억 역시 얼마 전 바래고 바랜 흑백사진에서 똑같은 장면을 발견함으로써 모호해졌다. 그것 역시 훗날 사진을 통해 재구성된 '즐거운 추억'일 가능성이 커졌다.

그런 과정을 통해 이제는 어느 정도 자신있게 연탄가스 사고 이전의 기억은 '사실상 없다' '없는 것과 마찬가지다'라고 말할수 있게 되었다. 조금은 억울하지만, 그 시절의 나는 '아무것도 아니다'. 파트릭 모디아노의 소설 『어두운 상점들의 거리』의 주인공, 기억상실 이전의 자신을 찾아 길을 떠나는 그는, 소설의 서두에서 그렇게 중얼거린다.

"나는 아무것도 아니다." 그를 따라 중얼거리노라면 마치 나라는 인간은 열 살때부터야 이 세상에 존재해온 것 같은 느낌에 사로잡힌다. 다행인지도 몰라. 유년은 누구에게나 불안한 시기지. 어쩌면 열 살이 되기 전에 커다란 정신적 충격을 받았을 수도 있고 누군가로부터 위협을 받았거나 거대한 공포에 사로잡혔을 수도 있잖아. 부모로부터 버림받을까봐 몸을 떨었을지도 모르고. 그런 것들을 모두 지우고 어느 정도 성장한 이후의 기억만으로 무의식과 의식의 세계를 채워나갈 수 있다는 건 어쩌면 복인지도 몰라. 누군가는 내게 이렇게 말해주었다.

그들 모두가 내 잃어버린 십 년에 대해 호기심을 갖고 있다는 것은 분명하다. 나 역시 가끔은 궁금하다. 어린 시절의 나는 무슨 생각과 무슨 행동을 했던 것일까. 혹시 그 이전의 나와 그 이후의 내가 판이하게 달라진 것은 아니었을까? 그러나 그것은 찰나의 호기심에 불과하다. 솔직히 말하자면 나는 그때의 기억이 별로 아쉽지 않다. 조용한 방 안에 고요히 앉아 내면을 응시하다보면 내 마음 깊은 곳에서 응답을 듣는데, 그 응답은 이런 것이다. 기억은 중요하지 않다. 기억을 중요하다고 생각하는 순간 기억은 비로소 중요해진다. 기억을 잃으면 모든 걸 잃는다고 믿는 사람들은 사진을 찍고 기록을 남기고 스크랩을 하고 자료를 모은다. 그렇게 기억에 집착하는 이들 덕분에 우리는 과거를 잊지 않을 수 있지만 도대체 왜 과거가 필요한가라는 질문이 빠져 있다면 그 기억이라는 게 무슨 소용이 있단 말인가.

그러니 내게는 〈메멘토〉가 기억의 불완전함을 다룬 영화라기보다는 기록에 대한 집착을 이야기하는 영화로 보였다. 그럴 수밖에. 기억이 불완전하다는 건 당연한 일이고 단기기억상실증에 걸린 사람의 기억이야 더 말할 것도 없는 것. 잘 생각해보면 우리를 속이는 건 기억이 아니고 오히려 기록이다. 내 경우도 예외는 아니다.

(『김영하 이우일의 영화이야기』)

우리집?

　우리 가족에게 처음 '집'이 생긴 건 내가 초등학교 6학년이 되던 해였다. 잠실의 열세 평짜리 아파트였는데 그나마도 세입자와 동거하는 형태였다. 두 개의 방 중에서 큰방을 세를 주고 어머니와 나, 그리고 내 동생이 작은방에서 살았다. 그렇게 전세를 끼지 않고는 아파트를 구입할 수 없는 형편이었다. 큰방에는 칠십이 다 된 할머니와 이십대 여자가 살았다. 아마 손녀였을 것이다. 그렇게 좁은 집에 다섯 사람이 산다는 건 서로에게 고통스러운 일이었다. 게다가 안방에 살고 있는 할머니는 중풍에 걸려 자리보전을 하고 있었다. 할머니의 몸에서는 아무리 숨기려 해도 어쩔 수 없이 죽음의 냄새가 풍겨나왔고 젊은 여자는 긴 병수발에 지쳐 신경이 날카로웠다. 오랜 전세살이의 설움을 끝내고 이른바 '내 집'을 마련한 어머니로서는 두 세입자가 마뜩지 않았을 것이다. 어서 저들이 나가주었으면, 아니 어서 저들을 내보내고 우리 가족끼리만 단란하게 살 수 있었으면, 하고 바랐을 것이다. 반면 그 할머니네로서는 그 전세금이 가지고 있는 재산의 전부였을 것이다. 약값이며 생활비로 한푼 두푼 모아둔 돈도 손가락 사이로 모래 빠져나가듯 다 흘러나가고 있었을 그런 상황에도 젊은 여자는 이를 앙다물고는 아무 내색도 하지 않았다.

돌아보면 그쪽도 그리고 우리쪽도 이른바 '정상적인 가정'은 아니었다. 두 집 모두 어른 남자가 없다는 점에서 같았다. 할머니, 중년 여자, 처녀, 이렇게 여자 셋이 열세 평짜리 아파트에서 복닥거리고 살았던 것이다. 그 복닥거림이란 구체적으로 이런 것이다. 할머니의 약탕기가 올려진 가스레인지에서는 끊임없이 한약 냄새가 풍겨나오는데 어머니는 그 약탕기를 치우고 밥과 국을 끓여야 한다. 싱크대도 하나고 화장실도 하나다. 화장실이 하나라는 것은 다섯 명이 거기서 일을 보고 몸을 씻고 게다가 두 명은 빨래까지 해야 한다는 걸 의미한다. 그런 상황에서 평화롭게 지낸다는 건 꿈속에서나 가능한 일이다. 어머니도 큰방 여자도 아파트라는 비좁고 기괴한, 근대적이면서 도시적인, 신축성이라고는 눈곱만큼도 없는 공간에서 공존하는 법을 배우지 못했다. 아파트 단지에는 우물가나 시냇가도 없고 정 급하면 달려가 일을 볼 수 있는 풀숲이나 뒷동산도 없다. 옆집 현관문은 완강하게 닫혀 있고 모든 문제는 자기 집에서 해결해야 하는 곳, 그곳이 아파트다.

결국 그들은 떠났다. 계약기간이 만료될 때까지 그들은 머물렀고 그동안 그 할머니의 병세는 더욱 악화되었다. 아마, 우리집을 떠나고 얼마 안 돼 그 할머니는 숨을 거두었을 것이다. 그들이 떠나가던 달, 계약도 끝났고 줄 돈도 다 주어 그들과 우리 사이엔 어떤 근대적인 채무도 남지 않았지만 그러나 어쩐지 우리가 그들을 그 집에서 쫓아낸 느낌이었다. 우리가 그 집을 샀고 그들은 집을 산 우리에게서 단지 방 하나를 빌렸을 뿐이지만 분명 우리는 한집에서 함께 살았고 공간을 공유했던 것이다. 근대적 계약이라는 허깨비를 걷어내고 보면 그들도 한때 그 집의 주인이었던 것이다.

그들이 나갈 무렵엔 이런 일도 있었다. 며칠 집을 비우고 돌아온 어느 날, 어머니는 우리 방에 있던 참기름병이 쓰러져 있다며 큰방 여자에게 연유를 물었다. 물었다기보다 의심을 담뿍 담아 따진 것이었으므로 큰방 여자는 화를 냈다. "도대체 잠겨 있던 문을 어떻게 따고 들어가 참기름병에 손을 댄단 말이에요?" 어머니도 지지 않았다. "그거야 내가 알 바가 아니지. 모르니까 물어보는 거잖아." 악다구니는 아무 증거도 없이 남을 의심했던 어머니가 물러서면서 끝났다. "거참, 귀신이 곡할 노릇이네. 멀쩡한 참기름병이 왜 저 혼자 쓰러져 있단 말이야?" 큰방 여자는 분을 참지 못하고 주먹으로 눈물을 훔쳐냈다. "이렇게 산다고 사람 무시하지 마세요. 그깟 참기름 몇 방울 때문에……"

그들이 나가고 나서도 우리는 몇 년 더 그 집에서 살았다. 그 집은 명실상부하게 '우리집'이 되었다. 그런데 이번에는 고모네 식구들이 들어왔다. 알래스카로의 이민을 앞두고 있던 그들은 살던 집을 팔아치우고 미국행 비자가 나오기만을 기다리고 있었다. 여섯 명이나 되는 식구들을 거느린 고모는 하는 수 없이 서울에 사는 유일한 일가붙이인 둘째 오빠의 열세 평짜리 아파트를 찾아온 것이다. 그때는 아버지도 서울에서 근무하고 있을 때여서 최대 열 명이 그 좁은 아파트에서 북적거리고 살아야 했다. 가난했던, 단지 친척의 초대장만 달랑 들고 미국행을 꿈꾸던 그들의 비자는 쉽게 나오지 않았다. 며칠만 지내자던 고모네 식구들의 체류는 어느새 한 달을 넘기고 있었다. 안방에서 간혹 부부싸움의 고성이 흘러나오기도 했다. 그럴 때면 고모네 식구들의 말수는 적어졌다. 고모는 설거지나 빨래 같은 집안일을 거들었지만 어머니와의 갈등은 더욱 깊어졌다. 그들에겐 눈칫밥의 세월이었고 어머니에게는 부당한 폭거였다. 아무리 형제라지만 여섯 명이나 되는 식구들이 이렇게 작은 집에 한 달이 넘도록 머무르고 있다는 건 어머니로서는 용납하기 어려운, 시골 사람들 특유의 행동방식이었다. 고모네 입장에선, 있고 싶어서 있는 것도 아니고 단지 비자가 나올 때까지만 있는 건데, 게다가 알래스카로 떠나버리면 평생 못 볼지도 모르는데, 그 잠깐을 못 참아서 안달이라고 생각했을 것이다. 결국 고모네는 출국 며칠을 앞두고 여관방을 얻어 나갔다. 그들이 들고 들어왔던 이삿짐은 미리 부쳤다. 어머니는 이번에도 집을 지켜냈다. 침입자들은 퇴각했으며 집은 다시 우리 것이 되었다. 그런데 이번에도 나는 고모네 식구들에게 미안했다. 몇 년 뒤 크리스마스에 나는 알래스카로 크리스마스 카드를 써서 보냈다. 이미 이십대에 접어든 사촌누나가 새로 산 닷지 트럭을 배경삼아 찍은 사진을 넣은 답장을 보내주었다. '트럭을 새로 샀어. 뒤에 보이는 게 우리집이야.' 그들에게도 이제 집이 생긴 것이다. 알래스카에서 주유소를 하는 친척 집에서 살아왔다는 이야기는 하지 않고 새로 장만한 집, 작지만 완강한 입구를 가진 그 집 이야기만 써놓았다.

몇 년 후 그 사촌누나가 잠깐 한국에 들렀다. 그땐 우리도 좀더 큰 집으로 옮겨 지내고 있었다. "너네 엄마 이젠 안 미워해. 나라도 그랬을 거야." 사촌누나의 보따리 속에선 커피 봉지들이 끝없이 나왔다. "이거 어디 팔 데 없을까요?" 어머니가 여기저기 친구들을 소개시켜주었지만 끝내 어머니를 위한 선물은 내놓지 않고 한국을 떠났다. '한 달 넘게 그렇게 신세를 지고도 선물 하나 안 들려보냈다'고 어머니는 화를 냈다.

그후로도 가끔 우리는 누군가와 함께 지냈다. 지금도 분당의 부모님은 위층의 세입자들과 함께 살고 있다. 때로는 평화롭게 때로는 시끄럽게 그들과 공존하고 있다. 지나고 보니 어쩌면 '우리집'이라는 것은 하나의 신화인지도 모른다는 생각이 든다. 우리 모두 집이라는 정거장의 승객일 뿐이라는 생각. 중풍 걸린 그 할머니도, 참기름 도둑이라는 누명을 써야만 했던 그 손녀도, 고모네 식구도, 한때는 모두 우리집의 주인들이었다. 우리는 단지 그들보다 조금 오래 살았을 뿐이다.

이 모든 생각은 〈디 아더스〉의 마지막 대사가 촉발한 것이다. "This house is ours"였던가. 창백한 얼굴의 그레이스(니콜 키드먼)가 두 아이를 끌어안고 절망적으로, 그러면서도 집요하게 되뇌던 "이 집은 우리집이야!" 그 대사로부터 나는 열세 평짜리 아파트를 지키려다 엉뚱한 사람을 의심하고 친척들을 원수로 만들어버린 누군가가 떠올랐다. 능력 없고 사람 좋은 남편 덕분에 '나쁜 여자'가 되어야 했던 그 사람은 바로 내 어머니다. 그 어머니와 그레이스가 가장 싫어했던 사람들은 바로, "이제는 함께 살아야 하는 법을 배워야 한다"고 말하는 침입자들이었다.

그런 내 어머니와 그레이스가 애써 잊고 있는 것, 그것은 우리도 한때는 누군가에게 침입자였다는, 어쩌면 지금도 그렇다는, 슬픈 진실이다.

(『김영하 이우일의 영화이야기』)

일상이 뮤지컬인 사람들

 뮤지컬이란 정말 엉뚱하다. 배우들은 진지하게 연기를 하다가 난데없이 밝은 얼굴로 손잡고 춤을 춰댄다. 현실인 줄 알고 열심히 몰입 좀 해볼까 하면 돌연 음악과 춤이 나오면서 이게 뮤지컬 영화라는 사실을 새삼 일러준다. 아 맞다. 영화였지. 관객인 우리는 금세 적응하고는 아름다운 배우가 부르는 노래를 듣는다. 열심히 듣다가 아는 노래가 나오면 따라 부르기도 한다. 그럼 갑자기 노래가 끝나면서 다시 극이 전개된다. 이 왔다갔다를 반복하다보면 뮤지컬 영화는 끝난다.

 뮤지컬 같은 일상이 있을까? 길을 걷다가 돌연 우산을 휘두르며 춤을 춘다든지 횡단보도에서 낯모르는 사람들과 캉캉을 추다가는 아마 정신병원에 갇히고 말 거예요. 일리가 있는 말이다. 뮤지컬을 리얼리즘적 관점에서 보면 안 되죠. 뮤지컬이란 게 결국 일종의 영화적 환상 아니겠어요? 물론 그 말도 일리가 있다. 그러나 나는 인생이 그대로 뮤지컬인 사람들이 분명히 있다고 믿는다. 이를테면 내가 그렇다. 부산국제영화제 때문에 부산에 내려가 있는 동안 유심히 나를 관찰한 우리 장모님께서는 나를 이렇게 정의하셨다. 하루종일 뭔가를 흥얼거리는 자. 그 레퍼토리마저 무척 다양한 인간. 장모님이 보시기에 이 사위는 인생의 모든 문제를 일단 콧노래로 만든 후에 받아들이는 인물이었다. 물론 다른 주변인물, 예를 들어 아내도 이런 정의에 동의한다. 난 당신이 무슨 생각을 하고 있는지 금세 알 수 있다니깐. 아내는 그렇게 말한다. 예를 들어 내가 신문을 보면서 〈나리나리 개나리〉라는 노래를 흥얼거리고 있다면 아내는 신문에 봄 소식을 알리는 개나리 사진이 났음이 틀림없다고 생각한다. 대부분의 경우 그 예상은 맞는다. 나는 목장 얘기를 들으면 '먼동이 터오는 아침에 비에 젖은 가로수를 누비며'로 시작하는 〈플란다스의 개〉 주제가를 부르고 헤밍웨이의 소설을 읽으면서는 조용필의 〈킬리만자로의 표범〉을 읊조린다. 장르의 벽도 없다. 트로트와 만화 주제가와 클래식과 재즈와 팝과 판소리를 아우르는 탈장르 뮤지컬이다. 탭댄스까지는 추지 않아도 손으로 장단 정도는 맞춘다.

어제 아내와 함께 버스를 기다리다 만난 남자는 버스 정류장을 왔다갔다하면서 끊임없이 알아들을 수 없는 자기만의 랩을 하고 있었다. 거참 멀쩡하게 생긴 사람이 말야. 웃기지 않냐? 다른 방향으로 가는 버스에 먼저 올라탄 그를 향해 내가 혀를 차면서 한마디 하자 아내는 기어이 웃음을 터트리고야 말았다. 그러니까 당신도 조심해. 다른 사람들이 보면 당신도 저 사람하고 별다를 바 없을 거야.

생각해보니 그도 그럴 것 같았다. 자기 눈의 들보는 안 보이는 법이니까. 나는 조금 반성을 했다. 사람들 많은 데서는 흥얼거리지 말아야겠다. 그런데 그런 생각을 하고 있노라니 그날따라 유난히 거리에서 자기만의 뮤지컬을 하는 사람이 많이 눈에 띄었다. 저녁 무렵에 탄 택시의 기사는 쉴새없이 라디오에서 나오는 노래를 따라 불렀다. 노래 부르면서 뒷좌석에 앉은 내가 하는 얘기 다 참견하고 그

와중에 지나가는 다른 차 욕하고 하여간 무척이나 정신없는 뮤지컬이었다. 특히 그가 광분한 프로그램은 〈전화노래방〉이었다. 전화를 걸어 자신의 노래 실력을 과시하고 운이 좋으면 상품까지 탈 수 있는 이 프로그램은 나름대로 대단한 인기를 누리고 있는 것 같았다. 수많은 사람들이 전화를 통해 나훈아의 〈잡초〉니 조용필의 〈그 겨울의 찻집〉 같은 노래를 불러대고 있었고 택시기사도 그 노래에 묘한 화음을 나름대로 집어넣으며 개입을 시도하고 있었다. 세상엔 외로운 사람들이 정말 많구나. 얼마나 외로우면 전화기에 대고 노래를 할까? 택시 뒷좌석에 몸을 파묻은 채 나는 참가자들을 측은해하고 있었는데 지금 생각해보니 그건 측은해할 일이 아니었다. 그것도 말하자면 그들 나름의 뮤지컬이었다.

그러니까 이런 장면을 상상해보자. 어떤 아주머니가 담요를 깔고 다림질을 하다가 라디오를 듣는다. 라디오에선 이런 멘트가 흘러나온다. 전화주세요. 781에 ○○○○으로. 〈전화노래방〉 잠시 후에 시작합니다. 다리미를 세워놓고 아주머니는 전화를 한다. 어라? 덜컥 전화 연결이 된다. 수화기 들고 기다리세요. 구성작가의 말이 흘러나오고 아주머니는 잠시 후 진행자의 사인에 맞춰 노래를 시작한다. 이미 와버린 이별인데…… 노래가 끝나면 다시 구성작가가 전화를 끊고 기다리시라고 말한다. 아주머니는 전화를 끊고 하던 다리미질을 계속하는 것이다. 누군가 카메라를 장치해놓고 이 장면을 찍는다면 이거야말로 일상의 뮤지컬 그 자체일 것이다.

옛날에는 어땠을까? 판소리가 판을 치던 시대에도 일상의 뮤지컬이 있었을까? 진도를 다녀온 한 기자는 이런 풍경을 전한다. 파밭에서 일하던 누군가가 민요 자락을 풀어놓기 시작하면 금세 온 파밭으로 노래가 퍼져나간다. 노래는 선창과 후렴으로 나뉘어 한동안 이어진다. 노래는 〈진도아리랑〉일 수도 있겠고 그저 전승되어 내려오는 노동요일 수도 있을 것이다. 그러고 보면 노동요라는 게 정말 뮤지컬과 비슷하다. 묵묵히 허리를 굽혀 일하던 사람들 중 누군가가 돌연 '어기야디여'를 외치며 노래를 시작하고 사람들은 마치 대본에라도 있는 것처럼 태연하게 합류해 들어온다. 끝날 때에도 시작할 때처럼 그저 스르르, 조용히 끝나버릴 뿐, 무슨 화려한 피날레는 없다.

그렇다면 판소리는 그런 일상의 뮤지컬을 정제한 형식

일 수도 있겠다는 생각이 든다. 한때 나는 판소리가 우스꽝스럽다고 생각했다. 예를 들어 소리꾼이 "그때의 심황후는 눈먼 부친의 신세 한탄을 듣더니"라고 일상적인 톤으로 말한 후에 갑자기 "심황후 거동봐라 이 말이 지듯마듯 산호주렴을 걷혀버리고 버선발로 우루루루루 아이고 아버지"라고 노래를 부르다가 돌연 다시 "심봉사 이 말을 듣고 먼눈을 희번덕거리며 에이 이거 웬말이냐"라고 말한다. 세상에 그렇게 말하는 사람이 어디 있겠느냐고, 나는 생각했던 것이다. 그러나 생각해보면 판소리라는 장르가 당대의 우세종으로서 대중들에게 널리 소비되었다는 것은 판소리가 민중들 일상의 뮤지컬과 그리 멀지 않았다는 것을 의미하지 않을까? 예를 들어 심황후가 주최한 잔치에 가던 심봉사는 태평하게도 남의 집 방아 찧는 데 끼어든다. 그 대목에서 소리꾼들은 〈방아타령〉 한 자락을 하고 넘어가는데 그때 사람들로선 그게 하나도 이상하거나 어색하지 않았을 것이다. 그거야말로 그들 일상이었을 테니까. 사람들은 상갓집에 가다가도 엉뚱한 집 잔치에 잠시 들러 밥 한 그릇 얻어먹고 잘하면 소리까지 한 자락 얻어듣고는 목적한 상갓집에 도착하여 상주들의 곡소리(그것도 따지고 보면 노래 아닌가)를 듣는 것이다.

  〈어둠 속의 댄서〉도 처음엔 정말 엉뚱했다. 엉뚱한 배우의 엉뚱한 상황과 엉뚱한 노래. 그렇지만 슬펐다. 그리고 즐거웠다. 그리고 결국엔 아무것도 엉뚱하지 않았다. 대신 그 어떤 영화보다 사실적이라는 느낌마저 들었다. 그렇지. 사람들은 노래를 부르지. 또 어떤 사람들의 머릿속엔 항상 음악이 흐르지. 그건 하나도 엉뚱한 일이 아니었다. 어쩌면 어떤 노래도 흐르지 않는 영화가 더 이상한 건지도 모르겠다. 오페라나 판소리가 영화보다 훨씬 오래된 장르임을 생각하면 더더욱 그렇다. 뮤지컬 만세다.

(『김영하 이우일의 영화이야기』)

어머니의 노래

대학 때, 아버지는 내가 공인회계사가 되기를 바라셨다. ROTC 소위가 되기를 바라셨던 적도 있었다. 둘 다 물 건너간 지 오래다. 내가 작가가 되자 아버지는 "너희 세대는 자기가 좋아하는 것으로 밥을 벌어먹을 수 있구나. 잘됐다"라고 하셨다. 언젠가 농담삼아, "누가 내 이 어지러운 책상만 매일 치워준다면 나는 위대한 작가가 될 텐데"라고 했더니 아버지는 그다음날부터 내 재떨이와 책상을 깨끗하게 치워주셨다. 반면 어머니는 "지금이라도 월급쟁이가 되는 길을 찾"으라고 하셨다. 가난한 신인 작가 시절을 거칠 때에도 어머니는 똑같이 말씀하셨다. 지금은? 어머니는 일관성의 화신이시다. 여전히 당신은 월급쟁이가 되는 길만이 내가 사람되는 유일한 길이라고 믿고 계신다.

  라디오에서 책을 소개하는 프로그램을 매일 진행하게 되었을 때에도 어머니는 방송국에 잘 얘기해서 아나운서가 되는 길을 알아보라고 하셨을 정도다. 아내가 나서, "어머니, 아니, 그게 무슨 말씀이세요?"라고 펄쩍 뛰었지만, "으이구, 너마저 철이 없으니……"라며 혀를 차셨다. 세상 물정을 모르는 우리와는 말이 안 통해 답답하시다는 눈치였다. 앞으로도 그 소원을 풀어드릴 가능성이 없으니 난감한 노릇이다.

  어학당 선생도, 소설가도, 라디오 진행자도 다 어머니 보시기에 마뜩잖았으나 오직 한 가지 역할만은 당신 마음에 쏙 들었던 모양이다. 그것은 자주색 가운을 입고 노래를 부르는 성가대원 노릇이었다. 대학 신입생 시절 나는 한 성당의 청년 성가대원이었다. 어머니는 굳이 내가 노래하는 저녁 미사에 참례하여 그 노래를 따라 부르곤 하셨다. "저기 저 키 큰 애가 우리 장남이라오." 성가를 부르고 있노라면 뒤돌아 힐끔거리는 어머니의 모습이 보였다. 퇴장성가를 마치고 성당 계단을 내려가면 거기 어머니가 아버지와 함께 기다리고 계셨다. 치렁치렁한 가운을 입은 우스꽝스러운 모습의 나를 여기저기 끌고 다니며 신앙심 깊은 아들을 둔 어머니 노릇을 즐기셨다.

  스무 살이 되자 나는 성당을 떠났다. 그리고 지금까지 돌아가지 않고 있다. 어머니가 대단찮게 생각하는 일만 계속하면서 말이다. 여전히 당신의 소망은 내가 월급쟁이가 되는 것, 그리고 성당에 다시 나가는 것, 그 두 가지다. 쉬워보이는 것들이 때로 정말 어렵다. 그리고 여전히 어머니는 성당 이외의 곳에서는 절대로 노래를 부르지 않으신다. 왜인지는 아무도 모른다.

                                        (『랄랄라 하우스』)

이별

 한 남자가 있었다. 그는 언제나 단 한 곡의 노래만을 부르는데 그게 바로 패티김의 〈이별〉이다. '어쩌다 생각이 나겠지, 냉정한 사람이지만. 그렇게 사랑했던 기억을 잊을 수는 없을 거야. 때로는 보고파지겠지. 둥근 달을 쳐다보면은. 그날 밤 그 언약을 생각하면서 지난날을 후회할 거야. 산을 넘고 멀리멀리 헤어졌건만 바다 건너 두 마음은 떨어졌지만. 어쩌다 생각이 나겠지, 냉정한 사람이지만. 그렇게 사랑했던 기억을 잊을 수는 없을 거야.'

 불안한 음정으로. 그나마 끝까지 부르지도 못했던 그 곡을 그는 술에 취할 때마다 흥얼거렸다. 그러니까 그 남자-패티김-이별-만취로 이어지는 것도 당연했다. 패티김의 〈이별〉을 들을 때면 나는 어디선가 술냄새가 풍기는 착각에 빠진다.

그렇게 술냄새를 풍기며 집으로 들어가는 날이면 그는 이부자리 위에서 쥐며느리처럼 몸을 웅크린 채 〈이별〉을 불렀다. 그에게 '냉정한 사람'이 따로 있었던 것 같지는 않다. '그렇게 사랑했던 기억'을 공유했던, 그렇지만 지금은 '바다 건너' 가버린 여자도 없었을 것이다. 단지, 그의 영혼이 아직 말랑말랑했던 어느 젊은 날, 그 노래를 들었고 술에 취할 때면 불러댔을 것이다. 그러다가 '이별'이 그의 영혼 어딘가에 슬그머니 자리잡았을 것이다. 노래들은 일단 그렇게 자리를 잡고 나면 유원지의 사진사처럼 뻔뻔해진다. 말없이 다가와 셔터를 누르는 그들처럼 노래 역시 무례하고 당당하게 명령한다. 어떤 바이러스처럼 또는 어떤 알러지처럼 노래는 그렇게 우리와 함께 평생을 산다. 남자도 패티김의 '이별'과 함께 평생을 살아왔다. 그의 가족들도 마찬가지다.

그는 바람 같은 걸 피울 만한 위인은 아니었다. 그러기엔 너무도 소심했고 여자에 대해서도 잘 몰랐다. 직업군인이었던 그가 사랑이니 정절이니 후회니 하는 주제로 고민했을 한가한 시간은 거의 없었을 것이다. 가난한 고학생으로 야간 상고를 겨우 졸업한 그는 사병으로 입대하자마자 간부 후보생이 되었고 장교로 임관함과 동시에 생활인이 되었다. 그리고 팔 년 만에 아들을 낳았다. 자식으로부터 '왜 나를 낳았느냐'는 원망 따위는 듣지 않을 사람이었다. '전국 좋은 아버지 콘테스트'에서 입상할 수준은 아니었지만 행사장 입장권 정도는 받을 수 있는 사람이었다. 경마에 가산을 탕진하거나 술집 여자와 살림을 차리거나 폭력을 휘두르는 따위의 행동도 결코 하지 않았다

그가 선량한 사람이었기 때문이기도 하지만 한편으로 어떤 일도 저지를 수 없는 나약한 사람이었기 때문이기도 했다. 그는 가까스로 중령까지 진급했지만 거기서 군대 생활을 멈추어야 했다. 그의 아내는 아들에게 "느이 아빠는 '짜웅'을 잘 못해서 진급이 느리다"며 불평했고 아들은 그 말을 믿었다. 아부를 잘 못하는 것이 그가 출세하지 못하는 유일한 이유라고 믿어 의심치 않아왔었다. 그러나 그가 군복을 벗은 지 이십 년이 되어가는 지금, 아들은 그가 애당초 지휘관이나 고급 장교의 역할에 어울리는 사람이 아니었다는 걸 뒤늦게야 깨닫고 있다. 그의 상관들은 벌

써 이십 년 전에 그 사실을 알고 있었을 것이다.

그에게 가장 잘 어울렸을 직업은 꿀을 치며 전국을 떠도는 양봉업자였을 것이다. 제대를 앞둔 어느 날, 그는 진지하게 가족을 향해 그런 소망을 밝혔다. "꿀을 쳤으면 좋겠어. 트럭에 꿀통을 싣고 철 따라 꽃 따라 떠돌기만 하면 돼. 텐트 쳐놓고 기다리면 꿀은 벌들이 모아오지. 세상에 그런 신선놀음이 따로 없다는군."

그의 아내는 애당초 '신선놀음' 같은 일이 세상에 있으리라고는 믿지 않는 사람이었다. 아마 그도 그런 '신선놀음'을 액면 그대로 믿지는 않았을 것이다. 단지, 샐러리맨보다는 그게 자신에게 잘 맞으리라고 생각했을 것이다. 그의 불행이라면 공무원 아버지 밑에서 자란 여자를 아내로 맞았다는 데 있었다. 그의 아내는 농사꾼의 자식과 결혼했지만 그 농사꾼의 자식이 대를 이어 농사꾼이 되는 것, 그리하여 자신도 농사꾼의 아내가 된다는 건 꿈도 꾸지 않았다.

결국 그는 아내의 소망대로 제대 후 어느 은행의 예비군 대대장이 되었다. 그가 입고 출근할 양복을 사러 백화점으로 달려간 아내는 행복해 보였다. 군복은 지긋지긋해! 한동안 그녀의 눈앞에서 윙윙거렸을 벌떼들도 사라졌고 행복하고 안정된 미래가 기다리고 있었다. 사실이 그랬다. 그는 성실하게 일했지만 그 일, 그러니까 예비군 훈련이라는 직무에서는 그 어떤 삶의 의미도 찾아내지 못했다. 그건 정말 어려운 일이다. 누구도 인정해주지 않고 스스로도 의미를 찾아낼 수 없는 일을 십 년 넘게 하는 사이, 그는 늙어버렸다.

명예 퇴직자를 모집한다는 공고가 붙자 그는 가장 먼저 달려가 도장을 찍었다. '스트레스가 심했다'고 그는 혼잣말처럼 말했다. 그리곤 허름한 옷을 입고 새벽같이 어딘가로 나갔다가 저녁 무렵 막걸리 냄새를 풍기며 집으로 돌아오는 날들이 이어졌다. "막노동을 시작했다. 마음이 너무 편하다. 아침에 출근해서 일 좀 하다가 새참 먹고 일 좀 더 하다가 점심 먹고 그러다보면 어느새 퇴근이다. 아무것도 신경쓸 게 없고 자기 맡은 일만 하면 그만이다."

아마 진심이었을 것이다. 그의 육체는 농사꾼의 영혼을 갖고 있었던 것이다. 자신에게 주어진 일을 하면 땅이 그것을 돌려주는 삶. 그의 유토피아는 그런 것이었음에 분명하다. 그러는 사이 그는 노래를 완전히 잊어버렸다. 가족들이 그가 부르는 〈이별〉을 들어보지 못한 지도 벌써 십 년이 넘은 것 같다. 도대체 단 한 곡의 노래도 흥얼거리지 않는 사람이 가능한가? 아무 노래도 흥얼거리지 않는 그의 머릿속에 무슨 생각이 들어 있는지, 나는 잘 모른다. 여전히 잘 모르겠는, 농사꾼의 영혼을 갖고 있는 그는, 내 아버지다.

(『포스트 잇』)

그레고리안

 주변 사람들은 좀체 믿으려 들지 않지만 한때 나는 무척이나 수줍음 많고 내성적인 사람이었다(아내는 내가 지금도 그렇다는 사실을 알고 있는 유일한 사람이다). 어렸을 때는 더했다. 그래서 새로운 벗들을 사귀고 그들과 어울려 지내기보다는 어두운 구석에 처박혀 책을 읽거나 공상에 잠겨 있는 시간들이 많았다.

 중학교 2학년 운동회 때였던가. 나의 종목은 축구도 배구도 달리기도 아닌 가장행렬이었다. 전교생이 빠짐없이 참여토록 하라는 교장 선생님의 명에 따라 나처럼 운동에 소질이 없는 약골들은 가장행렬 같은 부대 행사에 동원되었다. 집에서 가져온 누나들의 옷과 립스틱이 동원되었고 바닥을 닦는 대걸레는 가발로 둔갑했다. 당시 절찬리에 방영되던 알렉스 헤일리 원작 〈뿌리〉의 영향으로 흑인 분장이 유행이었다. 얼굴을 검게 칠하고 하와이안 스커트를 두른 채 맨발로 행진하는 쿤타킨테! 그게 바로 내가 맡은 역할이었다.

가장행렬 말고 다른 걸 해보면 안 될까? 내 의견은 묵살되었다. 다수결의 독재 앞에서 나는 쿤타킨테의 운명을 받아들일 수밖에 없었다. 까짓거 해보지 뭐. 운동회 전날, 연습을 마치고 집으로 돌아오다가 문득. 그 가장행렬에는 무슨 일이 있어도 참가할 수 없겠다는 생각이 들었고 시간이 조금 더 흐르자 마치 그것은 거역할 수 없는 신의 명령처럼 느껴졌다. 어떻게 그렇게 우스꽝스러운 모습을 전교생 그리고 그들의 부모 앞에 드러낼 수 있단 말인가. 아, 그건 못해. 정말 못해! 가장행렬을 원한 적도 없는데, 어째서 단지 운동을 못한다는 이유만으로 그 바보짓에 동참해야 한단 말인가. 죽어도 못하겠다는 생각은 점점 더 강해져만 갔다. 그런데 어떻게 빠지지? 꾀병은 도통 통하지 않는 어머니, 모든 학생이 다 참가해야 한다고 굳게 믿는 선생님들. 어쩌지?

다음날 아침 나는 오른발에 붕대를 칭칭 동여맨 채 절뚝거리며 등교하였다. "그네에서 뛰었는데 그만 못에 찔렸지 뭐야." 모두들 잠시 얼굴을 찌푸렸는데, 그게 못에 찔린 내 발을 동정해서였는지 아니면 내가 빠지게 되어서였는지는 분명치 않았다. 한 녀석쯤이 "에이, 쿤타킨테가 빠지면 안 되는데……"라고 아쉬워했을 뿐. 나머지 아이들은 금세 내게서 눈길을 거두었다. 벌써 몇몇은 구석에서 소품을 챙기거나 우스꽝스러운 걸음걸이를 연습하고 있었다.

　나는 구석에서 이것저것 가장행렬에 필요한 물품들을 챙겨주었다. 그런 거라면 얼마든지 할 수 있었다. 운동장에서 얼굴에 검댕 칠을 하고 걸어다니는 일만 아니라면 말이다. 그런데 그렇게 막상 국외자가 되고 보니 그전에는 보이지 않던 어떤 모습들이 보이기 시작했다. 모두들 가장행렬을 고대하고 있으리라던 내 생각은 오해였다. 누나 스커트와 엄마의 몸빼바지를 입고 얼굴에 립스틱을 칠하고 있던 친구들은 모두 비 맞은 삐에로처럼 우울해 보였다. 그중 몇은 붕대를 감은 내 다리를 부러운 눈초리로 힐끔거렸다.

세상엔 그런 일들이 있다. 아무도 원치 않지만 누구도 멈출 수 없는 일. 얼떨결에 시작되어 어쨌든 끝을 보게 되는 일들. 그 가장행렬이 그랬다. 나를 제외한 십여 명의 아이들, 나와 비슷한 처지의, 운동도 못하고 그렇다고 반장도 아니고 응원의 재능도 부족한, 그래도 운동회에는 참가해야만 하는 그 아이들은 차례가 되자 수용소 군도의 수인들처럼 맥없이 운동장의 트랙을 따라 행진했다. 밝고 환한 곳에서 아이들의 소품은 훨씬 더 초라해 보였다. 폭소는 어디에서도 터지지 않았고 단지 여기저기서 조롱과 비아냥만이 쏟아지다가 그나마도 곧 시들해져 관중들의 눈은 곧 다른 곳으로 돌아가버렸다. 아무도 웃어주지 않는 쓸쓸한 가장행렬은 십 분 만에 끝이 났다. 나는 교실에 남아 그들이 트랙을 벗어나 여기저기로 흩어지는 걸 내려다보고 있었다. 몇몇은 수돗가로 가서 얼굴에 묻은 재와 분, 립스틱을 지우고 있었고 몇몇은 찾아온 가족들을 만나고 있었다.

나는 비겁자였을 뿐 아니라 거짓말쟁이었다. 가장행렬이 성공적이었다면 나로서는 홀가분했을 것이다. 죄의식도 덜했겠지. 그렇지만 행렬은 처참했고 나는 그 모든 게 내 잘못처럼 느껴졌다. 그렇게 어둑한 교실에서 회오에 빠져 자책을 하고 있는 바로 그 순간에 섬광처럼 어떤 쾌감이 나를 찾아왔다. 아마 '죄의식의 쾌감'이라고 불러도 좋을 그 느낌은 마치 적절한 온도의 물에 몸을 담그고 있는 것처럼 나른한 것이었다. 쾌감은 깨달음도 함께 가져다주었다. 군중과 떨어져 어두운 공간에서 자신의 잘못을 책하는 일이 생각만큼 고통스럽고 괴로운 일만은 아니라는 걸, 그날 처음으로 깨닫게 되었던 것이다. 어쩌면 그날 나는, 선지자들이 어떻게 태어나는지에 대한 비밀을 조금이나마 엿보았다고 말할 수 있다.

그것은 이렇게 시작된다. '아무도 원치 않지만 누구도 멈출 수 없는 일'에 대하여 반대하고 그것으로부터 이탈한다. 그렇지만 그것으로부터 자유로울 수 없다는 걸 금세 깨닫고 괴로워한다. 가시나무로 자신의 몸을 때리는 고행을 통해 깨달음과 함께 새로운 사명을 자각하게 되고 다시 군중 속으로 돌아간다.

반면 그것은 범죄자의 길이기도 하다. 범죄자의 길도 예언자의 길과 똑같은 길로 진행되고 '죄의식의 쾌감'도 똑같이 찾아온다(예수의 십자가 오른쪽에 강도가 매달린 것도 우연만은 아닐 것이다). 범죄자도 선지자와 똑같이 자신의 몸을 학대하지만 그는 새로운 사명을 자각하는 단계로 나아가지 못하고 거기에서 멈춘다. 골방의 어두운 쾌감에 몸을 묻고 그대로 그곳에서 머문다. 단지 그 차이밖에는 없지만 그 차이가 인간과 세상의 운명을 바꾼다.

그로부터 몇 년 후. 나는 수도사로 살아가는 것에 대하여 진지하게 생각하기 시작했다. 방학이면 프란치스코 수도원의 피정 프로그램에 참가하였다. 새벽에 일어나 밤색 수도복을 걸치고 수도사들과 함께 기도하고 밥 먹고 일하고 공부하고 다시 밥 먹고 일하고 잠드는 그 프로그램은 명백히 성직을 지망하는 젊은이들을 홀리기 위한 것이었다. 그때 수도원을 들락거리던 일곱 명의 일당 중에서 네 명이 성직의 길을 택했다(그중 한 명은 훗날 성직의 길을 접었다고 한다). 물론 나는 그 길로 가지 않은 세 명 중의 한 명이었지만 그 시절의 내가 수도자의 삶에 깊은 매력을 느끼고 있었던 것만은 분명하다. 나는 묻고 또 물었다. 성욕이 수도를 방해하지 않는가, 가족에 대한 그리움은 없는가, 믿음은 과연 언제나 바위처럼 굳건하기만 한가, 수사들끼리의 다툼은 어떻게 해결되는가, 배움에 대한 갈증은 어떻게 하는가. 수사들은 진지하게 그 질문들에 답해주었지만 어쩐지 흡족하지 않았다.

그러던 어느 날 원장 신부님이 나를 따로 불렀다. 그분은 밝게 웃으며 "안토니오는 아무래도 이 길에 어울리지 않는 것 같다"고 다정하게, 그렇지만 단호하게 말해주었다. 모두가 이 길을 가야 하는 것도 아니고 또 그럴 필요도 없다, 고 그는 덧붙였다. 그의 확신이 어디에서 비롯되었는지는 끝내 알 수 없었지만 막상 그런 말을 듣고 나니 마음이 가벼워졌다.

아마도 그는 알고 있었을 것이다. 내가 수도원에서 어떤 어두운 매력만을 발견하고 있다는 것을. 그것은 세상의 빛과 소금이 되라는 그 수도회의 이념과도 정면으로 배치되는 것이었다. 그가 옳았다. 가장행렬에서 벗어나 어둑한 교실 안에서 스스로를 책하며 거기에서 자학적 쾌감을 취하던 한 소년을 그는 바로 보았다. 그리고 소년이 수도원을 그 교실의 연장으로 생각하고 있다는 것도 간파했던 것이다. "여기는 세상으로부터 숨으러 오는 데가 아니라 세상으로 나아가기 위해 오는 곳이다"라고 덧붙인 것도 그래서였을 것이다.

그로부터 며칠을 벗들과 함께 그 수도원에 머물렀다. 정신의 골방에서 벗어나자 수도원이 새롭게 보였다. 예수의 고행을 묘사한 스테인드글라스는 극한으로 아름다웠고 성당을 그득하게 채우는 그레고리안 성가들이 미치도록 좋았다. 수사들은 사음계로 이루어진 그레고리안 성가를 아침저녁으로 노래했다. 노래를 부를 때의 그들은 지상에 발을 붙이고 사는 한정적 개인이 아니라 그 모든 걸 초월한 영적 존재처럼 보였다. 노래가 땅에 있고 그들이 하늘을 나는 것만 같았다. 그때마다 나도 새된 소리를 보탰다. 지금도 그레고리안 성가를 들을 때마다, 어두운 쾌감에 몸을 떨던, 세상으로 나아가기를 두려워하던, 비겁한 거짓말쟁이, 사춘기의 내가 보인다.

(『포스트 잇』)

앎

1

"시부야에 뭐가 있어요?"

잠깐 서울에서 한국말을 배운 기간을 제외하고는 도쿄에서 태어나 계속 그곳에서 살고 있는 여자였다. 그녀는 똑같은 질문을 두 번이나 했다. 시부야에 뭐가 있어요? 두 번이나 그런 질문을 받으니 가벼운 힐난처럼 느껴졌다. 그러니까 그 질문은 "시부야에는 도대체 왜 가세요?"라는 뜻으로 들렸다.

당신은 어디서 주로 놀아요? 내가 물으니 그녀는 긴자나 에비스, 다이칸야마 같은 동네를 이야기한다. 그녀에게 도쿄는 그것으로 충분하다.

2

 나에게 도쿄는 시부야를 보기 전과 본 후로 나눌 수 있다. 그 둘은 아주 다르다. 시부야를 보기 전까지의 도쿄가 지금은 잘 기억나지 않을 정도로 그렇다. 예전의 나는 국립미술관이 있는 우에노와 전자상가가 있는 아키하바라, 술집과 호텔, 백화점 들이 즐비한 신주쿠 같은 곳을 도쿄라고 생각했다. 시부야를 발견하기 전까지 내가 참고한 가이드북은 『론리 플래닛』이었는데, 이 책은 기본적으로 영어를 사용하는 배낭여행자를 위한 책이다. 『론리 플래닛』이 동양에 대해서 말할 때는 조심해야 한다. 기본적으로 그 책은 미네소타가 고향인 여드름쟁이 백인 남자 배낭여행자 같은 독자를 염두에 두고 만들어졌다. 『론리 플래닛』을 따라가면 우리는 신사나 황궁, 공원 같은 곳에 가 있게 마련이다. 우리는 어느새 서양인들의 머릿속에 있는 도쿄에 도착하게 된다. 금으로 추녀를 장식한 궁이나 다

다미방이 있는 료칸 같은 곳 말이다. 서양 여행자들은 목욕을 마친 후에도 다른 사람을 위해 물을 남겨놓아야 하는 료칸의 풍습을 신기해하고 아사쿠사의 키치적인 기념품 가게를 좋아한다. 이를테면 서울의 인사동이나 이태원 같은 곳 말이다.

그러나 누군가 내게 도쿄에서 가장 도쿄다운 장소를 하나 고르라면 나는 주저 없이 시부야의 하치코 광장을 들 것이다. 지도상에서 보면 시부야는 여러 개의 지하철 노선이 통과하는 거대한 환승역이며 교통의 중심지이다. 도쿄의 서남부와 중심지를 연결하는 이 허브를 통해 수많은 사람이 지나간다. 그렇지만 시부야를 지나간다고 해서 모두 시부야를 아는 것은 아니다. 그들은 시부야를 알고 있다고 믿고 있을 뿐이다.

잠시 대학에서 학생들을 가르칠 때, 글쓰기 과제로 이런 것을 내준 일이 있다. 평생 한 번도 해보지 않은 일을 하고 그것에 대해 적을 것. 학생들은 일주일 동안 자기가 한 번도 해보지 않았으나 한 번쯤 해보고 싶었던 일을 생각해보았다. 그리고 다음 수업 시간에 내게 승낙을 받으면 그것을 실행하고 집으로 돌아와 글로 적었다. 엉뚱하게도 청와대 앞을 서성거리며 침묵시위를 벌인 여학생도 있었고(슬로건은 "광해군을 혁종으로 추대하라"였는데 말 그대로 침묵시위였기 때문에 아무도 알 수가 없었다. 그러나 이어폰을 낀 경호원들의 '친절한' 접근에 시달렸다고 한다) 63빌딩을 걸어서 올라가겠다고 한 학생도 있었다.

그런데 영화를 공부하는 한 여학생은 이런 주제를 제시했다. "가리봉동의 다방에 가서 커피 마시며 책 보기". 그녀는 평생 한 번도 그 동네에 가본 적이 없었다. 아니, 근처에도 가본 일이 없었다. 평소에 스타벅스나 커피빈에서 책을 읽거나 노트북으로 과제를 한 일은 많았다. 그러나 그것을 가리봉동의 다방에서 한 적은 없었고, 상상조차 해본 적이 없었다.

어쨌든 그녀는 그것을 실행에 옮겼다. 우선 거기가 너무 가깝다는 데 놀랐다. 심리적으로는 거의 대전쯤에 있을 것 같았던 그곳은 그녀가 사는 곳에서 지하철로 이십 분밖에 걸리지 않았다. 갑자기 웬 여대생이 다방에 들어서자 배달을 전문으로 하는 여자 종업원들이 실눈을 뜨고 그녀를 살폈고(거기는 진짜 '다방'이었던 것이다), 이내 손님이라는 것이 분명해지자(커피를 시켰으니까) 커피와 설탕, 프림이 담긴 쟁반을 들고 와 그녀를 빤히 쳐다보았다. 도대체 왜 자기를 바라보는지 몰라 멍하니 앉아 있던 그녀에게 종업원이 마침내 물었다.

"프림? 설탕?"

다방에서는 종업원이 설탕과 프림을 가지고 와서 직접 타주고 다시 그것을 들고 가버린다는 것을 그 학생은 알지 못했던 것이다(아마도 그것은 설탕이나 프림이 귀하던 시절의 관습이었을 것이다). 종업원이 프림과 설탕 그릇을 가지고 간 뒤, 그녀는 가방에서 책을 꺼내 읽었다. 시간이 흐르자 종업원들의 긴장도 누그러지고 그녀 역시 그 공간에 서서히 익숙해져갔다. 그녀는 그때의 경험을 소상히 적어 과제로 제출했다. 처음에는 공포를 느꼈고("절 어딘가로 팔아버릴 줄 알았어요") 그다음에는 호기심이 들었고 떠날 때가 다 돼서야 비로소 그들이 친근하게 느껴지더라고 했다.

여행도 비슷하다. 우리는 낯선 도시에 도착할 때, 공포와 호기심, 친근감을 차례로 경험하면서 그 도시를 '알아가게' 된다. 가리봉동의 다방에서 책을 읽은 그 학생은 그곳에 가기 전까지는 서울을 잘 '알고 있다'고 생각했을 것이다. 우리는 우리가 살고 있는 도시에 대해 즉각적이고 기능적인 판단을 한다. 누군가가 청담동이나 회기동에 살고 있다고 말할 때, 물건을 사기 위해 남대문시장이나 명동 롯데백화점에 간다고 말할 때, 우리는 즉각 판단을 한다. 남대문시장에 가본 적이 한 번도 없어도 우리는 그것에 대해 말할 수 있다. 아, 남대문시장이오, 라고. 하지만 솔직히 말하면 우리는 남대문시장에 대해 별로 아는 게 없다. 이 대목에서 문득 떠오르는 시니컬한 금언이 하나 있다. 우리가 뭔가를 알고 있다고 말할 때, 그것은 그 뭔가를 잘못 알고 있다는 뜻이다.

3

말하자면 우리는 우리의 앎에 갇혀 있다. 특히 우리는 우리가 살고 있는 도시에 대해 무지하다. 내가 살고 있는 도시, 예를 들어 서울의 지도를 펼쳐놓고 색연필을 하나 집어든 후, 평소에 자주 가는 곳과 한 번쯤 들른 곳, 한 번도 가보지 않은 곳을 각기 다른 색깔로 칠해보면 우리가 사실은 서울의 아주 한정된 지역에만 머물고 다른 곳에는 전혀 가지 않는다는 것을 알게 된다. 아마도 양재동에 살고 있는 기러기아빠는 상봉시외버스터미널보다 캐나다의 토론토를 더 가깝게 느낄 것이다.

"시부야에는 뭐가 있어요?"라고 묻는 아까의 일본 여성에게 시부야는 애들이나 가는 곳이다. 사람들로 붐비는 좁은 길에는 전단지를 뿌리는 호객꾼들이 있고 술에 취한 갸루족이나 펑크족이 소란을 피우는 곳이다. 그녀는 지난 몇 년간 시부야에서 친구를 만난 적이 한 번도 없다. 많은 도쿄 사람들이 학교를 졸업한 후에는 시부야에 얼쩡거리지 않는다. 그들에게 시부야는 다이칸야마나 에비스나 시모키타자와 같은 곳으로 가기 위해 잠깐 스쳐지나가는 곳, 소란스러운 환승역일 뿐이다. 나는 그녀에게 말해주었다. 시부야에는 정말 근사한 서점이 많이 있어요. 좋은 음반 가게와 가장 전위적인 영화를 틀어주는 작은 영화관들이 있지요. 그녀는 '그럴 리가'라는 얼굴이다. 그러나 그것은 사실이다. 시부야는 분명 소란스러운 유흥가이지만 골목골목마다 상당히 근사한 서점들이 숨어 있다. 그리고 그 서점들은 도쿄의 다른 지역과 달리 철저히 유행에 민감한 젊은이들의 기호에 맞는 책과 잡지들을 보유하고 있다. 츠타야나 리브로, 아오야마북센터 같은 서점들에선 세계적인 잡지와 일본의 수준 높은 사진집 같은 것을 쉽게 발견할 수 있다. 그밖에도 시부야 지역에는 할리데이비슨 전문점이나 특색 있는 청바지 가게, 일렉트로니카 음악을 전문으로 하는 클럽 같은 것들이 함께 어우러져 있다.

시부야는 말하자면 유행이 잠깐 머물다 가는 정거장 같은 곳이다. 가장 새로운 것이 덜 새로운 것을 밀어내고 잠깐 불안한 영화를 누린 뒤, 뒤에 도착한 새로운 것에 제자리를 내주고 물러나는 곳이다. 그러니까 누구도 시부야를 잘 알 수가 없다. 어쩌면 나는 시부야에 대해서 아무것도 몰랐기 때문에, 오히려 더 쉽게, 그리고 깊게 시부야라는 세계로 들어올 수 있었는지도 모른다. 도시에 대한 무지, 그것이야말로 여행자가 가진 특권이다. 그것을 깨달은 후로는 나는 어느 도시에 가든 그 도시에 사는 사람들의 말을 다 신뢰하지는 않게 되었다. 그들은 '알고 있다'고 생각하기 때문에 자기 앎에 '갇혀' 있다. 이런 깨달음을 내가 살고 있는 도시에도 적용해보면 어떨까? 갇힌 앎을 버리고 자기가 살고 있는 도시로 여행을 떠나는 것이다. 한 번도 가지 않은 곳, 이를테면 돈암동의 골목길이나 노량진의 수산시장을 헤매며 그곳에서 여행자처럼 사진을 찍고 음식을 사먹고 그때까지 그 동네에 대해 갖고 있던 선입견을 하나씩 교정해가는 것이다.

(『여행자 도쿄』)

비관적 현실주의와 감성 근육•

　한 회사 사장님이 신입사원들을 앉혀놓고 이런 말을 했다고 합니다. "요즘 젊은이들은 왜 현실에 안주하려고만 하느냐. 애플의 스티브 잡스나 마이크로소프트의 빌 게이츠 봐라. 다 자기 집 차고에서 시작해 세계적인 기업을 만들지 않았느냐?" 그러자 한 신입사원이 옆에 있는 동료에게 그랬대요. "차고라고? 우리집에는 차고 없는데?" 그랬더니 동료가 그러더래요. "차고는 무슨, 차도 없는데. 아, 맞다. 집도 없구나." 지금 젊은이들에게는 '현실에 안주'한다는 것 자체가 꿈같은 일입니다. 안주가 사치인 시대,

• SBS〈힐링캠프〉강연, 2014년 12월 8일 방영.

점점 더 나빠지지만 않으면 다행인 시대가 되었습니다.

저는 작가라 숫자에는 별로 강하지 않지만 한번 예를 들어보겠습니다. 제가 대학에 들어가던 해에 우리나라의 연 경제성장률은 무려 11.5퍼센트였습니다. 그다음 해에는 12.9퍼센트, 서울올림픽이 열리던 1988년에는 12.1퍼센트였습니다. 그런데 2013년 우리나라 경제성장률은 얼마였을까요? 3.3퍼센트였습니다. 간단하게 계산해봐도 요즘 같은 시대에 사 년 걸릴 성장이 그때에는 일 년 만에 가능했던 겁니다. 지금 기준으로 보면 무시무시한 성장률이었죠. 그러니 그 시절의 대학생들은 취업을 별로 진지하게 생각하지 않았습니다. 대학 졸업자는 지금에 비해 매우 적었는데(1986년 대학 취학률은 22.3퍼센트에 불과했습니다) 그들을 필요로 하는 기업들은 많았으니까요. 게다가 그 시절은 취업을 했다 하면 거의 모두가 정규직이었습니다. 비정규직이라는 말 자체가 없던 시절이었습니다. 대학에 가기는 어려웠지만 대학에만 간다면 그다음은 꽤 순탄한 미래를 기대할 수 있었던 겁니다.

저는 대학교 3학년 때부터 학군단, 흔히 말하는 ROTC 후보생이었습니다. 일 년차인 3학년 때는 정말 힘들었습니다. 훈련은 힘들고, 선배들은 괴롭히고, 길에서도 큰 소리로 경례하느라 창피하고…… ROTC 후보생들은 여름방학마다 한 달씩 군부대에 들어가 훈련을 받습니다. 이 년차 여름 훈련을 앞둔 어느 날, 저는 교정을 터덜터덜 걸어 내려오고 있었습니다. 그때 무슨 종교적 계시처럼, 그 훈련에 참가하지 말라는 목소리를 들었습니다. 터무니없는 소리죠. 만약 그 훈련에 참여하지 않으면 바로 학군단에서 제명될 뿐 아니라 그때까지 일 년 반 동안 해온 고생은 헛수고가 되고 졸업하자마자 사병으로 군대에 가야 하는 것이니까요. 하지만 저는 그날 바로 학군단으로 찾아가 여름 훈련에 참여하지 않겠다, 오늘부로 학군후보생을 그만두겠다고 말했습니다. 발칵 뒤집힌 학군단측에서 저를 설득했고 같이 고생하던 동기들도 입을 모아 충고했습니다. "지금까지 해온 게 아깝지도 않냐?" 그때 제가 동기들에게 했던 말이 지금도 기억이 납니다. "아니, 앞으로 살아갈 날이 더 아까워. 이 길은 내 길이 아닌 것 같아."

장교로 임관했더라면 아마 전역과 동시에 대기업에 바로 취업이 됐을 겁니다. 바로 결혼도 하고 아이도 낳고, 출근시간 지하철에서 흔히 마주칠 수 있는 평범한 회사원으로 살아가게 되었을 겁니다. 순조롭게 승진했다면 지금은 아마 부장 정도가 되어 있겠지요. 그런데 아무리 생각해봐도 그건 제 미래 같지가 않았습니다. 앞으로 뭐가 될지 확실히 알 수는 없었지만 적어도 그런 삶은 아닐 거라는 막연한 확신이 있었습니다.

제 아버지는 가난한 농촌에서 태어나 독학으로 야간 고등학교를 졸업하고, 사병으로 군에 입대해 간부후보생으로 장교가 된 분이었습니다. 아들이 대학을 졸업하고 학군장교로 임관하는 모습을 꼭 보고 싶으셨던 아버지는 제가 ROTC를 그만둔 후로 기거하고 있던 학교 동아리방을 찾아와 저를 설득하셨습니다. "아버지의 마지막 소원이다. 임관만 해라. 그후부터는 아무것도 바라지 않으마." 아버지의 소원을 들어드리지 못해 죄송했지만 저는 분명하게 제 의사를 밝혔습니다. "못 하겠습니다." 왜냐하면 어른들의 바람은 늘 그런 식이기 때문입니다. 대학만 들어가라, 졸업만 해라, 결혼만 해라, 아이만 하나 낳아라, 그다음부터는 네 마음대로 살아라. 하지만 아무 조건도 없이 하고 싶은 것을 마음대로 할 수 있는 '그날'은 결코 오지 않습니다.

결국 우여곡절 끝에 학군단을 탈퇴한 후, 바로 입영되는 것을 피하기 위해 대학원에 들어갔지만 학업에는 별뜻이 없었기에 그때부터 본격적으로 문학에 뜻을 두고 습작을 시작했습니다. 대학원을 마친 후에야 군대에 갔고 제대한 직후, 등단하여 작가가 되었습니다. 만약 제가 내면의 목소리를 무시하고 그냥 여름 훈련에 참가하고 장교로 임관했더라면 어떻게 됐을까요? 뭐든 됐겠지만 아마 작가는 되지 못했을 겁니다.

 하지만 제가 그런 결단을 내릴 수 있었던 것에는 분명 당시의 시대적 분위기가 영향을 미쳤습니다. 경제성장률이 10퍼센트를 넘나드는 시절이라 다들 미래를 낙관하고 있었거든요. 예편을 하기는 했지만 아버지는 안정된 직장인 은행의 예비군 대대장으로 재취업에 성공하셨고, 우리 가족은 신도시에 분양받은 새 아파트로 이사갈 날을 손꼽아 기다리고 있었습니다. 원래 부모님은 제가 공인회계사 같은 안정적인 직업을 갖기를 원하셨고 작가가 되는 것을 탐탁지 않게 여기시기는 했지만, 그렇다고 아들이 끝내 밥을 굶게 되리라고 생각하지는 않으셨던 듯합니다. 그건 저 역시 마찬가지였습니다. '뭐 굶어죽기야 하겠어?' 그런 마음으로 부모님께 빌붙어 몇 년을 버틸 수 있었습니다. 저는 입사원서 한 장 내지 않고 습작에 매달렸지만 가끔 그냥 평범한 회사원으로 사는 것은 어떨까 생각해본 적도 있었습니다. 그렇게 마음이 자꾸 흔들리기에, 어느 날 신촌에 가서 귀를 뚫고 귀걸이를 했습니다.

'음, 이제 취직은 물건너갔군. 귀걸이 한 놈을 누가 뽑겠어? 그러니 이제 글만 쓰자.'

이런 무모함이 가능하고 낙관주의가 팽배하던 시절은 이제 지나갔습니다. 지금 같은 시절에 대학을 다녔다면 저도 이십 년 전처럼 행동하지 못했을 겁니다. 예를 들어, 갚아야 할 학자금 대출이 있고, 안정적인 직장이 없는 부모 또한 아파트 담보 대출을 떠안고 그걸 매달 갚아나가야 하는 처지였다면, 저 역시 습작보다는 취업에 뛰어들어야만 했을 겁니다.

세월이 흘러 저는 다행히도 꽤 알려진 작가, 가끔은 길에서 독자들이 알아보고 인사도 해오는 그런 작가가 되었습니다. 책이 나오면 커다란 공연장 같은 곳에서 독자들과 만나기도 합니다. 제 독자들은 대부분 젊은이들입니다. 행사가 끝날 때면 그들은 저에게 질문을 합니다. 자기도 글을 쓰고 싶은데, 작가가 되고 싶은데, 어떤 충고를 해줄 수 있는가. 참 어려운 질문입니다. 왜냐하면 제가 작가가 되기로 결심했던 시대와 지금은 너무나도 다르기 때문입니다.

  한번은 군부대에 강연하러 간 적이 있습니다. 병사들이 정말 좋아하더군요. 푹 잘 수 있으니까요. 제가 문학에 대해 이야기하는 동안 정말 잘들 자는 거예요. 군인답게 모두 정확히 각을 맞춰 질서정연하게 자더군요. 보람 있었습니다. 아, 내가 강연을 온 덕분에 병사들이 저렇게 꿀 같은 휴식을 취할 수 있다니. 강연이 끝나자 언제나처럼 형식적인 질의응답 시간이 있었습니다. 군대니까 자발적으로 한 것은 아닐 거고 분명 미리 질문을 던지기로 되어 있었을 텐데요. 제대를 앞둔 병장이 말하기를, 자기는 집안 형편도 어렵고, 소위 말하는 스펙도 변변치 않고, 학벌도 시원찮은데, 자기 같은 젊은이가 어떻게 하면 이 사회에서 성공할 수 있겠느냐고 묻더라고요. 저는 그 병사에게 말했습니다.

  "음, 잘 안될 거예요."

그러자 잠들어 있던 병사들이 하나둘 고개를 들기 시작했습니다. 이건 뭔가 이상하다, 눈을 떠야 한다, 이런 직감들이 들었나봐요. 잠에서 깬 병사들에게 말했습니다. 보란듯이 성공하는 것이 굉장히 어려운 시대가 되었다. 미안하지만, 여러분 앞에는 암울한 미래가 기다리고 있다. 게다가 나는 작가라 여러분에게 성공하는 법 같은 것은 가르쳐줄 수가 없다. 작가는 실패 전문가다. 소설이라는 게 원래 실패에 대한 것이다. 세계명작들을 보라. 성공한 사람은 거의 나오지 않는다. 『노인과 바다』의 노인은 기껏 고생해서 커다란 물고기를 잡는 데 성공하지만 결국 상어들에게 다 뜯기고 뼈만 끌고 돌아온다. 『안나 카레니나』의 안나와 『보바리 부인』의 보바리 부인은 자살하고 만다. 『위대한 개츠비』의 개츠비는 옛사랑을 얻기는커녕 엉뚱한 사람이 쏜 총에 맞아 젊은 생을 마감한다. 문학은 성공하는 방법은 가르쳐줄 수 없지만 실패가 그렇게 끔찍하지만은 않다는 것, 때로 위엄 있고 심지어 존엄할 수 있다는 것을 가르쳐준다. 그러니 인생의 보험이라 생각하고 소설을 읽어라.

제 소설을 읽는 젊은 독자들도 그 병사와 비슷한 질문

을 곧잘 합니다. 다들 앞날이 불안하고 자신에 대한 확신이 흔들리니까요. 독자란 참 천사 같은 존재입니다. 자기 돈 내고 책 사주죠, 일부러 시간 내서 낭독회 같은 행사에 와주죠, 와서는 정말 따뜻한 얼굴로 작가를 바라봐줍니다. 가끔은 신기합니다. 저는 그냥 소설을 한 권 썼을 뿐인데, 전생에 무슨 좋은 일을 했길래 독자라는 사람들로부터 이렇게 따뜻한 대접을 받을까? 정말 고마운 생각이 드는 한편으로, 안타깝기도 합니다. 저토록 선량한 이들 앞에 왜 이토록 우울한 현실이 기다리고 있을까.

한번은 어느 독자가 저에게 이메일을 보냈습니다. 편의점에서 알바생으로 일하고 있는데 제 책을 한 권 사서 점장에게 선물했다고요. 이상적인 세상이라면 점장이 책을 사서 알바생들에게 선물했겠지만, 현실에서는 법정 최저시급도 제대로 못 받는 알바생이 그 얼마 안 되는 돈을 아껴 점장에게 선물을 하더군요. 저는 편의점에서 일하는 젊은이를 주인공으로 하는 소설을 쓴 적이 있어 거기서 일하는 게 어떤 건지 조금 알기 때문에 그 마음이 참 고마우면서도 짠했습니다.

저는 서점에서 사인회를 할 때마다 독자들 한 명, 한 명에게 물어봅니다. 무슨 일을 하시나요? 제 책을 읽는 사람들이 어떤 일을 하면서 하루를 보내는지, 어떤 꿈을 갖고 있는지 궁금하기 때문입니다. 젊은 그들은 대부분 학생이거나, 알바생이거나, 비정규직이거나, 아니면 취업준비생입니다. 번듯한 직장을 가진 사람들이 참 드물어진다는 것을 책을 새로 낼 때마다 발견하게 됩니다. 그들과 만나고 돌아오는 날이면 그들의 삶에 대해서 생각하게 됩니다. 이들에게 내가 이십대에 했던 것처럼 과감한 결단을 내려라, 예술에 투신하라, 인생을 걸어라, 이렇게 충고할 수는 없는 노릇이 아닌가. 그렇다면 '어떻게 살아야 하는가'라고 묻는 독자들에게 어떤 이야기를 해줄 수 있을까.

　이제는 열심히 해도 성공하기 어렵습니다. 이런 상황에서 우리에게 필요한 것은 낙관이 아니라 비관입니다. 어떤 비관인가? 바로 비관적 현실주의입니다. 비관적으로 세상과 미래를 바라보되 현실적이어야 합니다. 세상을 바꾸기도 어렵고 가족도 바꾸기 어렵습니다. 우리가 바꿀 수 있는 것은 우리 자신뿐이다, 자기계발서들이 말하는 내용이 바로 그것입니다. 너 자신이라도 바꿔라, 저는 그것마저도 어렵다고 생각합니다. 자기를 바꾸는 것 역시 쉽지 않습니다. 그게 쉽다면 그런 책들이 그렇게 많이 팔릴 리가 없습니다. 우리가 당장 바꿀 수 있는 것은 세상과 자신을 바라보는 관점입니다. 대책 없는 낙관을 버리고, 쉽게 바꿀 수 있다는 성급한 마음을 버리고, 냉정하고 비관적으로 우리 앞에 놓인 현실을 직시하는 것이 우선입니다.

제2차 세계대전 당시 포로수용소에 대한 한 연구에서 보면 가장 오래 살아남은 이들은 낙관주의자나 비관주의자가 아니라 비관적 현실주의자라고 합니다. 비관적 현실주의자란 어떤 사람들일까요? 이들은 '곧 나갈 수 있을 거야'라고 무작정 믿는 사람들이 아닙니다. '나는 여기서 죽고 말 거야. 영원히 여기를 떠나지 못할 거야'라고 믿는 사람도 아닙니다. '여기서 나가기는 쉽지 않아. 어쩌면 적들이 이 전쟁에서 승리할 수도 있어. 나는 영원히 여기서 썩거나 아무도 모른 채 죽을 수도 있겠지. 그렇지만 그때까지는 정신 똑바로 차리고 살아야 한다. 그러기 위해 먼저 면도부터 해야겠다. 수용소에서 누가 본다고 면도를 하냐고? 그럼 뭘 하지? 가만히 누워서 죽을 때를 기다리나?'

이런 사람들이 바로 그들입니다. 먹을 물도 부족한 판

에 면도를 하고 세수를 합니다. 개인위생을 챙기고 하루하루를 맑은 정신으로 살아가려고 노력합니다. 헛된 희망에 사로잡히지도 않고 허황된 자존심에 목숨을 걸지도 않습니다.

비관적 현실주의자로 살아가는 삶은 너무 답답하고 지루할까요? 오히려 낙관주의자로 살아가는 삶에 함정이 더 많습니다. 낙관주의는 모든 게 잘될 때는 괜찮지만 한번 무너지면 걷잡을 수 없습니다. 미국에 우울증 환자가 왜 이리 많은가에 대해 여러 분석이 있지만 '긍정적 사고'와 '낙관적 태도'를 지나치게 강조하는 사회적 분위기에서 그 원인을 찾기도 합니다. 모두가 긍정적으로 활발하고 낙천적으로 살아가는 것처럼 보일 때, 거기서 자신만 뒤처진 것으로 보일 때, 우리는 급격하게 우울해집니다. 봄에 우울증이 늘어나고 자살률도 높아지는 사실 역시 그것과 관련이 있습니다. 햇살은 따사롭고 뉴스에는 나들이를 나온 행복한 가족들의 모습만 보이지요. 나만 불행하다는 느낌, 이것이 깊은 우울로 우리를 끌고 들어갑니다.

비관적 현실주의는 인상을 쓰고 침울하게 살아가자는 게 아닙니다. 현실을 직시하되 그 안에서 최대한의 의미,

최대한의 즐거움을 추구하자는 것입니다. 이러한 비관적 현실주의에는 개인주의가 필수적입니다. 집단은 어딘가로 쏠리게 마련입니다. 지난 몇 년간 우리 사회를 휩쓸고 간 열풍들을 생각해보세요. 황우석 열풍, 〈디워〉 열풍 같은 불과 몇 년 전의 사건들이 마치 아득한 옛날에 벌어졌던 일처럼 느껴집니다. 그때는 줄기세포로 모든 병을 치유하고 〈디워〉가 할리우드를 집어삼킬 것처럼 생각됐지만, 지나고 보면 그들은 우리 삶에 어떤 변화도 야기하지 못했습니다.

인간은 타인의 영향을 받는 존재입니다. 그것은 자연스럽습니다. 진화과정의 산물이기도 합니다. 모든 것을 혼자 판단하려 한다면 너무 힘들고 피곤할 겁니다. 많은 사람들이 어딘가로 뛰어간다면 이유가 있으리라 믿고 일단 같이 뛰어가면 편합니다. 저쪽에 뭔가 무서운 것이 있거나 아니면 이쪽에 뭔가 중요한 일이 있으니까 사람들이 뛰는 것이겠죠. 2001년 9·11 세계무역센터 테러 사건 때 많은 사람들은 충분히 대피할 시간이 있었지만 소방관이 오기를 기다리라는 지시를 받고는 자기 사무실에 머물렀습니다. 다른 사람들도 가만히 있었기 때문이지요. 2003년 대구 지하철 참사 때도 연기가 전동차 안에 자욱할 때까지 대부분의 시민들이 동요하지 않고 자리에 앉아 있었습니다. 기관사가 방송으로 곧 열차가 출발할 거라고 말했고 다른 사람들도 자기 자리를 지키고 있었기 때문입니다.

비관적 현실주의를 견지하려면 남과 다르게 사고하는 것이 필요합니다. 나치 수용소에서 면도를 하는 사람들이 과연 다수였을까요? 아닙니다. 대부분의 수감자들은 헛된 소문들에 휩쓸려다녔습니다. 연합군이 지척에 와 있고 일주일 안에 해방된다, 같은 낙관적 소문부터, 아니다, 내일 우리 모두 가스실로 끌려간다, 같은 비관적 루머까지 갖가지 소문이 마음이 약한 이들과 통제력을 상실한 수감자들을 흔들어놓았습니다. 가장 정확했던 판단은 '연합군은 오고 있다. 그러나 우리 기대만큼 빠르지는 않을 것이다. 어쩌면 우리는 여기서 죽을 수도 있다. 그러나 이렇게 많은 사람을 한꺼번에 죽일 수는 없을 것이다. 아직 시간은 있다'일 것입니다. 그런 생각을 하는 사람은 소수였지만 생존의 가능성은 가장 높았습니다.

한 사람의 개인으로, 독자적으로 사고하는 일은 점점 더 중요해지고 있습니다. 가뜩이나 다른 사람의 생각과 행동에 영향을 잘 받는 우리 인간들의 속성을 교묘하게 이용하는 새로운 기법들이 속속 등장하고 있습니다. 미국의 대기업에는 심리학 박사들이 즐비합니다. 학문 발전에 기여하고 싶어서 그런 박사급 연구자들을 엄청난 연봉을 주고 채용하는 걸까요? 아니죠. 그들은 우리의 행동을 예측하고 더 나아가 조작하고 싶어합니다. 구글 같은 기업은 이른바 빅데이터를 제공합니다. 빅데이터는 우리가 SNS에 올리는 사소한 글로부터 트렌드를 추정합니다. 예를 들어, 독감이라는 단어가 많이 구글링되는 지역은 현재 독감이 막 유행하기 시작하는 곳일 가능성이 큽니다. 이런 방식으로 구글은 미국 질병예방센터보다 평균적으로 사흘 먼저 독감의 유행을 예측한 것으로 알려져 있습니다. 이렇게 좋은 목적에만 사용하면 얼마나 좋겠습니까마는 이런 빅데이터를 가장 간절하게 원하는 곳은 바로 기업일 겁니다. 미국의 한 슈퍼마켓은 매장에 들어서는 손님들의 얼굴을 인식한 후, 그 손님이 어느 매대에서 몇 초 동안 머무르는지까지 데이터화합니다. 손님이 소시지 시식을 했는지 수입 맥주 매대에서 서성였는지 다 나온다는 얘기죠. 그들은 '인간의 행동은 넓은 의미에서 대체로 예측 가능하다'고 단언합니다. 말하자면 우리는 날마다 '털리고' 있는 것입니다. 그들은 우리의 지갑을 노리고, 우리의 영혼을 노리고, 우리의 미래를 노립니다. 우리는 뭔가를 자발적으로 소비하고 있다고 생각하지만 실은 마케팅에 의해 촉발된 것입니다. 주말에 영화를 보러 가는 사람들은 자신들이 영화를 골랐다고 생각합니다. 그러나 보통 사람들이 와이드 릴리스를 하지 않은, 대기업이 배급하지 않고 마케팅도 거의 하지 않는 영화를 일 년에 몇 편이나 보게 될까요? 대부분은 TV의 영화 홍보 프로그램이나 인터넷의 이런저런 광고, 조작된 입소문을 통해 영화를 고르게 됩니다.

저는 세상을 바라보는 관점을 비관적 현실주의에 두되, 삶의 윤리는 개인주의에 기반해야 한다고 생각합니다. 남과 다르게 생각하는 것, 남이 침범할 수 없는 내면을 구축하는 것이 필요합니다. 자기도 모르게 타인에게 동조될 때, 경계심을 가져야 합니다. 이러한 개인주의를 저는 건강한 개인주의라고 부르고 싶습니다. 건강한 개인주의란 타인의 삶을 침해하지 않는 범위에서 독립적 정신을 가지고 살아가는 것, 그 안에서 최대한의 즐거움을 추구하는 것이라 정의하고 싶습니다. 이때의 즐거움은 소비에 의존하지 않는 즐거움이어야 합니다. 물건을 사서 얻을 수 있는 즐거움이 아니라 뭔가를 행함으로써 얻어지는 즐거움입니다. 즉, 구매가 아니라 경험에서 얻는 즐거움입니다. 새로 나온 사진기를 사는 것이 아니라 이미 있는 카메라로 더 멋진 사진을 찍는 삶입니다. 새로운 스마트폰을 사는 삶이 아니라 휴대폰을 잠시 끄고 글을 쓰는 데서 얻는 즐거움을 말합니다. 소비에 의존하지 않는 즐거움의 대부분은 인류가 오랫동안 쌓아온 유산과 관련이 있습니다. 이것들이 오래 살아남은 데는 다 이유가 있습니다. 바로 예술과 관련되었다는 겁니다. 글을 쓰고 노래하고 춤을 추고 연극에 참여하고 그림을 그리는 일, 여기엔 대부분 큰돈이 들지 않습니다. 성장률이 제로로 수렴하는 저성장 시대가 이미 도래했습니다. 유럽 국가들은 툭하면 0퍼센트의 성장 혹은 마이너스 성장을 경험하고 있습니다. 미국도 이민자들이 아니었다면 벌써 그런 일을 겪었을 겁니다. 이런 상황에서는 많이 벌고 많이 쓰고 많이 저장하는 삶은 더이상 지속 가능하지 않습니다. 이런 비관적 인식하에 지금 여기에서 어떤 즐거움을 누릴 수 있을지에 대해 개인적으로, 독자적으로, 개별적으로, 현실적으로 고민해야 합니다.

개인적 즐거움은 얼핏 듣기에는 쉬워 보이지만 막상 시작해보면 간단하지 않다는 것을 알게 됩니다. 왜냐하면 우리는 즐거움을 천대하는 사회에서 성장했으니까요. "사람이 어떻게 자기 좋아하는 것만 하면서 살 수 있나?" 제가 어렸을 때 부모님께 많이 듣던 소리입니다. 우리는 명분이나 도리 같은 '타인 지향적 윤리'를 강조하는 문화에서 자라났습니다. 자기 즐거움을 희생하고라도 타인을 위해 뭔가를 해야 한다는 것, 그래서 수많은 사람들이 주말에도 쉬지 못하고 남의 결혼식에 불려다니느라 피곤한 것이죠. 이런 환경에서 자라난 사람들에게는 감성 근육이 없습니다. 감성 근육이라는 것은 뭘까요? 육체의 근육과 비교해보면 짐작하실 수 있을 겁니다. 우리 몸에 근육이 없다면 어떻게 될까요? 조금만 운동을 해도 피곤해지겠죠. 피곤해지면 짜증이 나겠죠. 다 포기하고 소파에 누워 낮잠이나 자고 싶어집니다. 감정은 독립된 게 아닙니다. 육체가 활동을 감당할 수 없을 때 감정은 부정적으로 변합니다. 짜증과 화, 분노가 거기에서 시작됩니다. 마찬가지로 감성 근육이 없는 사람은 뭔가를 느끼기 피곤해합니다. 소설을 읽어도 재미가 없습니다. 도대체 뭔 인물이 이렇게 많이 나오고 관계가 복잡해? 책을 집어던집니다. 줄거리가 간단한 할리우드 액션영화 아니면 바로 잠이 옵니다. 재미를 느낄 수 없으니까요. 현대미술은 아이들이 장난친 것처럼 보입니다. 이런 사람은 오히려 일을 하는 게 더 편할지도 모릅니다. 일은 바로 보상이 주어지니까요. 아니면 게임이나 친구와의 수다를 선택하겠죠.

육체의 근육이 일정한 훈련을 통해 길러지듯이 감성 근육도, '아, 오늘부터 개인적 즐거움을 깊이 추구해야지' 한다고 해서 바로 생기는 것이 아닙니다. 독서 역시 마찬가지입니다. 소설을 읽고 즐기는 것은 원래 어렵습니다. 자기와 전혀 상관없는 세계, 예를 들어 19세기의 귀부인이 젊은 남자와 바람이 나는 얘기라든가, 1920년대의 미국의 벼락부자가 옛날 애인을 되찾기 위해 분투하는 얘기가 단박에 마음에 와닿을 리가 없습니다. 게다가 소설이라는 것은 끝까지 읽어도 주제를 알기가 어렵습니다. 다른 말로 하자면 주제를 알기 어려운 소설일수록 좋은 소설이라고 할 수 있습니다. 재능 있는 작가일수록 작품의 주제를 독자가 쉽게 찾지 못하도록 잘 숨겨둡니다. 훈련된 독자 역시 너무 간단해서 주제를 쉽사리 파악할 수 있는 소설보다는, 지성과 감성을 충분히 사용하면서 적절한 어려움을 겪은 후에야 작품의 참된 의미를 찾을 수 있는 소설을 더 좋아합니다. 소설을 즐기기 위해서는 연습과 훈련이 필요합니다. 영화나 미술도 그렇습니다. 소설을 진지하게 읽고 영화의 역사를 공부하는 것은 허세를 부리기 위해서가 아니라 더 높은 수준의 즐거움을 지속적으로 향유하기 위해서입니다.

우리의 감각은 훈련 못지않게 경험도 필요로 합니다. 예전에 '어둠 속의 대화'라는 좀 특이한 프로그램에 참가한 적이 있습니다. 빛을 완전히 차단한 곳으로 여러 사람들과 함께 들어갑니다. 빛이 정말 완벽하게 차단돼 있어서 눈을 뜨든지 감든지 똑같습니다. 처음엔 약간 무섭죠. 연인과 같이 가면 좋겠지요? 손 꼭 잡아도 하나도 이상하지 않으니까요. 몰래 입을 맞춰도 아무도 모를 겁니다. 그 안에서 시각장애인과 똑같은 체험을 하는 겁니다. 길도 건너고(차 소리가 들립니다), 더듬더듬 벽을 만지며 걸어가기도 합니다. 앞에 안내자가 있지만 아무래도 불안합니다. 그러다 카페에 앉아서 음료수도 마십니다. 콜라를 주문하자 콜라처럼 느껴지는 뭔가를 갖다줍니다. 마셔보니 정말 콜라 같더군요. 그렇게 한 바퀴를 돌고 밖으로 나와서 시계를 보고는 깜짝 놀랐습니다. 한 십오 분쯤 지났다고 생각했는데 한 시간이 지나 있었던 겁니다. 저뿐 아니라 거의 모든 참가자들이 그런 반응을 보입니다. 그 안에서는 모든 감각이 살아납니다. 시각을 사용할 수 없으니 귀도 쫑긋해지고, 촉각도 예민해집니다. 청각이나 후각도 보통 때보다 훨씬 민감해집니다. 심지어 어둠 속에서 마신 콜라의 맛도 훨씬 더 생생합니다. 이 프로그램은 우리가 우리의 감각을 평소 얼마나 덜 사용하는지를 보여줍니다. 평소에 우리는 거의 시각만을 사용하고 살아가지요. 그런데 다른 감각을 사용하면 세상은 전혀 다르게 보이고 그에 따라 우리의 감정도 훨씬 풍부해집니다.

저는 미술관에 가서 조각을 볼 때 허락된다면 가끔 만져봅니다. 기회가 될 때 조각을 만져보는 이유는 만져보아야만 느낄 수 있는 게 있기 때문이죠. 마애삼존불 같은 것을 보면 발과 코가 검게 변해 있거나 닳아 있습니다. 아들을 낳기 원하는 여성들이 만져보았기 때문인데, 그리스 로마 시대의 조각도 크게 다르지 않습니다. 조각을 보면 우리는 만지고 싶은 충동을 느끼지만 그러면 안 된다고 배웠기 때문에 참는 것이지요. 만지면 눈으로 볼 때와는 전혀 다른 느낌이 듭니다. 대리석과 화강암이 다르고 사암이 다릅니다. 제가 이걸 처음 시작한 것은 덴마크에 있는 로댕 전시관이었는데 로댕은 육체를 정말 매력적으로 표현했죠. 대리석으로 된 조각의 피부를 손으로 만졌을 때의 느낌을 지금도 잊지 못합니다. 차갑고 매끈하면서 단단했습니다. 새로운 음식을 먹을 때나 예쁜 꽃을 볼 때도 꼭 냄새를 맡아봅니다. 후각도 단련할수록 발달하는 감각이지요. 우리는 후각을 잘 사용하지 않는다고 믿고 있지만 후각이 마비된 사람은 음식의 맛도 실은 잘 못 느낀다고 하지요. 어차피 존재하는 감각, 좀더 적극적으로 사용하는 것도 감성 근육을 키우는 데 도움이 됩니다.

예전에 대학에서 학생들에게 글쓰기를 가르칠 때, '오감으로 글쓰기'라는 시간이 있었습니다. 학생들에게 어렸을 때 가장 행복했던 순간에 대해 쓰게 합니다. 그러면 처음에는 학생들이 시각적인 기억에만 의존해 건조하게 묘사합니다. 그러면 저는 오감을 다 사용해 다시 써보라고 합니다. 예를 들어 부모와 함께 남해안의 해수욕장에 놀러간 기억에 대해 쓴다면, 저 먼 수평선에 갈매기들이 날고, 그 갈매기들이 끼룩끼룩 우는 소리를 들으며 바다로 걸어들어갔는데, 해초가 종아리에 미끈거리며 감기고 수영을 하며 들이킨 바닷물은 엄청나게 짰다, 이런 게 오감의 글쓰기인데요. 일단 오감을 이용해 글을 쓰면 글 자체가 좋아집니다. 게다가 학생들에게 물어보면, 그냥 시각만 이용해서 글을 쓸 때보다 훨씬 깊게 그때의 경험으로 다시 돌아갈 수 있었다고 합니다. 쓰다가 갑자기 눈물을 쏟는 학생도 있었습니다. 행복했던 시절의 기억이 여러 감각을 통해 생생하게 떠올랐기 때문입니다. 이렇듯 글을 쓴다는 것은 간접적인 행위이지만 오감을 동원하면 그것은 마치 놀라운 가상현실처럼 우리에게 그때의 기억을 되살려주고, 그런 글쓰기가 습관이 되면 일상생활에서도 더 민감하게 오감을 동원하게 됩니다. 감각과 기억, 표현은 이렇게 서로 긴밀하게 연결돼 있습니다. 이런 것들이 우리의 감성 근육을 키우는 것입니다.

  육체의 근육이 발달한 사람은 같은 양의 음식을 먹어

도 기초대사량이 높아 살이 잘 찌지 않는다고 하지요. 감성 근육이 발달한 사람 역시 더 많은 것을 느끼면서도 부담을 느끼지 않습니다. 잘 느끼는 것은 왜 중요할까요? 자기 느낌이 있는 사람은 다른 사람의 의견에 쉽게 흔들리지 않게 됩니다. 와인을 전문적으로 테이스팅하는 사람이 다른 사람의 별점을 보고 와인을 고를까요? 평생 음악을 사랑하고 들어온 사람들이 남의 평가만 듣고 콘서트 티켓을 살까요? 저만 해도 인터넷 서점에서 책을 살 때 독자 서평이나 리뷰를 전혀 보지 않습니다. 한 작가가 저에게 한 번이라도 깊은 즐거움을 주었다면 그 즐거움은 제 정신과 육체에 새겨져 있습니다. 그것만 기억하면 됩니다. 그 작가가 새 작품을 냈다면 일단 사보는 겁니다. 만약 그 작품에 실망했다면 그것 역시 고스란히 남습니다. 자신만의 느낌의 데이터베이스가 충분한 사람은 타인의 의견에 쉽게 휘둘리지 않습니다. 참고는 하겠지만 의존하지는 않을 겁니다.

세상에 대해서는 비관적 현실주의를 견지하면서도 윤리적으로 건강한 개인주의를 확고하게 담보하려면 단단한 내면이 필수적입니다. 남에게 침범당하지 않는 단단한 내면은 지식만으로는 구축되지 않습니다. 감각과 경험을 통해서 비로소 완성됩니다. 지식만 있고 자기 느낌은 없는 사람, 자기감정을 표현할 줄 모르는 사람은 어떤 의미에선 진정한 개인이라고 보기 힘들 겁니다. 우리 사회에는 자기 스스로 느끼기보다는 남이 어떻게 생각하는지에 더 관심이 많은 사람들이 대부분입니다. 내 감정은 감추고 다중의 의견을 살펴야 되는 분위기입니다. 그러나 이제는 바뀌어야겠죠. 우리는 다른 사람이 아니라 스스로에게 물을 필요가 있습니다. 나는 지금 느끼는가, 뭘, 어떻게 느끼고 있는가? 그것을 제대로 느끼고 있는가?

견고한 내면을 가진 개인들이 다채롭게 살아가는 세상이 될 때, 성공과 실패의 기준도 다양해질 겁니다. 자기만의 감각과 경험으로 충만한 개인은 자연스럽게 타인의 그것도 인정하게 됩니다. 요즘과 같은 저성장의 시대에는 모두가 힘을 합쳐 한길로 나아가는 것보다 다양한 취향을 가진 개인들이 나름대로 최대한의 기쁨과 즐거움을 추구하면서 타인을 존중하는 것, 그런 개인들이 작은 네트워크를 많이 건설하는 것이 올바른 방향이라고 저는 생각합니다. 제가 문학을 하는 것에는 여러 이유가 있지만 그중 하나는 문학만큼 다양한 개인의 생각과 느낌을 작가마다의 독특한 스타일로 우리에게 전달해주는 세계가 없다고 생각하기 때문입니다. 문학은 태생적으로 개인주의적이며 우리에게 평범한 보통 사람들이 생각하는 것, 느끼는 것도 모두 의미가 있다고 말하는 세계입니다.

큰돈을 벌거나 명예를 쌓는 일도 중요하겠지만, 우리에게 천부적으로 주어진 감각들을 최대한 활용하여 더 많은 것을 배우고 더 깊게 느끼는 삶, 남과 다른 방식으로 자기만의 내면을 구축하는 삶, 이런 삶의 방식이 필요한 시대가 도래했습니다. 잘 느끼자. 감성 근육을 키우자. 그리하여 함부로 침범당하지 않는 견고한 내면을 가진 고독한 개인들로서 서로를 존중하며 살아가자. 이것이 제가 오늘 여러분과 공유하고 싶은 이야기입니다.

(『다다다』)

2. 오후의 마음

내 안의 어린 예술가는 어디로

1

　나이 마흔에 나는 모든 것을 다 가진 사람이 되어 있었다. 국립 예술대학의 교수였고 네 권의 장편소설과 세 권의 단편소설집을 낸 소설가였고 라디오 문화 프로그램의 진행자였고 한 여자의 남편이었다. 서울에 내 이름으로 등기된 아파트가 있었고 권위 있는 문학상들을 받았고 서점의 좋은 자리엔 내 책들이 어깨를 맞댄 채 사이좋게 놓여 있었다. 소설들은 베스트셀러는 아니지만 꾸준히 팔려 나가는 편이었고 개중에 어떤 것은 영화나 연극으로 제작되었다. 그리고 또 몇 권의 소설은 해외에서도 출판되었다.

그리고 그 무렵, 한 일간신문으로부터 연재소설 제의도 받았다. 좋아요, 합시다. 하죠, 뭐.

한마디로 부족한 게 없던 시절이었다. 그러나 그 시절의 내 삶은 실로 숨막히는 것이었다. 아침이면 허둥지둥 일어나 차를 몰고 학교로 갔다. 제법 좋은 차였지만 늘 막히는 내부순환로에서는 별로 쓸모가 없었다. 거기선 모든 차가 평등했다. 날마다 좁고 어두운 터널 속에 갇힌 채, 서서히 싹을 틔우며 자라나는 폐소공포와 싸워야 했다. 북한산 자락을 뚫고 서울의 서부와 북부를 잇는 그 터널에선 언젠가 실제로 화재가 발생해 차들이 갇혀 있기도 했다.

한 시간 가까이 차를 몰아 학교에 도착하면 수업 준비를 했다. 예술학교의 영민한 학생들에게 글쓰기를 가르치는 것은 쉬운 일이 아니다. 사실 나는 선생으로서는 별 재능이 없는 편이다. 선생에게는 지식 외에도 많은 것이 요구된다. 친화력, 학생에 대한 애정, 그리고 자신이 알고 있는 것을 잘 제시할 수 있는 표현력이 있어야 한다. 무엇보다 선생에게는 자신이 가르치는 것에 대한 확신이 필요하다. 이것은 매우 중요하며 따라서 너희들은 이것을 제대로 배우지 않으면 안 된다는 신념이 없다면 수업은 맥이 빠진다. 내겐 그게 없었다. 과연 소설 쓰기라는 게 배워서 되는 것일까? 내가 가르치면 뭐가 좀 나아지는 것일까? 오히려 재능 있는 학생들을 망치는 것이 아닐까? 늘 이런 의심에 사로잡혀 있었던 것이다. 이런 의심을 떨쳐버리기 위해 나는 강의시간이면 더 큰 목소리로 힘주어 말했다. 그러나 그럴수록 내 내면은 더 쪼그라들었다.

저녁이면 젖은 비옷 같은 영혼을 추슬러 여의도로 향했다. 문화계의 이슈들을 다루고 예술가들을 불러 이야기를 듣는 프로그램이었다. 일주일에 세 번 생방송이 있었고 그 전과 후에는 녹음이 있었다. 연주회를 앞둔 바이올리니스트, 브누아드라당스 같은 큰 상을 받은 발레리나, 신작을 출간한 동료 작가, 개봉을 기다리는 영화감독 같은 사람들이 초대되었다. 요일마다 고정 게스트가 있어 이들로부터 각 장르의 현황에 대한 이야기도 들었다. 올해 칸 영화제가 실망스럽다는 얘기, 출판계에 일본소설이 몰려온다는 얘기, 바젤아트페어가 성황리에 끝났다는 얘기들을 나누었다.

방송 역시 강의와 비슷한 면이 있다. 이것 역시 한 편의 쇼다. 정해진 시간에 시작되어야 하고 또 끝나야 한다. 그리고 언제나, 쇼는 계속되어야 한다. 손님들이 다녀간 빈자리에 남아 나는 아무도 돌보아주지 않는 내 내면을 스스로 감당해야 했다. 버스가 왔는데, 와서 모두들 그 버스를 타고 떠나는데, 나만 정류장에 남아 있어야 하는 기분이었다. 나도 저 버스를 타고 떠나야 하는데, 타고 떠나버려야 하는데 그러나 나는 정류장에 남아 있는 대가로, 그들에게 손을 흔들어주는 대가로 돈을 받는 사람이었다.

이것은 그리스신화에 나오는 고전적인 저주의 형식을 닮았다. 너는 소설가가 되고자 하는 아이들에게 마음껏 소설 쓰기에 대한 얘기를 해도 좋다. 그러나 절대로 그 시간에 네 자신의 소설을 써서는 안 된다. 너는 다른 사람의 예술에 대해 얼마든지 말해도 좋다. 신나게 떠들어라. 하지만 그 시간에 네 소설을 이야기하거나 그것을 써서는 안 된다. 나는 그 저주의 대가로 월급과 연금을 보장받고 꽤 쏠쏠한 출연료를 받았지만 집으로 돌아오면 뒤통수 어딘가에 플라스틱 빨대가 꽂힌 기분이었다. 쉬익쉬익, 기분 나쁜 바람소리가 들렸다.

내가 아닌 누구라도 해치울 수 있는, 괴테식으로 말하자면 내 영혼을 단 일 밀리미터도 '고양'시키지 않는 라디오 프로그램이 끝나면 밤 열한시였고 텅 빈 방송국 주차장에서 차를 빼 강변북로를 달려 집으로 돌아오면 열한시 반이었다. 주차공간이 거의 남아 있지 않은 아파트 주차장을 돌아다니다 겨우 이중으로 차를 대고 집으로 기어올라가면 자정이 다 돼 있었다. 방금 전까지 스튜디오에서 온 신경을 곤두세우고 있었기 때문에 잠도 쉬 오지 않았다.

이런 상황에서 장편연재는 무리 아니야? 아내가 물었지만 나는 걱정 말라고, 다 해낼 수 있다고 큰소리를 쳤다. 시간을 효율적으로 사용하면 돼. 나는 잘나가는 벤처기업의 CEO처럼 말하고 있었다.

2

"학교를 그만둬. 방송도 때려치우고."

그해 겨울에 아내가 말했다.

"그럼 어떻게 먹고살지?"

"소설을 더 열심히 써."

"소설은 지금도 열심히 쓰고 있어."

"아니, 지금보다 더 열심히 써."

"소설가는 봉제 공장 노동자가 아니야. 계속 일한다고 생산량이 늘지는 않아."

"어쨌든 그만둬. 너무 힘들어 보여. 그리고 아직 젊을 때, 좀더 소설에 집중해."

"공무원연금은 어떡하지? 건강보험은? 매달 나오는 월급은? 성과급은? 그리고 직장이 있기 때문에, 아니 교수이기 때문에 받는 이런저런 눈에 보이지 않는 특혜들은? 이 아파트를 살 때 꾼 주택담보 대출금이라든가 하는 것들은?"

"생활비를 줄이고 어떻게든 살아가면 돼. 신혼 때는 그런 것 없이도 잘만 살았잖아."

"애들 가르치면서 배우는 것도 있어."

"잃는 게 더 많을 거야. 내가 당신을 알아. 당신은 눈앞에 있는 모두를 만족시켜야 되는 사람이야. 그게 얼마나 피곤한 일이야? 왜 당신이 그런 일을 해야 돼? 학생들은 어차피 자기가 알아서 커나가게 돼 있어. 선생이 누구든 그건 별로 중요하지 않아. 안 그래?"

"그럼 학교는 그만두고 방송은 계속할까? 그건 별로 힘이 안 들어."

"정말 그래?"

"그럼. 그냥 앉아서 게스트에게 질문만 하면 돼. 이번에 개봉하는 영화, 제작과정이 험난했다면서요? 그럼 출연한 영화감독이 다음 말을 이어주고, 나는 장단을 맞춰주면서 계속 이어나가기만 하면 되는 거야."

"그렇게 간단할 리가 없잖아?"

"……"

"좋아. 그럼 학교만 그만둬."

나는 사표를 썼다. 학교는 나보다 훌륭한 예술가들이 나름의 신념에 따라 학생들을 가르치고 있는 곳이다. 나는 그중에서 가장 젊은 축에 속하는 선생이었다. 그래서 그 사표는 공식적인 사직서라기보다 선배 예술가들에게 보내는 계면쩍은 탄원서에 가까운 것이었다. 항산恒産이 항심恒心이라고 믿는 분들, 외로운 예술가에게는 든든한 진지가 필요하다고 믿는 분들, 나가면 더 많은 유혹에 시달린다고 충심으로 경고하는 고마운 선배들을 설득하려는 무용한 노력의 소산이었다. 나는 성공하지 못했다. 그분들도 마찬가지였다. 몇 통의 편지를 더 썼지만 상황은 별로 나아지지 않았다.

개강이 코앞으로 다가오고서야 내 신상의 문제가 처리되었다. 이 년 반을 일하고 받은 퇴직금과 공무원연금 반환금은 보잘것없었다. 나는 다시 국민연금과 지역건강보험에 가입했다.

3

소설연재를 시작한 것은 학교를 그만둔 것과 거의 같은 시기였다. 『퀴즈쇼』는 고정된 직장을 박차고 나와 전업작가로서의 운을 시험하는 장편소설이었다. 매일 책상 앞에 앉아 새로운 소설을 쓰는 일은 그래도 즐거웠다. 강의 준비를 하고 학교 운영에 관련한 이런저런 회의에 참석하는 대신, 오롯이 소설에만 집중할 수 있어서였을 것이다. 장편소설을 쓴다는 것은 고통스럽지만 실로 진귀한 경험이다. 단편소설과는 완전히 다르다. 하나의 세계와 다양한 인물들을 창조하고 그 안에서 그들과 함께 살아가는 경험이다. 자신만의 테마파크를 만들고 그 안에서 논다는 점에서,

『찰리와 초콜릿 공장』의 윌리 웡카 같은 인물과 비슷하다고도 할 수 있다. 그래서 장편소설을 일단 시작하고 나면, 그리고 그 세계가 자신의 질서를 가지고 움직이기 시작하면, 그 안에서 빠져나와 일상을 마주하기가 점점 싫어진다. 일상은 어지럽고 난감하고 구질구질한 반면 소설 속의 세계는 언어라는 질료로 견고하면서도 흥미롭게 축조되어 있다. 무엇보다 내 소설은 나를 환영하고 있다. 나를 초대하고 언제나 내가 그들의 세계 속으로 들어와 자신들에게 활력을 불어넣어주기를 기대하고 있는 것이다.

『퀴즈쇼』를 시작하고 얼마 지나지 않아 나는 방송국의 담당 PD와 지금 생각하면 별것도 아닌 문제로 언쟁을 벌였다. 때는 마침 정기개편 직전이었다. 나는 결국 라디오 프로그램도 그만두고 말았다. 어쩌면 벌써 오래전부터 내 마음이 여의도에서 떠나 있었는지도 몰랐다. 어쨌거나 이제는 저녁마다 나 아닌 다른 예술가들이 얼마나 행복하신지, 얼마나 즐거우신지, 묻고 또 물을 일이 없어진 것이었다. 대신 미래를 대비할 중요한 수입원이 또하나 사라졌고 이제 매달 생활비가 들어올 구석은 연재소설밖에 없었다. 그러나 그제야 비로소 아침부터 저녁까지 소설만 생각할 수 있게 되었고 사실 그것만으로도 좋았다.

4

예술학교에서의 마지막 학기, 어느 수업시간에 나는, 그때는 그게 마지막 학기가 될 줄은 전혀 모르고 있었지만, 학생들에게 이런 말을 했었다. 우리 인생의 어떤 순간에는 입에서 나오는 모든 말이 자기 운명에 대한 예언이 된다. 그날 나는 학생들에게 '자기 안의 어린 예술가를 구하라'라는 주제로 예정에도 없던 강연을 했다. (아마도, 그 무렵 감명깊게 읽은 줄리아 캐머런의 『아티스트 웨이』에서 영향을 받았을 것이다.)

여러분의 내면에는 상처받기 쉬운 어린 예술가가 있다. 여러분의 가장 큰 실수는 그 어린 예술가를 데리고 예술학교에 들어온 것이다. 물론 이곳은 좋은 학교이고 훌륭한 선배 예술가들이 있다. 그러나 예술의 세계는 질투라는 에너지로 이루어진 성운이다. 여러분의 주위에 있는 친구나 선생들은 본래 선량한 사람들이지만 어쩔 수 없이, 자신도 모르게 여러분의 재능을 시기하고 있다. 그건 이 세계에선 아주 자연스러운 일이다. 선생은 평가를 해야 하고 동료들도 당신 작품에 판단을 내려야 한다. 우리는 모두 불완전하며 새로운 예술을 알아볼 준비가 돼 있지 않다. 게다가 마음속 깊숙한 곳에 이곳을 박차고 나가 마음껏 자기 재능을 발휘하고픈 충동을 애써 억누르고 있는 중이다. 여기, 이 게토에 갇혀 있는 우리가 가장 두려워하는 것은 다른 누군가의 내면에 숨어 있던 어린 예술가가 신나게 붓을 휘두르는 것을 속수무책으로 바라보는 일이다. 따라서 주변 모든 예술가의 어떤 새롭고 참신한 시도에도 냉소적일 수밖에 없다. 아니 냉혹하다. 우리, 두꺼운 껍데기로 방어막을 둘러친 얼치기 애늙은이 평론가들은 여러분 내면의 어린 예술가를 노리고 있다. 사자가 치타 새끼를 물어죽이듯, 그것은 그들 자신도 어쩔 수 없는 일이고 어쩌면 여러분 자신도 동료들에게 저지르고 있을지도 모르는 일이다. 그러나 이미 늦었다. 일단 여기 들어온 이상, 여러분의 임무는 여러분 내면의 어린 예술가가 상처받지 않도록, 그가 겹겹의 방어막으로 단단히 자신을 감싸 끝내는 아무것도 느낄 수 없는 정신적 불구가 되지 않도록 잘 아끼고 보호하여, 그를 학교 밖으로 무사히 데리고 나가는 것이다. 배움은 다음 문제다. 학교에서는 평생을 함께할, 평가와 비난이 아니라 격려와 사랑을 함께 나눌 예술적 동지를 구하라. 타인의 재능을 샘내지 말고 그것을 배우고 익혀 훗날 여러분 내면의 어린 예술가가 활동을 시작할 때, 양분으로 삼고 그 어린 예술가의 벗으로 키우라.

아마 이런 요지의 말이었을 것이다. 그런데 그후 가장 먼저 학교를 떠난 사람은 내 이야기를 들은 학생들이 아니라 바로 나 자신이었다. 나는 생각한다. 그리하여 나는 내 안의 어린 예술가와 혹시 내가 살해하고 있었을지도 모를, 학생들 내면의 어린 예술가들을 마침내 구해낸 것일까?

5

2007년 가을에 『퀴즈쇼』의 연재가 끝나고 책이 나왔다. 다섯번째 장편이었다. 오래전부터 나는 다섯 권의 번듯한 장편소설을 가진 작가가 되고 싶었다. 어느새 나는 그렇게 돼 있었다. 생각해보면 모든 게 '어느새' 그렇게 돼 있었다. 이런 '어느새'에는 어떤 값싼 자기도취가 있고 그 안에 오래 머물고 싶은 달콤한 유혹이 있다.

그 가을에 북미의 몇몇 도시들을 여행했다. 애틀랜타, 댈러스, 시애틀, 밴쿠버 같은 도시들을 돌며 낭독회를 하는 다소 힘든 일정이었다. 대학가의 게스트하우스나 모텔에서 맞는 새벽은 황량했다. 언젠가 스티븐 킹은 『리시 이야기』란 소설에서 이런 장면을 묘사한 적이 있다. 낯선 도시, 은퇴한 노인들만 앉아 있는 옹색한 서점, 입에 맞지 않는 음식, 그리고 무엇보다 참을 수 없는 그 무의미. 그러나 생소한 곳에서 영혼은 비로소 눈을 떠 침대에 누워 있는 자신을 내려다본다. 모텔의 침대에 누워 멀거니 눈을 뜨고, 어둡지도 밝지도 않은 희붐한 세상을 올려다보는 나는, 마치 유조선을 팔러 나온 조선업체의 세일즈맨 같았다. 침대 옆 사이드테이블에서 노트북이 충전중이었고 로밍된 휴대폰은 고층빌딩의 충돌방지등 같은 붉은 등을 반짝거리며 새로운 메시지가 도착했음을 알리고 있었다. 큼직한 서류가방, 옷걸이에 걸려 있는 멀끔한 양복.

'어느새' 나는 이런 인간이 되어 있었다. 모텔에서 그날의 일정을 가늠하며 눈을 뜨는, 노트북과 휴대폰의 배터리 잔량을 걱정하는, 서울의 은행에서 빠져나갈 자동이체 공과금들을 생각하는 그런 사람.

내 안의 어린 예술가는 어디로 갔는가? 아직 무사한 것일까?

6

2008년 3월, 밴쿠버의 브리티시컬럼비아대학교로 이메일을 보냈다. 일 년 동안 머물며 소설도 쓰고 학생들과 한국문학에 대해 세미나도 하겠으니 초청장을 보내달라는 내용이었다. 몇 주 후에 초청장이 왔다. 나는 덕수궁 뒤에 있는 캐나다 대사관에 가서 비자를 신청했다. 4월, 비자가 나왔다.

7

나는 오랫동안 정착민으로 살아왔다. 집으로는 매주 새

로운 책이 배달되었다. 책은 집의 모든 구석을 빼곡히 채우며 공간을 먹어들어왔다. 몇 점의 그림도 샀다. 그 자체로 아무것도 생산하지 않는, 무용함 그 자체인 그림은 거실 벽에 걸린 채 나를 내려다보고 있었다. 벽에 걸린 그림은 정주민의 상징 같았다. 메인 컴퓨터는 늘 덩치 큰 데스크톱이었고 거기에 오디오와 스피커, 프린터, 스캐너 등이 물려 있었다. 널찍한 책상에 주문제작한 원목 책꽂이, 정수기가 딸린 큼직한 냉장고가 있었다. 옷장에는 옷들이 가득차 있었고 찬장에는 각종 요리 재료와 소스들이 있었다. 전형적인 정주민의 실내 풍경이라고 할 수 있었다.

떠나기로 마음먹은 후, 나는 천천히 집안의 모든 것들을 정리하기 시작했다. 먼저 책들을 헌책방에 내다팔기로 했다. 책을 쓰는 직업을 가진 사람이 책을 팔자니 속이 쓰렸다. 그러나 언제까지 저 줄어들 줄은 모르고 오직 늘어나기만 하는 무시무시한 책들을 껴안고 살 수는 없었다. 우선은 지난 오 년간 한 번도 들춰보지 않은 책, 그리고 앞으로도 보지 않을 책들을 먼저 골라냈다. 읽었으나 아무 감흥도 받지 못한 책들도 그 위에 얹었다. 고대 그리스의 수사학 학교에서는 좋은 연설에 다음 세 가지가 필수적이라고 가르쳤다. 사람들을 감동시키든가 웃기든가, 아니면 유용한 정보를 줘라. 내 서가의 책들에도 그런 기준을 적용했다. 나를 감동시켰거나 즐겁게 해주었거나 아니면 필요한 정보를 갖고 있는 책들은 살아남았다. 그 세 가지 중에 단 하나도 만족시키지 못하는 책들은 다른 운명을 찾아 내 집을 떠났다(책을 헌책방으로 보낸 것은, 그래야 책이 가장 자신을 필요로 하는 사람을 찾아갈 수 있다고 믿기 때문이었다. 그런 면에서 나는 어느 정도는 시장의 효율성을 믿는 사람이라고 할 수 있다. 어디에서 듣기로, 도서관에 기증한 책은 어딘가에서 분류조차 되지 않은 채 먼지를 뒤집어쓰고 있을 가능성이 있지만 헌책방으로 간 책은 대부분 적당한 가치로 평가돼 주인을 찾아간다고 했다).

옷도 지난 몇 년간 한 번도 입지 않은 옷들을 가장 먼저 내보냈다. 지난 몇십 년간 이 세계의 가장 흥미로운 변화 중의 하나는 옷값이 싸진 것이다. 1960년대 갓 취업한 이십대의 젊은이는 첫 월급의 반 이상을 양복을 구입하는 데 썼다고 한다. 그러나 지금은 방직기술의 발전과 값싼 재료의 등장으로 옷값이 기록적인 수준으로 낮아졌다. 덕분에 옷장은 입지도 않는 옷들로 가득차게 되었다.

정착생활을 마무리하는 마지막 몇 주는 정말 정신이 하나도 없었다. 물건들을 정리하고 파는 틈틈이 이사 문제도 처리해야 했다. 대부분의 짐은 장기보관용 창고에 넣을 생각이었다. 견적을 내러 온 이삿짐센터의 직원은 지난 몇 주간의 내 노력도 무색하게 집을 둘러보자마자 이렇게 말했다. "이야, 잔짐이 꽤나 많군요. 5톤 트럭 한 대로는 안 되겠는데요."

은행에서 해야 할 일도 많았다. 나는 휴대폰요금, 아파트 관리비, 수도요금, 가스요금, 케이블TV 요금, 신문구독료, 인터넷요금의 자동이체를 해지하고 남은 요금을 정산했다. 그 밖에도 실로 무수한 것들이 주거래통장에 걸려 있었다. 은행 직원은 서식 한 장을 내밀더니 자동이체를 해지하고 싶은 거래 내역을 쓰라고 했다. 그걸 창구에서 일일이 쓰고 있자면 한 시간도 더 걸릴 것 같았다. 나는 종이 위에 이렇게 썼다. '전부 해지.' 그래도 채 사라지지 않는 거래들이 남아 한동안은 성가셨다.

생활에 필수적인 몇몇 물건들은 밴쿠버로 부쳐야 했다. 그것을 골라내는 일 역시 쉽지 않았다. 물건을 버릴 때는 스스로에게 이런 질문을 던졌다. 과연 이걸 다시 쓸 일이 있을까? 밴쿠버로 가져갈 물건을 고를 때는 좀 다르게 물었다. 이게 없으면 못 살까? 당연하게도 창고에 보관하는 비용보다 해외로 부치는 게 더 비쌌다. 그러므로 직접 가져가거나 부칠 짐은 엄격한 기준을 통과해야 했다. 몇십 권의 책과 옷가지, 신발과 안경, 앰프와 소형 스피커 등을 박스에 넣었다. 다 챙기고 보니 슈트케이스 두 개와 라면상자 네 개 정도의 분량이었다. 그게 나와 내 아내가 이탈리아에서 두 달, 밴쿠버에서 일 년 동안 지내는 데 필요한 최소한의 것이었다.

짐을 부친 후에는 비행기표를 구매하고 서울을 떠나기 전까지 임시로 머물 숙소를 예약하고 여행안내서를 구입했다.

그 몇 주 동안 나는 내게 질문을 던지며 달려드는 물건, 물건들에 질려버렸다. 저를 정말 버릴 건가요? 물건들이 화를 내며 나자빠졌다. 엄청난 물건들이 여기에서 저기로, 저기에서 여기로 움직였다. 나중에는 뭐가 남아 있고 뭐가 떠나갔는지도 기억할 수 없었다. 나는 소인국에 간 걸리버처럼 그 작은 물건들에 붙들려 꼼짝도 못하고 있었던 것이다. 평균적인 가정에는 수만 개가 넘는 물품들이 있다고 한다. 정주민의 삶을 버리고 어디론가 떠나려면 그 모든 물품에 일일이 가치를 매겨야 한다. 그리고 그 물건들은 하나같이 자신이 존재해야 할 이유를 당당히 가지고 있다. 그들은 모두 일종의 비자를 받고 나의 집으로 들어온 것이다. 그리고 그 모든 것들은 나라는 인간의 과거에 깊숙이 닻을 내리고 있었다. 추억과 사연을 가진 물건들이었고 그 돈으로 살 수 있었던 무언가를 희생하고 들인 것들이었다.

물건뿐이 아니었다. 각종 자질구레한 계약들이 알게 모르게 나를 이 세계에 붙들어놓고 있었다. 인터넷 연결을 해지하려고 전화를 하자 상담원이 키보드를 두들겨보더니 아직 약정기간이 남아 있다고 했다. "약정이요? 얼마나 돼 있는데요?" "삼 년 약정하셨는데요." 그녀는 기간이 아직 석 달이 남아 있어 중도에 해지하려면 위약금 구만원을 물어야 한다는 말도 덧붙였다. 케이블TV도 마찬가지였다. 삼 년이라니! 요금을 조금 할인받는 대가로 나는 삼 년이라는 시간을 그들에게 담보로 제공한 것이었다. 마치 영원히 머물러 살 것처럼 말이다.

내 삶에 들러붙어 있던 이 모든 것들, 그러니까 물건, 약정, 계약, 자동이체, 그리고 이런저런 의무사항들을 털어내면서 나는 이제는 삶의 방식을 바꾸어야 한다는 것을 느꼈다. 나는 쓸데없는 것들을 정말이지 너무도 많이 가지고 있었으며 그것들로부터 도움을 받기는커녕 오히려 그것들을 위해 하루하루를 살아가고 있었다. 읽지 않는 책들, 보지 않은 DVD들, 듣지 않는 CD들이 너무 많았다. 인터넷서점에서 습관적으로 사들인 책들이 왜 자기를 읽어주지 않느냐고 일제히 나를 비난하고 있었다. 그런 비난이 두려워 우리는 후회의 순간을 미래로 이월해버린다. 나중에는 보겠지. 언젠가 들을 날이 있을 거야. 그러나 그런 날은 여간해서 오지 않는다. 새로운 물건들이 계속 도착하기 때문이다. 나는 한순간의 만족을 위해 사들인, '너무 오래 존재하는 것들'과 결별해야겠다고 결심했다. 사서 축적하는 삶이 아니라 모든 게 왔다가 그대로 가도록 하는 삶, 시냇물이 그러하듯 잠시 머물다 다시 제 길을 찾아 흘러가는 삶. 음악이, 영화가, 소설이, 내게로 와서 잠시 머물다 다시 떠나가는 삶. 어차피 모든 것을 기억하고 간직할 수는 없는 일이 아니냐.

  아프리카의 어느 부족은 인간이라는 존재를 물질이 아

니라 한 덩어리의 순수한 힘으로 보았다. 힘이 커지면 어른이 되고 힘이 완전히 사라지면 다시 자연의 일부로 돌아간다. 죽는 것이다. 힘은 좋은 공기와 물, 자연으로부터 영향을 받아 강해지고 반대의 경우 약해진다. 권력자는 사람들로부터 힘을 많이 받는 사람이고 또 그 힘을 잘 나누어주는 사람이다. 그들에게 훌륭한 인간이란 많은 것을 소유한 자가 아니라 많은 것이 잘 지나가도록 자신을 열어두는 사람이다. 하나의 사상이 나라는 필터를 거쳐 한 권의 책이 되고 한 곡의 음악이 나라는 필터를 거쳐 아름다운 문장이 된다. 이럴 때 나의 힘은 더욱 순수하고 강해진다. 모든 것이 막힌 것 없이 흘러가며 그 과정에서 본래의 자신이 아닌 그 어떤 것을 생성하게 될 때, 인간은 성숙하고 더욱 위대한 존재가 되는 것이다.

내가 가진 그 수많은, 그러나 한 번 들춰보지도 않은 DVD들, 듣지 않은 CD들, 먼지 쌓인 책들. 도대체 왜 그렇게 많은 것들을 소유하려 애썼던 것일까? 그냥 영화는 개봉할 때 보고, 혹시라도 그때 못 보면 나중에 DVD를 빌려 볼 수 있었을 텐데, 책도 도서관에 가서 읽을 수도 있었을 텐데, 그렇게 모든 것이 막힘없이 흘러갔다면 내 삶은 좀

더 가벼워질 수 있었을 텐데, 더 많은 것이 샘솟았을지도 모르는데, 라고 생각하게 된 것이다.

이런 인생을 흘러가는 삶, 스트리밍 라이프Streaming Life라고 부를 수는 없을까?

(『오래 준비해온 대답』)

나쁜 습관

  독설가로 유명했던 마크 트웨인은 평생 골초였다. 생활은 불규칙했다. 열두 살에 아버지를 여의고 인쇄소 견습공, 미시시피 강의 수로 안내인, 광산 기사, 신문기자 등으로 일했다. 그런데 이 양반이 19세기 말에 증기선을 타고 적도를 따라 전 세계를 여행한 일이 있다. 그러면서 쓴 책이 그의 마지막 여행기 『마크 트웨인의 19세기 세계일주』다.

  그는 배 위에서, 음주벽 때문에 직장도 못 구하는 캐나다 젊은이를 만났는데 그 친구 얘기를 하다가 갑자기 담배와 금연 얘기로 건너뛰고 있다. 욕망은 억누르면 억누를수록 커진다는 것. 그러지 않으려면 "그 욕망과 함께 평생을 보내야 한다는 걸 인정하는 길"밖에는 없다고 말한다.

그리고 더이상 맹세 같은 건 하지 않겠노라 결심한다. 그런데 어느 날 심한 요통 때문에 자리보전을 하게 된 마크 트웨인. 의사는 모든 치료를 다 해보았지만 효과가 없었다며 담배를 줄이라고 권유한다. 그리고 커피와 차도 줄이고 과식도 삼가라고 말한다. 마크 트웨인은 그럴 수는 없다고 거부한다. 자기는 의지가 박약하기 때문에 한번 입에 대면 절제가 안 된다, 그래서 아예 끊으면 끊었지 줄이는 건 안 된다고 주장했다. 의사가 떠난 후, 마크 트웨인은 의사가 말한 모든 '나쁜 습관'을 끊고 과식도 하지 않았다. 그랬더니 요통이 씻은 듯이 사라졌을 뿐 아니라 건강도 되찾았다. 그러고는 다시 그 '기호품'들을 접하기 시작했다.

이쯤에서 끝내면 마크 트웨인이 아니다. 그는 여기서 발견한 '건강의 비결'을 어떤 부인에게 추천하리라 결심한다. 너무 쇠약해져서 어떤 약도 듣지 않는 부인에게 일주일 안에 제 발로 일어설 수 있는 방법을 가르쳐주겠다고 했다. 그 방법이란 "사흘간 맹세, 음주, 흡연을 중단하라"는 것이었다. 그러나 그 부인은 그 방법을 쓸 수가 없었다. 그런 '나쁜 습관'이 애당초 없었기 때문이었다. 마크 트웨인은 개탄한다. "버릴 만한 나쁜 습관이 하나도 없다니.

그야말로 도덕군자형 극빈자"라고 평한다. "배의 침몰을 막기 위해 무거운 화물들을 배 밖으로 던져버려야 할 상황인데. 그녀는 화물을 하나도 싣지 않은 배와 같았다"는 것이다. 그러면서 준엄히 결론을 내린다.

"나쁜 습관이란 젊을 때부터 몸에 들여놓아야 나이가 들고 병이 들었을 때 요긴하게 써먹을 수 있는 것이다."

얼마 전 어느 보험회사에서가 조사를 해보니 나이가 들수록, 즉 청년보다는 장년이, 장년보다는 노년이 건강하고 체력이 좋더란다. 혈압이 높을수록 건강하다는 결과도 나왔다고 한다. 이럴 수가! 그렇다면 건강해지기 위해선 일단 빨리 나이를 먹고 혈압을 높여야 하나? 물론 아니다. 이런 통계는 곧이곧대로 해석하면 안 된다. 건강에 대한 염려가 많은 중년과 노년은 젊은층에 비해 운동과 섭생에 신경을 쓰기 때문에 더 건강한 것이고 젊은층은 음주와 흡연은 많이 하고 노동 강도도 높기 때문에 그만큼 몸이 허약한 것이다. 그렇지만 이런 조사 결과는 마크 트웨인의 독설처럼 젊은이들에겐 은밀한 기쁨과 우월감을 준다. 그것은 아직 '버릴' 몸과 탕진할 젊음이 남아 있다는 뜻이니까.

어쩌면 '나쁜 습관'이란 인생 최고의 사치품이라고 할 수 있다. 그러므로 음주와 흡연, 맹세(이것이야말로 정녕 나쁜 습관일지도!)를 삼가는 젊음보다는 이를 밥먹듯이 하는 젊음이 보기에는 더 그럴듯하다. 왜냐하면 그들은 인생 최대의 사치를 즐기고 있는 중이므로.

(『랄랄라 하우스』)

숙련 노동자 미스 김

1992년의 나는 경영학과 대학원생이었다. 내가 선택한 전공은 조직행동이었다. 거대 학과인 경영학과에서 섬처럼 고립된 전공이었다. 프랑스형 강단 좌파의 원조격이라 할 교수를 따라 모여든 좌파 대학원생들이 결집해 있어 분위기는 사회학과에 더 가까웠다. 알튀세르와 발리바르 같은 급진적 마르크시스트들의 저작을 읽고 유고슬라비아의 자주적 모델이나 마오쩌둥의 문화혁명의 공과 등을 다루는 게 세미나의 풍경이었다. 구소련의 멸망이 거의 불을 보듯 환했음에도 여전히 소비에트와 사회주의의 미래에 막연한 희망을 품고 있는 이들이 많았다. 지금 돌아보면 당시 세미나실에서 오간 수많은 예측들은 맞은 게 거의 없다. 소비에트는 일거에 붕괴됐고 중국은 우리의 소망과는 상관없이 대놓고 자본주의의 한길로 나아가 이제 'Made in China'라는 표식은 그 어떤 자본주의국가보다도 더 자본주의적으로 노동자를 착취해 만든 상품의 표징이 되었다. 대안으로 거론되던 유고슬라비아는 조각조각 해체돼 오랜 내전을 겪으며 '인종 청소'라는 끔찍한 신조어를 사전에 등재시켰다.

내 석사논문의 주제는 '언론 기업의 비정규 노동에 관한 연구'였다. 당시 나는 신촌에 있는 학교와 여의도에 있는 한국노동연구원으로 번갈아 나가고 있었다. 노동연구원에서는 프랑스에서 막 박사학위를 받고 귀국한 연구위원의 조교로 일했다. 그는 내게 '비정규 노동'이라는 생소한 개념을 알려주었다.

"앞으로는 이게 중요한 문제가 될 거야. 유럽에서는 이게 벌써 심각한 문제거든."

지금으로서는 잘 믿기지 않지만 1990년대 초반까지만 해도 '비정규직'이나 '비정규 노동'은 전혀 쓰이지 않는 말이었다. 대신 '파트타이머'나 '임시직' 같은 말들이 있었다. 연간 성장률이 10퍼센트를 넘나드는 고도성장 국가에서 파트타이머나 임시직은 특별한 사정이 있는 사람들이 잠깐 선택하는 직무 형태일 뿐이었다. 인력이 만성적으로 부족했던 때라 대부분 정규직으로 취업했고 정년을 보장받았다. 이런 상황에서 노동연구원의 박사는 내게 '비정규 노동'을 연구할 것을 권유했고, 그때 이미 작가로 살아갈 결심을 굳히고 있었고 정규직 일자리를 얻을 생각이 전혀 없었던 나는 그 주제에 확 끌렸다. 그런데 연구할 대상이 마땅히 없었다. 그러던 차에 한 신문기사가 눈길을 끌었다. 해직된 식자공에 대한 인터뷰였다.

식자공은 신문을 조판하는 숙련 노동자로 신문의 탄생부터 존재해온 오랜 직업이다. 기자가 기사를 써서 데스크의 첨삭을 받은 후 식자공들에게 넘기면 팔에 토시를 낀 늙은 식자공이 눈부시게 빠른 손놀림으로 판을 짠다. 독자가 보는 신문의 형태 그대로, 즉 즉시 인쇄가 가능한 형태로 납활자들을 배치하는 게 이들의 일이었다. 그러다 갑자기 속보라도 들어오면 이들은 신속하게 판을 다시 짜야만 했는데 그러려면 편집기자 못지않은 판단력과 디자이너 뺨치는 미적 감각이 필요했다. 어떤 기사를 얼마큼 줄이고 어떤 사진을 어떤 사이즈로 배치할 것인가를 재빠르게 결정해야만 했다. 오자와 탈자가 있어서는 안 되니 고도의 문해력도 필수였다. 때문에 일제강점기의 식자공들은 먹물 노동자, 지식인 노동자로 불렸으며 좌익 노동운동의 주력이었다.

  그런데 1990년대 초반, 이들은 하나둘 비정규직으로 전환되어가고 있었다. 아이로니컬하게도 이런 변화의 흐름을 주도한 것은 1988년에 창간한 한겨레신문이었다. 숙련된 식자공들을 구할 수가 없었던 이 신생 신문은 새롭게 등장한 컴퓨터 조판 방식에 의지하기로 결정했다. CTS 시스템이라 불렸던 이 방식은 식자공을 거의 필요로 하지 않았다. 기자가 컴퓨터 자판으로 기사를 입력하면 편집기자가 모니터를 보면서 판을 짜고 이를 바탕으로 바로 인쇄를 하는 시스템이었다. 곧이어 다른 신문들도 부분적으로 CTS를 도입하기 시작했고 고도의 숙련 노동자인 식자공들이 일자리를 잃기 시작했다. 처음에는 계약직으로 전환시킨 후 나중에 계약을 연장하지 않는 방식으로 해고했다. 나는 이들을 취재해 논문을 썼고 이것으로 학위를 받았다. 그로부터 몇 년이 지나지 않아 대부분의 식자공들이 비정규직에서마저 해고되어 아파트 경비원 등으로 일하기 시작했고, 모든 신문이 컴퓨터로 조판되었다.

숙련 노동자가 비숙련 노동자로 대체되고 비숙련 노동자는 기계로 다시 대체되는 현상은 이제 전 지구적 현상이 되었다. 일본의 한 작가가 쓴 소설에는 이런 장면이 나온다. 공장에서 반복작업을 하던 젊은이가 작업현장에 로봇이 도입되면서 일자리를 잃는다. "이해가 안 되네. 로봇은 고장나면 큰돈을 들여 고쳐야 하지만 나는 다쳐도 좀 쉬면 그냥 낫는데…… 게다가 건강보험도 들어 있어 치료비도 거의 안 드는데, 웬만하면 값도 싼 나를 그냥 쓰지."

말도 안 되는 이야기 같은데 이상하게 설득력이 있다. 비숙련 노동자는 간단하게 로봇이나 기계로 대체되고 때로는 로봇만한 대접도 못 받는 게 현실이다. 전화 상담원은 자동응답장치로, 아파트 경비원은 이제 CCTV와 무인 경비시스템으로 간단하게 대체된다.

TV 드라마 〈직장의 신〉의 미스 김은 놀라운 숙련 기술을 장착한 비정규직이라는 아이러니를 체현한 캐릭터다. 수백 개의 자격증으로 무장한 미스 김은 정규직보다 더 유능할 뿐 아니라 어떤 직장에도 적응이 가능한 다목적 인간형이다. 미스 김이 정규직인 장규직 팀장과 스테이플러 빨리 찍기 시합을 벌이는 장면은 숙련이라는 필수적 조건이 사라진 직장의 풍경을 야유하고 있다. 정규직은 스테이플러 잘 찍어서 정규직이 된 게 아니다. 정규직과 비정규직 사이에 숙련이라는 장벽은 이미 사라졌다. 이 사실을 잘 아는 정규직들은 이런저런 장벽을 쌓기에 여념이 없고 똑같은 업무를 하면서도 차별을 받는 비정규직들은 사회를 향해 울분을 토해낸다. 미스 김 마인드로 무장하여 자격증 따고 자기계발에 매진한다고 해결될 문제가 아니라는 걸 비정규직들은 잘 알고 있다. 그러니 그저 보고 웃을 뿐이고 웃다가 조금 눈물을 흘릴 뿐이고 그러다 아침이 되면 다시 전쟁터인 직장으로 간다. 정규직과 비정규직과 로봇이 한정된 일자리를 두고 다투는 곳으로. 이처럼 빠르게 변하는 이 세계에서 누가 최종적인 승자가 될까? 아무도 모른다. 1992년의 우리가 비정규 노동이라는 말을 아예 몰랐던 것처럼.

(『다다다』)

카메라

　며칠 전에 카메라를 하나 잃어버렸다. 로모라고 불리는 러시아제 카메라였다. KGB가 사용했었다는, 믿거나 말거나의 전설이 전해지는, 작고 귀엽기는 한데 조립 상태가 조금 엉성한데다가 사용에 불편한 점이 많은 카메라였다. 초점도 잘 맞질 않았지만 그런대로 독특한 색감의 사진을 뽑아주곤 했는데 덜컥 잃어버리고 만 것이었다. 그리고 바로 그날 나는 카메라가 없어진 줄도 모르고 한 인터넷 게시판에다 로모가 과연 이십만원이 넘는 돈을 주고 살 만한 가치가 있는 카메라인지 의심스럽다는 험담을 올리고 있었다. 아니, 카메라에 귀라도 달렸나? 가출을 하다니.

　생각을 더듬어보니 로모 카메라가 제 발로 나를 떠난

데에는 또다른 이유가 있었다. 그 무렵 나는 로모에 대한 험담을 게시판에 올린 것도 부족해서 인터넷 홈쇼핑과 경매 사이트를 돌아다니며 새로운 카메라를 찾고 있었던 것이다. 나는 그야말로 거의 모든 게 자동인 명실상부한 자동카메라를 살 생각이었다. 로모는 찍을 때마다 필름도 감아야 하고 거리도 맞춰줘야 하는 불편함이 있었기 때문이었다. 내가 인터넷 경매 사이트에 올라온 카메라들을 살펴보며 넋을 놓고 있는 동안 내 로모 카메라는 결심을 단단히 굳혔던 것이다. 그러고는 결국……

이런 일이 처음은 아니다. 작년 말 나는 그동안 사용해오던 벽돌 휴대폰을 대체할 요량으로 벼룩시장 검색에 열을 올린 적이 있었다. 새것은 비싸니까 주로 경매 사이트에 올라온 중고품을 노렸다. 그러나 낙찰되어 집으로 배달된 휴대폰은 생각보다 크고 무거웠다. 에잇, 이게 뭐야. 아내와 친구들에게 푸념을 해댔다. 그로부터 며칠 후, 덩치 큰 휴대폰은 제 발로 사라져주었다(아마 심야의 택시에서 나를 따라 내리지 않은 것 같다). 할 수 없이 나는 작고 깜찍한 중고 휴대폰을 다시 사야만 했다. 처음부터 마음에 들었던 이놈은 별 탈 없이 몇 달째 잘 지내고 있다.

그렇게 버림받은 물건들이 모여 사는 데가 있다잖아요. 며칠 전 만난 잡지사 기자가 진지하게 말했다. 그런 동화적 상상력을 가진 성인을 하도 오랜만에 만나는 터라 반가웠다. 그러고 보니 옛날에 그런 이야기를 읽은 것 같기도 하네요. 우리는 차를 마시며 물건들이 얼마나 예민하고 섬세한 존재인지에 대해 이야기했다. 생각해보면 물건들은 사람이나 반려동물 못지않게 애정을 필요로 한다. 충분한 애정을 받지 못한 전자제품들은 고장으로 항거한다. 예를 들어 우리집 거실에 놓여 있던 튜너는 새로운 튜너가 내 방에 들어온 지 얼마 안 돼 고장을 일으켰다. 나는 그때(튜너 들으라고 한 얘기는 아니었지만) 사람들에게 분명하게 호오를 밝혔다. 요번에 황학동에서 삼만원 주고 산 중고 튜너 있잖아. 십 년도 더 된 아날로그 방식의 튜너가(손가락질까지 해대며) 저 디지털 튜너보다 훨씬 좋아. 따뜻하고 정감도 있고 하여간 정말 좋아. 소리의 질감이 다르다니까.

그후 천덕꾸러기가 된 디지털 튜너는 아무런 물리적, 전기적 충격을 받지 않았는데도 덜컥 고장을 일으켰다. 그가 아마 휴대폰이나 카메라처럼 나돌아다닐 수 있었다면

카메라

이 꼴 저 꼴 안 보고 어디론가 사라져버렸을 것이다. 반면에 사랑받는 황학동표 튜너는 오늘도 아무 고장 없이 FM 방송을 술술 읊어대고 있다.

혹시 물건에 어떤 정령이 깃들어 있는 게 아닐까요? 북유럽의 요정이나 뒷산 갓바위의 신령 같은 존재들이 오늘날의 오디오나 노트북, 휴대폰이나 카메라에 깃들어 있는 건 아닐까요? 우리의 상상은 애니미즘 쪽으로 마구 비약하고 있었다. '소 듣는 데 어찌 험담을 하겠냐'던 황희 정승의 말은 어쩌면 비유가 아니었을 수도 있겠네요? 그러니까 황희는 정말 소가 들을까봐, 그래서 소가 까탈을 부리거나 콱 죽어버릴까봐 걱정했던 거 아닐까요?

몇 년 전에 만난 한 공대생은 내게 이런 말을 했다. 저는요. 전자제품 함부로 다루는 사람들을 보면 정말 화가 나요(이 친구는 훗날 내 소설 「내 사랑 십자드라이버」에서 엽기적인 A/S 요원으로 등장하게 되는데 실제로는 따뜻하고 정이 많았다). 저는 가끔 기계한테 말을 걸어요. 힘들지? 그동안 수고했어. 오늘은 그만 쉬어. 그러면 기계가 그 말을 듣고 있다는 느낌이 들어요.

가끔 이런 의문이 든다. 물건을 아끼고 사랑하며 물건

과 교감하는 사람(또는 그런 삶)을 비인간적이라고 간단하게 규정할 수 있을까. 오히려 인간만이 사랑할 가치가 있는 유일한 존재라고 주장하는 속류 휴머니즘이 (궁극적으로) 비인간적인 게 아닐까? 우리가 때때로 인간이 아닌 물건으로부터 위로를 받는다고 해서 비난받아 마땅한 것일까?

(『포스트 잇』)

리파리

1

리파리섬은 인구가 1만 800명쯤 되는 섬으로 에올리에제도의 중심이다. 시칠리아의 북쪽 바다, 티레니아해에 있으며 화산도. 화산이 분출하면서 제도를 만들었는데 폼페이를 묻어버린 베수비오화산과 같은 화산대에 있다. 리파리 바로 이웃 섬은 불카노Vulcano로, 이름에서 짐작할 수 있듯이 역시 화산섬이다. 이 섬과 제도의 막내라 할 수 있는 스트롬볼리는 현재 유럽에서 가장 활발한 활화산이다.

메시나에서 쾌속선을 타고 한 시간 사십 분쯤 오면 리파리에 도착하게 된다. 여기 오는 관광객은 크게 보아 두 종류인데, 등산화를 신은 이들과 샌들을 신은 이들이다. 등산화를 신은 이들은 무릎까지 푹푹 빠지는 화산재를 딛고 활화산의 실제를 직접 제 눈으로 보고 싶어하는 부류이고 샌들을 신은 이들은 서핑이나 스노클링, 스쿠버다이빙을 하러 오는 부류다. 등산화를 신은 부류는 배낭을 메고 진지한 얼굴로 피켈을 들고 다니며, 샌들을 신고 다니는 이들은 대체로 붉은 얼굴에 화려한 문신, 약간 껄렁한 표정을 하고 다닌다. 나는 얼굴이나 표정은 등산화 부류에 가까운데 신고 다니는 것은 샌들이라 섬사람들에게 약간의 혼란을 주는 부류다. 섬사람들은 나와 아내를 자포네세giapponese, 즉 일본인이라고 부르는데, 처음에는 듣는 대로 교정을 해주었지만, 듣고 돌아서면 또 자포네세라고 부르기 때문에 나중에는 그냥 포기해버렸다.

리파리섬에서의 삶은 단순했다. 밀라노와 로마의 무책임한 역무원들과 달리 나를 데리고 온 택시기사 바르톨로 빌리니 씨는 정직하고 친절한 사람이었다. 그의 집은 정말로 섬의 중심가인 비토리오에마누엘레 거리에서 일 분 거리였고 고고학박물관에서 삼 분 거리였으며 그의 말대로 조용하고 한적한 주택가였다.

우리는 대로변에서 살짝 들어온 좁은 골목에 있는 집으로 안내되었는데, 작지만 볕이 잘 드는 발코니가 있었으며 깨끗한 화장실에 부엌까지 갖추고 있었다. 서향이어서 오후에는 햇볕이 발코니는 물론이고 집안 깊숙이 들어와 모든 것을 바싹 말렸다. 여기서 나는 아침 일곱시에 일어나 발코니에 나가 글을 썼다. 차가 들어올 수 없는 좁은 골목이라 대체로 조용한 편이지만 아침에는 새들이 시끄럽게 울어댔다. 비둘기 몇 쌍이 이 골목을 근거지로 삼고 있으며, 검은 고양이 한 마리와 고등어의 등을 한 고양이 한 마리가 역시 근방을 장악하고 있었다. 발정난 암고양이 한 마리 때문에 밤에 격렬한 전투가 벌어지기도 하지만 아침에는 잘 보이지 않았다. 섬의 이런저런 관광산업에 종사하는 이들이 아침이면 스쿠터를 몰고 골목을 떠났다.

아침 여덟시 반이면 동네의 빵집으로 빵을 사러 나간다. 빵집은 일 분 거리에 있고 빵집으로 가는 길에는 한집안 형제자매들이 하는 과일가게가 있다. 늘 빵을 사러 떠나지만 올 때는 과일까지 사서 돌아오게 된다. 아내와 내가 먹는 빵은 아무리 비싸도 1유로를 넘지 않는데 유명한 시칠리아의 밀로 만들어서인지 대단히 맛이 있다. 햇볕으로 단련된 과육들이 농익은 냄새를 풍기는 과일가게도 그냥 지나칠 수 없다. 이곳의 과일가게들은 색의 배열에 상당히 섬세하게 신경을 쓰는 눈치다. 붉고 노란 오렌지, 연두색과 자주색의 포도, 붉은 딸기 같은 것들이 길바닥에 나와 달콤한 냄새를 풍긴다. 아침은 빵 몇 개와 커피, 과일로 끝내고 다시 일을 하거나 산책을 나간다.

중요한 모든 것은 비토리오에마누엘레 거리에 있다. 주로 이탈리아어로 쓰인 책을 팔지만 간혹 영어판 도서와 외국신문도 파는 서점, 작은 슈퍼마켓, 우체국과 은행지점, 과일과 야채 가게, 카페와 레스토랑, 빵집과 옷가게, 안경점과 교회가 이 거리에 있다. 이 모든 게 걸어서 오 분밖에 걸리지 않는 거리에 모여 있었다. 거리의 북쪽 끝에는 부두가 있고 이 부두에서 섬의 다른 지역으로 떠나는 버스가 출발한다.

우리집의 주인인 빌리니 씨는 여기에서 다른 기사들과 함께 택시영업을 하는데, 최근 부업 삼아 아파트렌트를 시작한 것 같았다. 이 거리에는 이 섬 유일의 인터넷카페가 있는데 속도가 하도 느려 뭐 좀 알아보고 메일 좀 보내면 금세 한 시간이 돼버린다. 그런데도 요금은 턱없이 비싼 편이다. 십오 분에 2유로쯤 되는데 나는 이 집의 주요 매출 전략이 느린 전송속도가 아닌가 의심하곤 했다. 너무 느리기 때문에 그 무엇도 십오 분 안에 끝낼 수가 없는 것이다.

거리는 아침 일곱시에서 여덟시 사이에 서서히 깨어나기 시작한다. 그러다 오후 한시가 되면 일제히 철시한다. 우체국이나 은행도 예외는 아니다. 그러고는 모두 점심을 먹으러 간다. 친구들과 어울려 거창한 점심에 와인을 마시며 두 시간쯤 떠들고 약간의 낮잠을 잔 다음 다섯시쯤 되면 다시 가게로 돌아와 문을 연다. 과일가게도 인터넷카페도 마찬가지다. 그러고는 다시 저녁 여덟시나 아홉시까지 영업을 한 다음 문을 닫고 집으로 돌아가는 것이다. 도리 없이 나의 삶도 서서히 이 거리의 삶에 맞춰져갔다.

나 역시 낮 열두시까지는 대체로 일을 했다. 그러고는 점심을 해먹었다. 점심은 주로 파스타나 리소토 같은, 여기에서 재료를 조달하기 쉬운 음식들이다. 집 바로 앞에는 거리 유일의 생선가게가 있는데 오징어와 문어, 주꾸미와 갈치, 황새치와 그 밖의 이름을 알 수 없는 작은 생선들과 홍합을 팔았다. 여기에서 주로 오징어와 문어, 홍합 등을 사다가 리소토와 파스타에 넣어 먹는데, 바다에서 갓 잡아울린 신선한 것들이라 맛이 있었다. 생선가게는 오전 장사만 하는 경우가 많기 때문에 필요한 것들은 오전에 장만해놓곤 했다.

시칠리아의 와인은 싸고 훌륭하다. 대체로 5유로에서 7유로 사이의 와인들을 사다가 식사에 곁들여 먹었다. 술은 가능하면 언제나 그 지역의 것을 먹는다는 게 내 원칙인데, 『무라카미 하루키의 위스키 성지여행』이라는 책에서 하루키는 '좋은 술은 여행하지 않는다'는 더 멋진 말로 표현하기도 했다.

밥을 해먹고 치우면 어느새 두시가 넘어 있다. 햇볕은 뜨겁고 거리는 조용하다. 가게들은 문을 닫아걸고 큰 개들만 어슬렁거리며 거리를 쏘다닌다. 하는 수 없이 아내와 나도 꾸벅꾸벅 졸거나 좋은 햇볕을 아까워하며 빨래를 빨았다. 아무 일도 일어나지 않을 것 같은 오후가 그렇게 지나간다.

거리에 사람들이 늘어나기 시작하는 다섯시경이 되면 우리도 거리에 나가 사람 구경을 하거나 장을 봤다. 여행안내서엔 이 섬을 이렇게 묘사하고 있다. '모두가 모두를 아는 섬'. 거리에선 모두가 모두에게 인사를 한다. 차가 멈추면 그것은 인사를 하기 위해서고 클랙슨이 울려도 인사를 하기 위해서다. 한번은 우체국에 가서 환전을 하려는데 직원 말이, 이탈리아 시민만 우체국에서 환전이 가능하다는 것이었다. 환전소보다는 우체국이 늘 환율이 좋은 편이라 아쉬워하고 있자니 한 남자가 다가와 도와주겠다고 했다. 관광지에서 이런 경우를 당하면 대부분은 불쾌한 일로 끝이 난다. 최악의 경우, 자기가 아는 환전소로 데려가 후려치고 가장 좋은 경우라도 그가 아는 어떤 가게로 가 호의의 대가로 뭔가를 사주어야 한다. 적어도 주머니에 돈이 있다는 것이 누군가에게 알려지는 건 반갑지 않은 일이다.

  그는 우체국 직원들과 인사를 나누며(도큐멘토, 도큐멘토 어쩌고 하면서 고개를 젓는 것으로 보아 이 불필요한 관료적 규제가 현지인인 그로서도 어이없는 것 같았다) 자기 신분증을 그들에게 내밀었다. 그러고는 우리에게 환전을 해주라고 했다. 우체국 직원은 하는 수 없다는 듯이 우리에게 어느 호텔에 묵고 있냐고 물었다. 글쎄요, 호텔이 아니라 바르톨로 빌리니 씨 집에 머물고 있는데요, 라고 말하자 우체국 안에 있던 거의 모두가 고개를 끄덕였다.

아, 택시기사 바르톨로! 그뒤로는 모든 게 순조롭게 풀렸다. 우리는 바르톨로의 손님이었고 모두가 그를 알고 있었다. 리파리는 그런 섬이었다. 우리에게 자기 신분증을 흔쾌히 빌려준 그는 환전이 끝났을 때는 이미 어디론가 사라지고 없었다. 리파리에는 그런 사람들이 많다. 어리둥절한 얼굴로 난처해하고 있으면 누군가가 다가와 우리가 당면한 문제들을 해결해주고 사라진다.

저녁이 되면 골목 안으로 스쿠터들이 돌아온다. 학교에 갔던 학생들과 일터에 갔던 사람들의 오토바이가 들어오고 골목 안 여기저기서 인사 소리가 들려온다. 이탈리아 사람들은 퇴근을 하면 근처 바에서 간단히 술이나 커피를 마시며 놀다가 저녁을 먹으러 집으로 간다. 대체로 일곱시 반에서 여덟시 사이다. 우리 역시 그 무렵에 간단한 저녁을 차려 먹었다. 맥주와 햄으로 때울 때도 있고 제대로 차려 먹을 때도 있다. TV도 인터넷도 없는 저녁은 짧다. 설거지를 마치면 이내 졸음이 쏟아지고 우리는 잠자리에 든다. 아무것도 걱정할 게 없을 것 같은 평온한 하루. 걱정들은 종일토록 잠복해 있다가 밤을 틈타 우리를 내습한다. 서울에 남겨놓고 온 것들, 아직 해결하지 못한 문제들이 꿈을 빌려 나의 밤을 괴롭힌다. 리파리의 하루는 그렇게 간다.

2

리파리에 처음 도착한 인류는 아마도 중동 쪽에서 온 것으로 보인다. 메소포타미아나 팔레스타인 혹은 이집트 쪽에서 떠난 일군의 사람들이 배를 타고 바람에 의지하거나 때로는 노를 저어 동쪽으로 항진하다가 리파리에 당도했을 것이다. 고고학자들에 의하면 기원전 6000년경에도 이미 이곳에 인간들이 살고 있었다고 한다. 지중해는 그 무렵에도 꽤나 붐비는 바다였던 것 같다.

리파리에서 우리가 머물던 숙소에서 몇십 미터만 걸어 나가면 사거리가 하나 나온다. 그 사거리를 지나 다시 몇십 미터를 더 걸어가면 그 왼쪽과 오른쪽으로 일반인의 접근이 금지된, 풀이 무성한 돌무더기가 쌓여 있는 공터가 나타난다. 처음에는 어떤 건물을 짓다가 포기한 곳인 줄 알았는데 나중에 들으니 거기가 바로 기원전 리파리에 처음 도착한 사람들이 머물던 집터, 그리고 무덤터였다. 잔잔한 리파리만에 배를 댄 그들이 섬의 지형을 휘휘 둘러보고는 음, 여기가 좋겠군, 생각하고 자리를 잡은 곳이 바로 거기였던 모양이다. 그런데 그것은 내가 리파리항에 처음 도착해서 한 일과 본질적으로 같았다. 배에서 내려 사방을 둘러보며 정세를 살피는 우리에게 바르톨로 빌리니 씨와 한 명의 노파가 다가왔는데 모두 자기 아파트를 설명하는 명함 크기의 광고지를 들고 있었다. 그 광고지는 하나같이 '발코니, 냉장고, 샤워, 부엌'을 강조하고 있었다. 시원하게 샤워를 한 후, 햇볕이 따사롭게 내리쬐는 발코니에서 맥주를 마시고 동네에서 사온 신선한 토마토로 스파게티를 만들어 먹는 모습이 자연스럽게 연상되었다. 또한 그것은 다소 어거스럽지만, 세계가 물, 불, 흙 그리고 공기라는 네 가지 요소로 이루어져 있다는 그리스 철학자(그러나 그는 지금의 그리스가 아닌 시칠리아의 아그리젠토에서 태어났다) 엠페도클레스의 학설을 연상시켰다. 샤워는 물, 부엌은 불, 발코니는 흙, 마지막으로 냉장고는 (차가운) 공기와 관련돼 있었다. 이 네 가지는 현대의 인간이 조금이라도 오래 어딘가에 머물고자 할 때 반드시 필요로 하는 것들이라고 할 수 있었다.

어쨌거나 노파는 빌리니 씨보다 먼저 우리를 잡았고 가격도 좀더 싸게 제시했다. 오랜 세월 강한 지중해의 햇볕과 소금기 강한 바람에 시달린 탓일까? 그녀의 얼굴은 짙은 갈색으로 그을렸고 손마디는 굵고 억셌으며 머리카락은 힘이 없이 푸석했다. 그러나 음성과 태도에서는 힘이 넘쳐 강인한 인상을 풍겼다. 그녀가 준 광고지에는 사진까지 실려 있었는데 무엇보다도 햇빛이 쏟아지는 발코니를 부각시키고 있었다. 그런 그녀를 마다하고 빌리니 씨를 따라간 것은 무엇보다 위치 때문이었다. 그녀는 부두의 오른쪽, 그러니까 북쪽을 가리키며 자기 집은 바다에서 아주 가깝다는 점을 계속해서 강조했다. 정말 바다에서 가까워 보이긴 했지만 그것은 바다라기보다는 화물선과 페리, 여객선이 도착하는 부두, 크고 작은 배들의 정박장에 가까웠다. 좀 소란스럽고 어수선해 보였다.

반면 빌리니 씨는 부두의 남쪽을 가리켰다. 부두를 등지고 보면 왼쪽이었고 그쪽으로는 항만을 굽어보는 큼직한 언덕이 보였다. 언덕 위에는 견고한 성채와 주민과 선원들의 안전을 축복하는 교회가 서 있었다. 낮은 지붕들이 이어져 있는 부두 근처보다는 그쪽에 마음이 갔다. 언덕이 어수선한 부두를 막아주고 있는 위치였다. 화산이 폭발하면서 흘러내린 용암이 굳어 생겼을 그 언덕에 스페인 사람들은 성채를 세웠다. 그들이 아닌 누구라도 바로 거기에 육중한 성벽과 대포, 그리고 총안을 설치해야 한다는 것을 알았을 것이다. 리파리항은 보기보다 수심이 깊어 지금도 커다란 배들이 쉽게 들어와 닻을 내릴 수 있었다. 대포 몇 문만 갖다놓아도 적함들이 쉽게 넘보기 어려웠을 것이다.

　서울에서는 한남동과 이태원이 바로 그런 곳이었다. 한강으로 들어오는 배와 강 너머에서 기동하는 적을 살피면서 동시에 남산 북쪽을 제압할 수 있는 천혜의 요지라고 할 수 있다. 고래로, 서운에 진입한 이국군대는 모두 거기에 진을 쳤다. 청일전쟁 때의 청군이 그랬고 두 번의 전쟁으로 조선반도의 헤게모니를 장악한 일본군이 그랬고 원자폭탄으로 그들을 무릎 꿇리고 입성한 미국군대가 그랬다. 그리고 그곳에는 내로라하는 기업가들이 커다란 집을 지어 살고 있다. 굳이 풍수지리까지 들먹이지 않더라도, 자기가 머물 곳을 마음놓고 고를 처지가 되면 인간들은 선사시대의 인간들과 비슷해지는 것 같다. 물을 쉽게 구할 수 있으면서 방어에 유리한 안전하고 따뜻한 곳을 선호하는 것이다. 우리가 머물게 된 집 역시 기원전 6000년에 당도한 이들의 주거지와 매우 가까웠다. 섬의 중심가인 비토리오 에마누엘레 거리는 바로 그 선사시대 주거지를 지나고 있었다. 마치 육전이 있던 종로가 궁궐들을 끼고 서에서 동으로 달리듯.

빌리니 씨의 집에 처음 들어왔을 때, 우리가 제일 먼저 한 일은 각자 달랐다. 일단 나는 짐을 이리저리 풀어놓았다. 개들이 오줌을 싸 경계를 표시하듯 나는 짐으로 이곳이 내가 살아갈 곳이라는 것을 확정했다. 그것은 대학 시절 친구들과 캠핑을 떠났을 때를 연상시켰다. 나를 비롯한 남자들은 막대들을 땅에 굳게 박아넣고 그 위로 텐트를 쳤고 여자들은 불과 화덕 근처에서 먹을 것을 마련했다. 아내는 싱크대로 가 냄비와 그릇, 조리도구 들을 살펴보더니 바로 그것을 씻기 시작했다. "고무장갑이 없네. 하나 사야겠어." 고무장갑을 사온 뒤에는 좀더 본격적으로 앞으로 사용할 식기들을 씻어 햇볕에 내놓아 소독을 했다. 그러고는 침구들도 모두 걷어 발코니에 내다 말렸다. 아내는 일생의 대부분을 부산과 서울의 아파트에서 보냈지만 막상 새로운 정착지에 도착하자 피난민캠프에 갓 도착한 여느 아낙네와 다를 바 없이 행동했다. 호텔에 묵을 때는 하지 않던 행동들이 부엌이 있는 아파트에서는 거침없이 나왔다. 나는 발코니에 나가 파란 하늘과 해발 594미터의 산탄젤로산을 바라보며 우리보다 먼저 이곳에 도착했던 남자와 여자들을 생각했다.

3

최초의 정착민들에 이어 섬에 도착한 이들은 그리스인들이었다. 이들은 리파리를 티레니아해와 에게해 사이를 잇는 무역거점으로 만들었다. 예나 지금이나 그리스인들은 바다를 사랑한다. 그들은 배를 타고 가다가 멋진 곳을 발견하면 상륙하여 임자가 없으면 말뚝을 박아 자기들 땅으로 만들었다. 그리고 거기에 정치거점인 아크로폴리스를 건설하고 유흥을 위해 원형극장을 세웠다. 그들이 건설한 아크로폴리스 역시 내가 쓰레기를 버리러 가는 집하장소 바로 옆이었다.

시칠리아 전역의 큰 도시에는 거의 어김없이 그리스인들이 건설한 원형극장의 흔적이 남아 있다. 시라쿠사가 그렇고 타오르미나가 그렇다. 이 원형극장들은 하나같이 산을 깎아 만들었는데 무대 뒤로는 먼바다가 내다보였다. 그리스인들이 이렇게 산으로 둘러싸이고 바다가 잘 보이는 높은 곳에 원형극장을 만든 이유가 효율적인 방어를 위해서였다는 설도 있다. 재미있는 연극을 보던 중에라도 멀리 적이 나타나면 나아가 싸우기 위해서라는 것이다. TV 드라마가 방송되는 시간에도 아래로는 재난속보 자막이 나오는 것과 비슷한 효과를 노렸다는 것이다. 그러나 시라쿠사나 타오르미나의 그리스식 극장에 한번 앉아 있어보면 그런 주장의 신빙성이 낮다는 것을 금세 알 수 있다. 그리스인들은 연극을 주로 밤에 즐겼다. 낮은 예나 지금이나 너무 뜨거워 그늘도 없는 석회암 계단에 앉아 있기 힘들다. 한마디로 고역이다. 따라서 밤에 횃불을 밝히고 모여 복잡한 무대장치를 사용한 연극들을 즐겼는데, 그러면서 저 검은 바다로 접근하는 적선을 발견하고 그것에 대응했다는 것은 상상하기가 좀 어렵다. 바다의 적은 횃불을 밝힌 드라마광들을 쉽게 볼 수 있어도 드라마에 빠진 관객들이 저 어두운 바다로 시선을 돌려 조심스럽게 접근하는 적함들을 발견하는 것은 거의 불가능에 가깝다.

그렇다면? 그저 나는 그리스인들이 바다를 사랑해서였다고 생각한다. 이왕 힘들여 극장을 지을 거라면 바다가 보이는 데가 좋지 않겠는가, 라고 생각했을 것이다. 그들의 고향이 그랬으니까. 아테네가, 코린트가 그랬으니까. 지금도 전 세계의 이민자들은 자기가 살던 곳과 비슷한 곳에 정착하려는 경향이 있다고 한다. 시칠리아를 떠난 이민자들도 바다가 있는 뉴욕, 그것도 섬인 맨해튼에 정착했고 지평선만 보고 살던 독일 중부와 체코의 이민자들은 미국의 중부에 주로 자리를 잡았다. 미국에 이민 간 한국인들도 집을 살 때가 되면 자기도 모르게 언덕이 있는 곳, 이왕이면 그 언덕에 소나무가 있는 집을 선호한다고 한다. 그리스인들 역시 자신들이 떠나온 곳과 가장 비슷한 곳에 자리를 잡고 고향에서 보던 극장과 가장 비슷한 위치에 역시 극장을 건설했을 것이라고 나는 생각한다.

그리스식 극장은 그들의 후예를 자임했던 유럽인들과 미국인들에 의해 여러 곳에서 비슷한 형태로 다시 만들어졌다. 그리고 미국인 선교사들이 세운 아시아의 몇몇 대학에도 이런 형태의 극장이 있다. 내가 다닌 대학에도 7500명을 동시에 수용할 수 있는 큼지막한 반원형극장이 있다. 소나무들에 둘러싸여 있으며 멀리 신촌과 한강이 내려다보이던 이 극장을 우리는 노천극장이라고 불렀는데 그곳에서 입학식이나 졸업식, 응원 연습 같은 학교의 중요한 행사가 치러졌다. 우리는 모두 그 극장을 사랑했다. 노래를 부르면 서로 잘 들렸고 함성을 지르면 서로의 가슴으로 울렸다. 무엇보다 그 극장에 모여 있노라면 우리가 비슷한 사상과 지향을 가진 동질적 집단이라는 확신이 절로 들곤 했다(물론 졸업을 하면서 그런 믿음은 빠르게 줄어든다).

현대적 콘서트홀은 관객들이 오직 무대에만 집중할 수 있도록 설계되지만 그리스식 극장은 관객들이 서로를 의식하도록 만들어졌다. 인간의 반응은 잘 전파된다. 특히 웃음과 하품이 그렇다. 그래서 이런 극장에선 콘서트나 연극도 좋지만 관객들이 참여할 수 있는 행사들이 훨씬 더 잘 어울린다. 나는 노천극장에서 그 대학의 응원가와 율동을 배웠는데 그 순간의 행복감은 지금도 잊히지 않는다.

초등학교 때까지 시골내기였던 나는 서울로 옮겨와 중

학교와 고등학교를 다녔는데 그 육 년 동안 내내 이방인으로 겉돈다는 느낌을 받고 있었다. 서울로 몰려드는 인구를 수용하기 위해 한강변의 모래밭을 다져 만든 잠실의 아파트단지는 내가 살던 작은 마을들과 완전히 다른 곳이었다. 피난민캠프나 병영에서처럼 그곳의 주민들은 단지와 동 호수에 따라 일사불란하게 분류되었다. 어쩌면 그곳에 사는 모두가 나처럼 스스로를 이방인으로 느끼고 필사적으로 서울생활, 아파트생활에 적응하려 애쓰고 있었을지도 모르지만 나로서는 남들 사정을 헤아릴 처지가 아니었다. 막 십대로 들어선 나는 황량한 아파트숲에서 무엇을 그리워하는지도 모르면서 그 무언가를 그리워하고 어떻게 해야 마음이라는 것을 '나눌' 수 있는지도 모르면서 마음을 '나눌' 친구가 없음을 아쉬워했다. 그렇게 몇 년이 흘러갔다. 분명 나에게도 정해진 소속이 있었지만 거기에서 어떤 일체감을 느낄 수는 없었다. 그런데 대학에 들어가자 서울에 올라온 후 처음으로 한 집단에 받아들여진, 그들 모두와 하나가 된 듯한 강렬한 감정의 세례를 받았던 것이다. 그 대학이 전에 다닌 다른 학교들보다 딱히 더 친절하고 더 포용력이 있지는 않았을 것이다. 대신 거기에는 내가 다닌 중학교와 고등학교에는 없던 것이 있었다. 바로 그리스식 극장이었다.

이 대학은 강원도 원주의 캠퍼스에도 비슷한 노천극장을 지었다. 토지문화관이 지척인 이 캠퍼스를 커다란 저수지가 둘러싸고 있었는데 이 극장의 무대는 바로 그 저수지를 배경으로 하고 있었다. 신촌캠퍼스와 원주캠퍼스 사이에는 학생과 교직원을 위한 무료 셔틀버스가 다녔는데 나는 가끔 별다른 이유 없이 그 버스를 타고 원주에 가서 학생식당에서 밥을 사 먹고는 노천극장에 앉아 하릴없이 시간을 보내곤 했었다. 지붕이 없는 그곳의 계단식 객석에 앉아 아래쪽의 무대를 내려다보면 몇 그루의 전나무 뒤로 물결 잔잔한 저수지가 보였다. 그것은 한 번 보면 잊기 어려운 아름다운 광경인데 특히 주변 숲에 일제히 단풍이 드는 가을에는 더욱 장관이었다.

2007년 겨울, 나는 시라쿠사와 타오르미나에서 한동안 기시감에 사로잡혀 먹먹해지는 마음을 다잡느라 애를 먹었다. 그것은 전적으로 이 그리스식 극장 때문이었다. 이십 년 전의 그 노천극장이 거기, 시칠리아에 있었던 것이다. 나는 시라쿠사의 퇴색한 석회암계단에 앉아 저멀리 희붐하게 빛나는 지중해의 수평선을 보며 열아홉 살의 봄에 경험했던 찬란한 행복을 회상했다. 모두 같은 색의 티셔츠를 입고 손을 높이 쳐든 채 〈젊었다〉를 부르던 그날을. 그럴 때 여행은 낯선 곳으로 떠나는 갈 데 모를 방랑이 아니라 어두운 병 속에 가라앉아 있는 과거의 빛나는 편린들과 마주하는, 고고학적 탐사, 내면으로의 항해가 된다. 바다가 내려다보이는 타오르미나의 그리스식 극장에 앉아 나는 그때의 노래를 소심하게 웅얼거린다. 간단한 가사를 계속하여 반복하던, 그래서 신입생들도 쉽게 따라 배울 수 있었던 그 응원가는 이렇게 끝난다. 그대여, 그대여어어, 너와 나는 태양처럼 젊었다.

4

리파리는 지중해 무역의 거점이었던데다 화산활동의 부산물인 부석과 흑요석광산으로 부를 쌓았기 때문에 해적들의 침탈이 잦았다. 질이 좋은 부석은 주로 건축의 구조용 콘크리트에 사용된다. 또 가볍고 열전도율도 낮기 때문에 지붕이나 빙고氷庫, 욕조, 그 밖에 단열벽 콘크리트의 골재로 사용된다. 내산성이 강하므로, 황산 제조장치 등에도 그대로 사용할 수 있다. 흑요석은 규산이 풍부한 유리질 화산암으로 흑요암이라고도 한다. 색깔은 흑색, 회색, 적색, 갈색을 띤다. 석기시대에는 칼, 화살촉, 도끼로 사용되었으며 가열하면 팽창하는 성질이 있어 내화연료 등 공업용 원료로 이용된다. 또한 연마하여 장신구로도 이용한다. 영어식 이름인 옵시디언은 로마의 저술가 G. 플리니우스가 자신의 저서 『박물지』에서 옛날 로마 사람 옵시디우스가 에티오피아에서 발견한 유리질 화산암이 아마 이런 암석이 아니었을까, 하고 추정한 데에서 유래했다고 한다. 석기시대부터 현재까지 쓸모 있는 광석이었으니 노리는 세력이 많았을 법하다.

나이트클럽 앞을 지키는 근육질 사내처럼 다소 부담스러운 외양으로 남아 있는 성채는 그런 해적들을 대비하기 위해 지어졌다. 최근의 모습은 1544년, 당시 지중해 전역에서 스페인을 괴롭히던 바르바로사 일당이 섬을 휩쓸고 간 후에 대대적으로 보강된 것이다. 스페인 세력은 대포와 화약이 전쟁에 도입된 이후에 지중해 세계에 나타났기 때문에 그들이 지은 성은 하나같이 육중하다. 이 성은 얼마 안 되는 섬과 그 주민들을 지키기 위해서라기보다 티레니아해 전체의 제해권을 염두에 두고 건설됐을 것이다. 이제 이 성은 오직 관광자원과 고고학적 발굴의 대상으로서만 존재하고 있다.

내가 머물고 있던 곳에서 슬리퍼를 끌고 오 분 정도만 올라가면 성에 당도하게 된다. 성에서는 항만과 부두, 마을이 모두 내려다보인다. 그리고 날씨가 좋은 날이면 제도의 다른 섬들도 선명하게 보인다. 성 안의 박물관은 시칠리아의 역사를 축약해놓은 것 같다. 작은 섬의 박물관이지만 전시품이 꽤 충실하다. 선사시대의 토기에서부터 신화와 역사가 그려진 그리스 도기, 그리고 중세의 유물들이 시대에 따라 전시돼 있다. 처음 방문하던 날에는 수학여행을 온 초등학생들이 몰려다니며 시칠리아의 역사를 배우고 있었고 진지하고 심각한 독일 관광객들이 무리를 지어 가이드의 설명을 듣고 있었다. 박물관의 도기를 보고 있기엔 아이들에게나 나이든 관광객들에게나 너무 화창한 날이었지만 그래도 다들 꾹 참고 일행을 따라 복도를 돌고 있었다.

리파리

좁고 어둑한 중세식 골목을 따라 내려오면 가리발디나 비토리오 에마누엘레 등의 근대 이탈리아의 국가적 영웅들의 이름을 딴 거리들이 이어진다. 섬의 인구는 1만 800명가량인 것으로 알려져 있는데 내가 살던 성산동의 아파트단지 하나에만도 그것보다 많은 사람이 살고 있었다. 그런데도 이상하게 이 작은 섬의 인구가 훨씬 많게 느껴진다. 서울의 아파트단지에선 많은 사람들이 방에 틀어박혀 TV를 보거나 인터넷을 하고 있는 반면, 이곳의 사람들은 거리에 나와 에스프레소를 마시거나 친구들과 이야기하고 있어서일 것이다.

리파리에 도착한 지 일주일째가 되자 서서히 아는 사람들이 늘어났다. 길을 가다 마주치면 "본 조르노" 혹은 "차오"라고 인사를 해오는 사람들이 생겼다는 뜻이다. 하루이틀쯤 머물다 떠날 '자포네세'로 여기고 있던 이들도 일주일째 거리를 돌아다니고 있으니 그제야 친구로 받아들이는 눈치다.

우선 집밖을 나서면 생선가게 주인과 인사를 해야 한다. 사람 좋게 생긴 이 프란체스코 할아버지는 작은 생선가게를 운영하고 있는데 냉동된 생선은 아예 취급하지 않는다. 그날 새벽에 들어온 것들을 주로 오전에 다 처리하고 오후에는 문을 닫는다. 아침 일찍 주부들과 식당을 운영하는 사람들이 몰려와 신선한 생선을 잔뜩 사가지고 간다. 빵을 사러 나온 나도 가끔 그 대열에 합류하는데, 날마다 들어오는 생선과 해물이 다르기 때문에 늘 주의를 기울여 살펴볼 필요가 있다. 오징어와 정어리는 거의 매일 있고 새우는 철이 아니어서인지 자주 보이지 않았다. 바지락류의 조개들은 여름이라 잘 나질 않는 모양이었다. 황새치와 참치를 토막내 팔기도 하고 가끔 갈치가 은빛 비늘을 빛내며 엉켜 있기도 했다. 나는 주로 오징어나 문어, 홍합을 사는데 새우는 잘 나오질 않기 때문에 보이면 무조건 샀다. 이런 어물쇼핑은 해보면 꽤 즐겁다. 그날 뭐가 있을지 모르기 때문에 시세 구경을 겸한 들리긴 해되디 즐거운 기대가 있다. 기다리던 것이 있으면 반갑고 생각지도 않던 것을 보게 되면 신이 난다. 오징어는 내장을 빼내고 간단한 손질도 해서 주기 때문에 그냥 기름에 볶거나 삶아서 스파게티 같은 데 얹어 먹으면 되고 새우는 쪄서 소금에 찍어 먹는다.

이 프란체스코 할아버지는 다소 험상궂게 생긴 아들과

리파리

함께 일을 하는데 '자포네세'인 나를 아주 좋아하는 눈치다. 늘 와서 달랑 주꾸미 한 마리, 오징어 한 마리를 사가는데도 싫은 기색이 없다. 그는 정오가 다가오면 가게 앞에 나와 "비보, 비보Vivo, vivo"라고 큰 소리로 외친다. 굳이 번역하자면 '싱싱한 생선이 왔어요. 팔딱팔딱 뛰는 아주 싱싱한 생선입니다' 정도가 될 것이다. 목소리가 우렁차고 힘찬 것으로 보아 하루이틀 외친 솜씨가 아니다. 비토리오 에마누엘레 거리 전체에 그의 "비보, 비보"가 들린다.

프란체스코 할아버지의 목소리가 사라지면 거리는 조용해진다. 점심시간이 된 것이다. 햇볕은 뜨겁고 가게들은 문을 닫는다. 나는 사람들이 사라진 한낮의 거리가 좋아 꼭 그 시간에 슈퍼마켓에 간다. 문득 이 거리가 알베르 카뮈가 『페스트』에서 묘사한 오랑의 거리처럼 보일 때가 있다. 지중해에 면한 알제리의 해안도시를 모델로 했을 오랑과 그곳에서 그리 멀리 떨어지지 않은 리파리의 거리는 어쩌면 그 기후나 풍토가 그리 다르지 않을 것이다. 뜨거운 태양, 흰색 페인트로 칠해진 네모진 건물들, 그 안에 살고 있는 모두가 다른 모두를 아는 도시에서 반복되는 권태로운 일상, 그리고 바다. 눈이 부시도록 파란 지중해는 그들에게 희망과 열정 대신 막막한 고립감을 부여한다. 한낮의 어떤 순간, 리파리에는 갑자기 소개명령이라도 내린 듯 뜨거운 고요와 정적이 찾아온다. 그리고 그 사이를 어리둥절한 얼굴로 걸어가는, 추운 나라에서 갓 도착한 관광객들이 있다.

(『오래 준비해온 대답』)

지중해식 생존요리법

 중국 남자들은 중국식 팬(웍) 하나만 있으면 어디서든 살아남을 수 있다고 한다. 중국 음식의 대부분이 볶거나 튀기는 것이고 중국 남자들 대부분이 집에서 간단한 요리는 하면서 자라니 가능한 얘기일 것이다.

 자기가 음식을 해먹을 수 있으면 그렇지 않은 경우보다 객지에서 꽤 오래 버틸 수 있다. 특히 모국의 음식을 파는 식당이나 그 식재료를 파는 가게가 전혀 없는 곳에서는 더욱 그렇다. 시칠리아, 그것도 리파리 같은 섬에는 한국 음식점은 고사하고 그 흔한 중국 음식점 하나 없다. 이런 환경에서 마음의 평정을 유지하고 살아가자면 적어도 볶음밥 정도는 할 줄 알아야 한다.

생존요리를 시작하기 위해선 반드시 다음과 같은 것들이 필요하다.

프라이팬, 냄비, 올리브유, 소금, 칼

위의 것들이 있으면 최소한 다음과 같은 것을 해먹을 수 있다.

오징어 스파게티

슈퍼마켓이나 동네 가게에 가서 다음과 같은 재료를 구입한다.

마늘, 양파, 스파게티면(나는 좀 넓적한 링귀니면을 더 좋아한다), 토마토소스, 그리고 오징어 한 마리

지중해의 토마토는 아주 붉고 신맛이 적다. 스파게티에 아주 잘 어울리니 직접 소스를 만들어보는 것도 좋을 것이다. 토마토소스를 만드는 법은 간단하다. 토마토를 잘게

썰어 소스팬에 넣어 약한 불로 오래 뭉근하게 끓이면 된다. 그러나 귀찮으면 그냥 슈퍼마켓에서 적당한 소스를 사온다. 가격이 아주 싸다. 어느 나라나 그 동네 사람들이 집에서 만들 수 있는 것들은 싸게 팔린다. 보통 1유로 정도다. 두 명이 네 번은 해먹을 수 있는 스파게티면도 1유로에서 2유로 사이다.

먼저 약간의 소금을 넣고 물을 끓인다. 물이 팔팔 끓으면 면을 집어넣고 파스타 포장지에 표기된 시간 동안 삶는다. 다 익었는지 알아보려면 면 한 가닥을 꺼내 주방 타일에 던져 그게 붙는지 안 붙는지를 살피라는 말도 있지만 '생존요리법'에서는 다 무시해도 좋다. 그냥 시간이 됐다 싶으면 건져낸다. 다행히 내가 묵은 빌리니 씨 집에는 파스타 요리를 위한 기구들이 다양하게 준비돼 있었다. 면을 삶을 수 있는 깊은 냄비와 그것을 건져내 담아둘 수 있는 구멍 숭숭 뚫린 바구니까지. 아마 다른 이탈리아 가정도 다 비슷할 것이다.

면이 익는 동안 마늘과 양파, 오징어를 썰어둔다. 팬에 올리브유를 두른 뒤 마늘과 양파를 볶는다. 취향에 따라 고추(페페론치노라고들 한다. 잘못하면 무지하게 매운 것을 살 수 있다. 나는 내 평생 가장 매운 고추를 시칠리아에서 맛보았다. 1980년대 거리에서 경험한 최루탄의 맛이었다. 공기 중에도 그 매운맛이 퍼져 숨을 쉬기 곤란할 정도여서 우리는 모두 발코니로 대피해 신선한 공기를 쐬어야만 했다)를 넣을 수도 있다. 마늘과 양파가 어느 정도 익으면 오징어를 넣어 같이 볶는다. 싼 화이트 와인을 살짝 뿌려도 좋지만 없어도 괜찮다. 오징어가 맛있게 익었다 싶으면 토마토소스를 부어 살짝 데운 후, 소금과 후추로 간을 한다. 건져둔 면 위에 완성한 토마토소스를 부어 먹는다. 요리시간은 약 십 분 정도 걸린다. 값싸고 맛있는 시칠리아 와인을 곁들이면 꽤 먹을 만한 한 끼 식사가 된다.

오징어 내신 소개를 넣으면 봉골레 스파게티가 된다. 이 경우에는 토마토소스 대신 화이트 와인과 올리브유만으로 요리한다. 이탈리아 사람들은 봉골레 스파게티에 토마토를 잘 넣지 않는다. 우리나라 이탈리아 식당의 최고 인기 메뉴인 토마토 해물 스파게티 같은 것은 아쉽게도 거의 팔지 않는다(만들어 먹는 것은 자유여서 나는 자주 해 먹는다). 어쨌든 봉골레 스파게티에는 토마토소스 대신

화이트 와인과 올리브유만 넣어보자. 신선한 조개만 있다면 토마토소스를 넣은 것보다 훨씬 담백하고 맛있다. 재료의 맛도 더 잘 살아난다. 지난 12월에 시칠리아에서 혼자 이 스파게티에 깊은 감명을 받은 뒤 서울로 돌아와 '봉골레 스파게티'를 해주겠다고 하자 아내는 불안해했다. "너무 느끼할 것 같은데? 그냥 토마토소스로 하면 안 돼?" "아니야, 시칠리아에서는 다 이렇게들 해먹는데 꽤 맛있어." 아내는 별로 내키지 않아 했지만 한번 먹어본 뒤로는 더이상 토마토 해물 스파게티를 찾지 않았다. 내 요리 솜씨가 좋아서가 아니라 신선한 재료만 있다면 이게 훨씬 훌륭한 요리법이기 때문이다. 토마토소스는 맛이 너무 강해 다른 재료의 향미를 죽일 수가 있다(내가 살던 성산동에는 마포농수산물시장이라는 훌륭한 재래시장이 있었다. 거기에선 거의 언제나 싱싱한 바지락을 싼값으로 살 수 있었다).

이제 슈퍼마켓에 가서 다음과 같은 재료를 구입하거나 아니면 바다에 나가 잡는다.

마늘, 스파게티면, 올리브유, 화이트 와인, 싱싱한 조개

약간(바지락이나 모시조개류), 소금, 후추

  조개를 소금물에 담가 해감을 토해내도록 한다. 물에 소금을 넣고 끓인 뒤, 면을 넣어 삶는다. 면이 삶아지는 동안 조개를 씻고 마늘을 편으로 썰어둔다. 팬에 기름을 두르고 마늘을 볶다가 조개를 넣는다. 화이트 와인을 조금 붓고 팬을 뚜껑으로 덮어준다. 조개에서 맛있는 육수가 배어나오므로 와인을 너무 많이 붓지 않도록 한다. 조개가 입을 벌릴 때쯤이면 면이 다 익어 있을 것이다. 물기를 뺀 면을 팬에 넣어 육수를 흡수할 때까지 볶아준다. 파슬리를 뿌려 향을 더할 수 있다. 이것이 내가 제일 즐겨 먹는 봉골레 스파게티다.

  슈퍼마켓에 가서 실 살펴보면 고추나 오이를 소금에 절여 병에 담아둔 것들을 판다. 한국인의 입맛에 잘 맞으니 사두면 좋다.

  좀더 동양적인 맛을 원한다면 동서양 절충식 볶음밥을 추천한다. 슈퍼마켓이나 들에 나가 다음과 같은 재료를 구한다.

쌀, 올리브유, 소금, 햄, 달걀, 고추, 토마토, 마늘, 간장

볶음밥에 있어서 중요한 것은 강한 팔힘과 불을 두려워하지 않는 패기라고 할 수 있다. 오직 강한 불만 사용한다. 화력은 팬을 들어 조절한다. 속이 깊은 중국식 팬이 맞춤한데 없으면 없는 대로 한다. 모든 것이 다 갖춰진 상태에서 요리 못하는 사람은 없다. 뭔가 부족한 상태에서 해냈을 때, 만족도 더 크다.

먼저 밥을 한다. 쌀을 씻어 냄비에 넣고 적당히 물을 맞추고(운에 맡긴다) 팔팔 끓인다(혹 물이 많으면 좌절하지 말고 물은 버리고 익은 쌀만 사용한다). 밥물이 넘치려 하면 불을 낮춰 계속 끓인다. 금방 끓어넘치니 서서 지켜보는 것이 좋다. 물이 다 졸아들면 뜸을 들인다. 밥은 볶을 것이므로 좀 된 것이 좋겠다. 여기 쌀은 우리 쌀과 달리 찰기가 적은데 볶음밥에는 오히려 좋다. 잘 눌지도 않는 편이다.

이제 팬에 올리브유를 두른다(다른 기름을 좋아하는 사람도 있겠지만 아쉽게도 여기는 올리브유밖에 없다. 대신 싸고 질이 좋다. 특히 시칠리아의 올리브는 아주 유명

하다). 팬이 뜨거워지면 마늘과 고추를 넣어서 볶다가 햄과 밥도 넣는다. 소금이나 간장(유럽 슈퍼마켓을 잘 살펴보면 인도네시아나 중국에서 생산된 간장이 있다. 혹시 매대에서 샘표 간장이 눈에 띈다면 당신은 아직 시칠리아에 오지 않은 것이다. 먼저 비행기표를 사라)으로 간을 한다. 강한 팔힘으로 재료들을 거센 불길 위로 팍팍 쳐올리며 볶으면 좋겠지만 객지에는 그런 강한 불도, 중국식 팬도 구하기 어려우므로 그냥 나무주걱 같은 것으로 잘 저어주며 볶는다. 다 볶아지면 밥 위에는 달걀 프라이를 얹고 토마토를 썰어 주변을 장식한다. 역시 시칠리아의 붉은 와인을 곁들여 먹는다.

볶음밥에 자신이 생기면, 여기는 시칠리아, 바로 리소토에 도전한다. 이름하여 '내 맘대로 해불 리소토'라 하자. 나는 리소토의 요리법을 배운 적이 없다. 여기는 인터넷도 안 되니 검색엔진에 물어볼 수도 없는 노릇이다. 하지만 어쩐지 리소토를 만들 수 있을 것 같았다. 생존요리법의 세계에서는 배움의 장소가 따로 없다. 길에서 배운다. 나는 레스토랑에서 먹어본 리소토를 생각하며 나만의 레시피를 만들어보기로 했다. 이탈리아에서는 누구나 간단히 해먹는 요리가 아닌가. 그런 게 어려울 리가 없다. 이렇게 생각하고 용기를 얻었다.

슈퍼마켓이나 동네 가게에 가서 다음과 같은 것을 구입한다.

> 쌀, 마늘, 신선한 홍합, 냉동된 해물(슈퍼마켓에 가면 판다. 리소토용으로 오징어 등을 잘게 썰어 포장해놓았다)

팬을 달군 후 올리브오일을 두른다. 잘게 썬 마늘을 볶다가 쌀과 해물을 넣고 물을 붓는다. 물은 밥과 재료가 완전히 잠길 정도로 넉넉하게 한다. 그리고 십이 분에서 십삼 분 정도 계속 끓인다. 물이 끓어오를 때 소주 반 잔 정도의 화이트 와인을 한두 차례 붓는다. 다 익으면 접시에 덜어 먹는다(사실 리소토는 쌀을 기름에 볶아 익히는 게 원칙이다. 하지만 생존요리법에서는 수단과 방법을 가리지 않고 익히면 그만이다. 그래서 내가 만든 리소토는 어딘가 해물죽 같은 것이 되어버리곤 했다).

홍합은 시간이 많고 힘이 남아돌 때 넣는다. 만약 실수로 혹은 충동적으로 홍합을 샀다면 다음과 같이 한다. 표면에 붙어 있는 수염을 손으로 잡아뗀다. 쇠수세미(없으면 그냥 수세미)로 껍질을 거세게 문질러 달라붙은 이물질들을 제거한다. 홍합의 검은 표면이 반지르르한 벼루처럼 보일 때까지 벅벅 문질러야 한다. 1킬로그램쯤의 홍합을 그렇게 손질하고 나면 없던 식욕도 생긴다. 홍합 역시 쌀을 넣을 때 함께 넣는다. 신선한 홍합의 즙이 밥에 스며들어 환상적인 맛을 내 우리의 노고를 보상한다. 그리고 그때부터는 누군가에게 '지중해식 홍합 리소토'를 해먹었노라고 자신있게 말할 수 있게 된다. 그리고 홍합의 손질 요령을 한번 익히고 나면 홍합을 이용한 다양한 생존요리에 도전할 수 있다. 홍합은 어디서나 가장 저렴한 어패류이고 훌륭한 단백질 공급원이며 (특히 한국인에게는) 더할 나위 없는 술안주이자 해장국 재료다. 프랑스 노르망디에 가면 홍합을 산처럼 쌓아놓고 먹는 사람들을 볼 수 있는데, 여기서 나는 젓가락질을 못하는 사람들이 어떻게 그렇게 많은 홍합을 먹을 수 있는지를 알았다. 그들은 우선 홍합 하나를 먹은 뒤, 그 홍합 껍데기를 집게처럼 사용해 다른 홍합의 살을 집어 쏙 빼 먹는 것이다. 해보면 젓가락보다 훨씬 편리하다는 것을 알 수 있다. 어쩌면 살아 있는 홍합도 그런 방식으로 다른 홍합을 공격할 수 있을 거라는 생각이 든다.

(『오래 준비해온 대답』)

탐욕

 한 번의 여행에서 모든 것을 다 보아버리면 다음 여행이 가난해진다. 언젠가 그 도시에 다시 오고 싶다면 분수에 동전을 던질 게 아니라 볼 것을 남겨놓아야 한다.

(『여행자 도쿄』)

콘탁스G1과 장 보드리야르

 하이델베르크는 세번째였다. 대학을 졸업하고 배낭여행자로 온 게 처음이다. 1990년대 초반이었는데 기차에서 내려 배낭을 멘 채로 마크트플라츠까지 걸었다. 맥줏집에 들어가 흑맥주를 마신 것, 자전거를 타고 지나가는 대학생을 본 것 정도 말고는 이상하게도 별로 기억에 남은 게 없다. 두번째는 1999년에 프랑크푸르트에서 렌터카를 빌려서 왔다. 공항에 내리자마자 렌터카를 받아 바로 아우토반에 올라 한 시간쯤 달리니 하이델베르크였다. 그때 역시 마크트플라츠 근처에서 맥주를 마셨다. 성에 올라갔지만 안으로 들어가지는 않았다. 다음날 아침, 포드 몬데오를 몰고 네카어강을 따라 달렸다. 그때 처음으로 하이델베르크가 성城의 도시가 아니라 강의 도시라는 것을 알았다. 밤기차를 타고 이동하는 배낭여행과 낮에 이동하는 렌터카여행은 보는 것이 다르다. 자동차는 풍경 속을 달리지만 기차는 도시에서 도시로 순간이동한다. 파리의 북역에서 잠이 들었다 깨면 아침의 암스테르담과 마주치는 것이다. 그럴 때면 파리에서 백업해둔 뇌를 암스테르담에서 다운로드 받는 기분이다. 반면에 자동차로 여행을 해보면 도시와 도시가 서로 연결돼 있다는 것을 눈으로 이해하게 되고 강과 바다, 그리고 산이 장애물이 아니라 몸으로 겪어야 할 풍경임을 알게 된다. 기차는 높이가 없으나 자동차는 높이와 깊이, 회전각이 있다. 이번에도 기차를 타고 갔지만 지난번과는 다르게 기차역에서 택시를 잡아타고 호텔까지 갔다. 편안하고 쉬기 편했다.

이렇게 하이델베르크를 세 번 여행했다. 언젠가 불문학자 김화영 선생이 사석에서 이런 말씀을 하셨다. "한 번 간 곳을 또 가는 것이야말로 여행의 묘미다." 이전에 보지 못했던 걸 볼 수 있어서가 아니다. 산천은 의구한데 오는 '나'만 바뀌어 있다는 것, 내가 늙어간다는 것, 그런 달콤한 멜랑콜리에 젖어드는 것, 그것이야말로 '다시 가는 여행'에서만 느낄 수 있는 정조라는 뜻일 것이다. 첫번째엔 당일로 떠나야 했고 두번째엔 아름다운 구도심에서 벗어난 주택가의 작은 호텔에 묵었고 이번에는 옛 다리와 네카어강이 내려다보이는 좋은 위치의 호텔에서 나흘을 묵었다. 첫번째엔 캐논 자동카메라를 들고 왔고 두번째엔 니콘FM2를, 세번째엔 콘탁스G1과 라이카R8, 소니 노트북과 삼각대를 들고 왔다. 이제 더이상 차가운 벤치에 앉아 딱딱해진 바게트를 뜯어먹지 않고 제법 괜찮은 식당에서 웨이터가 가져다주는 음식에 맥주를 곁들여 마실 수가 있게 되었다. 자신이 변했다는 것을 알려면 이래서 여행을 떠나야 하고 그것도 예전에 가봤던 곳으로 가야 한다.

아직 시차 적응이 채 덜 된 나는 새벽부터 잠에서 깨어 네카어강의 사진을 찍고 아무도 없는 광장을 찍고 마치 드라큘라의 성처럼 새벽안개에 둘러싸인 하이델베르크 성을 찍었다. 그리고 돌아와 호텔에서 주는 아침을 먹고는 노트북을 챙겨 밖으로 나왔다. 그때쯤 되면 부지런한 대학생들이 자전거의 페달을 힘차게 밟아 학교로 달려가기 시작한다. 빵집들이 문을 열고 손님을 맞는다. 도시가 서서히 깨어나는 것이다. 열시가 되면 카페들이 문을 열기 시작한다. 나는 카페에 들어가 책을 읽다가 그도 지치면 노트북을 켜고 소설을 썼다. "10월. 마크트플라츠에 떨어지는 햇빛은 한낮의 도로를 달구기에는 충분하나 그 기세는 오래가지 않습니다. 긴 겨울이 올 것을 예감한 사람들은 햇빛을 따라 자리를 옮겨다닙니다"로 시작하는.

그러던 어느 날 아침, 호텔의 프런트에 가서 물었다. 목이 쉬어버린 늙은 여주인이 자리를 지키고 있었다.

"여기에도 공동묘지가 있겠지요?"

주인은 내 얼굴을 빤히 쳐다보았다.

"거긴 왜?"

나는 배낭에서 카메라를 꺼내 보여주었다. 여전히 이해가 되지 않는다는 얼굴로 늙은 여주인은 지도를 펴내 공동묘지의 위치를 찍어주었다. 나는 버스를 두 번 갈아타고 시 외곽에 있는 공동묘지를 찾아갔다. 숲처럼 나무가 우거진 묘지에는 먼저 죽은 자를 기리러 온 늙은이들만 서성대고 있었다. 그들은 천천히 걸었으며 말이 없었다. 사람은 죽기 전에 이미 죽는 것일까? 나는 생각했다. 묘지를 장식하는 꽃과 나무에 물을 줄 수 있는 파란 물뿌리개들

콘탁스G1과 장 보드리야르

이 오래된 황동 수도꼭지에 매달려 있었다. 묘지에서 발견한 유일한 젊은이는 벤치에 누워 책을 보다가 결국 그 책으로 얼굴을 덮고 낮잠을 자기 시작했다. 나는 그곳에서 오후를 다 보내며 사진을 찍고 책을 읽었다. 젊은이와 관광객으로 북적대는 하이델베르크 도심에서 버스를 타고 십 분만 남쪽으로 내려오면 거짓말처럼 죽음의 세계가 버티고 있었다. 깊은숨을 들이쉬어보면 묘지의 공기에는 점성이 있다는 것을 알 수 있다. 바깥의 공기보다 훨씬 천천히 흐른다는 느낌을 준다. 그래서 바람 소리의 데시벨도 낮고 햇볕도 좀더 부드러운 것 같았다.

나는 버스를 타고 묘지에서 돌아와 성령교회 뒤에 있는 이탈리아 레스토랑에서 파스타를 먹었다. 지난 십 년 사이 하이델베르크에 생긴 가장 큰 변화는 유럽 전역에 이탈리아 레스토랑들이 엄청나게 늘어났다는 것이다. 그런데 이상한 것은 유독 독일의 이탈리아 레스토랑만은 어디나 별로 맛이 없다는 것이다. 나는 결국 파스타를 남긴 채 학생들로 바글거리는 담배 연기 자욱한 맥줏집으로 옮겨 혼자 맥주를 홀짝였다. 그리고 다음날 일찍 프랑크푸르트 공항으로 출발했다. 콘탁스G1과 함께한 세번째 하이델베르크

여행은 그렇게 끝났다.

(『여행자 하이델베르크』)

다카야마

 나고야역을 출발한 지 세 시간, 기차는 해발 오백 미터 지점을 지나고 있다. 산허리를 휘감아 올라가다 비구름을 만난다. 아래로는 계곡이 깊어 아득하다. 수십 개의 터널과 철교를 지나 기차가 멈춘 곳은 히다 지방의 다카야마. 높은 해발고도로 한여름인데도 날씨는 서늘하다.

 "히다 지방은 소로 유명합니다." 그러나 기차를 타고 오는 내내 소는 한 마리도 보지 못했다. 그렇지만 히다 지방의 지형으로 미루어볼 때, 그럴 법하다는 생각이 든다. 일본 알프스로 통하는 주요 관문 중의 하나인 이 지방에서 소는 산 못지않은 중요한 자원이다. 역에서 멀지 않은 한 민박집에 전화를 걸어 방이 있는지 물었다. 수화기 저

편의 여자는 방이 있다고만 말할 뿐 더는 아무것도 말하려 하지 않았다 몇 사람이 오는 것인지, 며칠이나 묵을 것인지 따위를 그녀는 묻지 않았다.

민박집에서 만난 그녀는 역시나 말을 극히 아끼는 사람이었다. 누구와도 눈을 맞추지 않았다. 오십대 중반으로 짐작되는 그녀는 아무 말 없이 작고 정갈한 방을 내주었다. 방 아랫목엔 이불이, 그리고 잘 개어진 유카타가 놓여 있었고 윗목에는 앉은뱅이 탁자와 포트, 그리고 녹차가 마련되어 있었다. "저녁은 여섯시에 드실 수 있도록 준비하겠습니다." 주인이 물러갔다. 가이드북은 이 민박집이 다카야마에서 가장 오래된, 칠십 년 역사를 지닌 곳이라 일러준다. 과연, 창을 열면 8세기에 지어졌다는 고찰 히다 고쿠분지가 비고 고앞이다.

주인이 가버리면 유카타로 갈아입고 천천히 민박집 여기저기를 둘러본다. 일본의 어느 민박집이나 내부 구조는 별로 다르지 않다. 방을 나서면 좁고 어두운 복도가 있다. 삐걱거리는 마루를 걸어가다보면 일 년에 단 한 번도 빛이 들지 않을 것 같은 곳에 만들어진 정원이 내려다보인다. 계속 더 걸어가면 모두가 함께 사용하는 화장실이 있

다카야마

다. 목욕탕은 따로 마련되어 있다. 유카타를 벗고 들어가면 따뜻한 물이 담겨 있는 욕조가 보인다. 뚜껑을 들춰보니 녹찻잎을 우려낸 물에서 무럭무럭 김이 올라온다. 이 물은, 이 민박집에 묵는 모든 사람들이 함께 쓴다. 그러므로 쓰고 나서 함부로 버려서는 안 된다. 그러니, 욕조에 들어가기 전에 충분히 제 몸을 씻어야 한다. 뜨거운 물과 욕조는 단지 마지막 휴식을 위해 필요한 것이다.

욕실에서 나오면 곧 저녁식사 시간이다. 일층에 마련된 방으로 들어가면 이미 상이 차려져 있다. 말 없는 여주인은 기척이 들리자 밥과 국을 준비해 들어온다. 그 유명하다는 히다 지방의 쇠고기를 메인으로 하여 참치회와 생선구이를 곁들였다. 주인에게 지방 특산의 정종을 주문하자 이가 시릴 정도로 차가운 술을 내왔다 "여름에는 이 술을 마십니다." 믿을 수 없이 맛있다며 게걸스레 식탐을 드러내는 여행자를 주인집 딸이 물끄러미 바라보고 있다. 제 어머니를 닮아 말이 없고 얼굴엔 차가운 그늘이 드리워져 있다. 아마, 별다른 변고가 일어나지 않는다면 자신의 어머니가 그랬듯, 언젠가 그녀는 이 칠십 년 역사의 민박집 주인이 될 것이다. 그리하여 휴일도, 휴가도 없는, 그런 일생을 보내게 될 것이다. 남들은 아름답다는, 그러나 거기에서 태어나 자란 자신의 눈에는 그저 답답한 병풍일 뿐인, 높고 높은 산봉우리 속에 갇혀 늙어갈 것이다. 식당 구석에서 손님들을 바라보는 그녀의 시선은 그런 자신의 미래를 향하고 있다.

아침이 되어 거리로 나가보면 적막할 정도로 도시는 고요하다. 겨울이 긴 고장의 사람들은 소란하지 않다. 추위와 고독, 눈보라에 포위되어 생의 반절을 보내는 사람들이 서로를 조심하며 거리를 지나고 있었다. 그들은 이렇게 말하고 있는 것 같았다. "여름은, 생각보다 길지 않아."

여행에서 돌아온 지 한 달. 그들이 옳았다. 음식이 상하고 아이들은 떠들고 물이 넘치는, 소란하고 극성스러운 계절은 이느새 끝나버렸다. 그긴데 긴시린 게 시김이미고 벌써 나는 그 길고 지루했던 지난여름을 그리워하고 있다. 평생 지나간 것이나 그리워하도록 되어먹은 것이 인간이라는 흉물이겠거니, 생각하며 어느새 닥쳐온 가을을 맞는다.

(『포스트 잇』)

튜닝의 감도

1

애덤 스미스의 '보이지 않는 손'이 시장의 메커니즘을 의미한다면 도쿄의 '보이지 않는 손'은 인간과 인간, 인간과 사물, 사물과 사물 사이의 거리를 섬세하게 튜닝하는 존재라고 말할 수 있다.

도쿄에선 모든 것이 정교하게 세팅되어 있고 주의깊게 조절되고 있다는 느낌을 받게 된다. 있어야 할 것이 있어야 할 곳에 있고 모든 사물이 마치 행성들이 제 궤도를 따라 공전하듯 정확하게 움직이는 것 같다.

2

　시부야의 하치코 광장 앞에 있는 횡단보도는 각기 여덟 개의 방향으로 이동하는 거대한 군중이 교차하는 지점이다. 신호가 떨어지면 몇백에서 몇천의 사람들이 동시에 움직이기 시작해 서로 어지럽게 엇갈린다. 높은 데서 내려다보면 마치 여덟 개의 샤워호스에서 일제히 물이 뿜어져 나오는 것처럼 보일지도 모르겠다. 그러나 인간은 H_2O 분자들과는 다르다. 그토록 어지러운 가운데서도 서로 부딪히는 사람이 한 명도 없다. 근처 빌딩의 카페 창가에 앉아 아무리 내려다봐도 그런 사고는 일어나지 않는다. 나 역시 무수히 그곳을 지나다녔지만 누군가와 충돌한 적은 한 번도 없다. 만일 내가 인공지능 시리보그 개발자라면 시제품을 하치코 광장 앞에 풀어놓을 것 같다. 누구와도 부딪히지 않고 저 복잡한 횡단보도를 건너면 합격인 것이다. 마치 고성능 센서라도 장착한 것처럼 사람들은 여러 방향에서 접근하는 타인들을 정교하게 피해 제 갈 길을 간다. 이탈리아 사람들이 지나가는 친구들에게 재빨리 알은체를 하는 재능을 갖고 있다면 일본인들은 사방에서 다가

오는 타인들의 궤도와 힘, 속도를 예측해서 그것을 피하는 재능을 타고났다고밖에 볼 수가 없다. 도쿄와 일견 비슷해 보이는 홍콩에서는 훨씬 작은 인구 밀도 상황에서도 무수히 누군가와 부딪히고 아무도 그것을 개의치 않는다. 그래서 같은 거리를 이동하더라도 홍콩이 도쿄보다 훨씬 피곤하다.

3

  인간과 인간의 거리만 잘 튜닝된 것이 아니다. 인간과 사물의 관계도 마찬가지이다. 카페나 식당에서는 가구와 손님 사이의 거리가 절묘하다. 차와 골목의 관계는 또 어떤가? 도쿄의 골목들은 대부분 차 한 대가 겨우 지나갈 만한 넓이로 되어 있고 불법 주차가 거의 없다. 길은 좁아도 주차된 차가 없어 보행자가 걷기에 쾌적하다. 도시 전체가 마치 잘 정리된 강박증 환자의 서랍 같다.

  이 튜닝은 너무 완벽해서 처음에는 그것을 알아차리기 어려울 정도이다. 그냥 뭔가 편안하다고만 느끼게 된다. 거리를 걸을 때나 카페에 앉아 커피를 마실 때, 지하철을 타고 이동할 때, 생각보다 신경이 덜 곤두서고 때로는 내가 여행자라는 사실마저 간혹 잊어버리게 된다. 도쿄에서는 소리와 인간의 관계에서도 '보이지 않는 손'의 존재를 느낄 수 있다. 아무 카페나 들어가 자리에 앉아 음악을 들어보면 그 성량에 지나침이나 모자람이 없다. 그리고 손님들의 음성과 음악의 볼륨이 마치 잘 에이징된 오디오처럼 좋은 균형을 이루고 있다. 나는 이 글을 오모테산도의 스타벅스 이층 창가에 앉아서 쓰고 있는데, 여기서는 그 균형을 더욱 실감할 수 있다. 이어령 선생은 '축소지향의 일본인'이라고 말했지만 그것은 일면만을 본 것이다. 일본인은 작은 것을 좋아하는 것이 아니라 많은 것이 서로 어울러 지낼 수 있는 최적의 세팅을 구현하고 있는 것 같다. 일본인에게는 조화와 적절한 거리, 주어진 공간 안에서 최대한의 만족을 추구하려는 정신이 있다. 그 정신의 문학적 표현이 하이쿠 아닐까? 규칙을 지키면서 제한된 글자 수 안에 최대한의 감수성을 담는 것. 이것이 내가 이해하는 하이쿠 미학의 요체이다.

  튜닝을 극단적으로 추구하는 일본인의 정신을 문학적

으로 표현한 게 하이쿠라면, 하이쿠를 건축적으로 표현한 것이 도쿄의 호텔이다. 도쿄의 호텔들은 대체로 좁다. 그렇지만 있을 것은 다 있다. 호텔이 호텔로 존재하기 위한 최소한의 상태를 갖도록 만드는 장인이 정말로 존재할지도 모른다는 생각까지 든다. 고시원의 쪽방보다 조금 큰 크기의 객실에 다림질 판과 커피포트, 금고, 미니바, 옷장, 침대, 전화, TV와 알람시계까지 갖추고 있다. 나는 호텔방의 어둠속에 앉아 이 최소한의 공간에 그 모든 것을 집어넣고 투숙객의 동선을 따라 제 몸을 움직이며 혼자 조용히 흐뭇해하고 있을 누군가를 떠올려본다. 그가 자신의 일을 잘 해내면 해낼수록 그의 존재는 희미해질 것이다. 그는 자신이 최선을 다해 만든 이 공간 속으로 사라져버리는 것이다. 그리하여 그의 존재는 마침내 '보이지 않는 손'의 일부가 된다.

(『여행자 도쿄』)

상점

 상점은 물건을 파는 곳이다. 도쿄는 그 상점들의 도시이다. 상점이 없는 도시가 어디 있겠는가마는, 도쿄는 다르다.

 1997년의 외환위기 이후 십 년. 서울의 가장 큰 변화는 상점이 사라졌다는 것이다. 여기에서 내가 말하는 상점은 한 개인이 자신의 경력과 취향, 판단력에 의존해 운영해가는 가게를 말한다. 이런 의미의 상점은 급속하게 사라져가고 있다. 과일가게나 야채가게는 대형마트의 매장으로 흡수돼버렸다. 옷가게는 인터넷 쇼핑몰이나 아웃렛 매장의 한 귀퉁이로 들어가버렸다. 개인의 취향을 고집하는 가게들은 몰락하고 대기업의 체인점, 브랜드 매장만 우후죽순처럼 늘어났다. 용산전자상가에 몰려 있는 전자제품 가게들은 이름만 가리면 모두가 똑같고 백화점들도 대동소이하다. 길을 걷다 잠깐 들어가 책장을 들출 수 있는 서점들도 거의 모습을 감췄다. 서울에서의 쇼핑은 그래서 점점 재미가 없어져간다. 책이나 전자제품은 온라인 쇼핑몰에서 사고 옷은 백화점에서, 야채와 과일은 대형마트에서 산다. 취향과 고집을 가진 주인과 물건에 대해 대화를 나누다 그가 권하는 물건을 믿고 가져올 수 있는 상점들은 이제 거의 사라져가고 있다. 서울의 상점가는 거대한 브랜드의 전시장 혹은 대기업의 대리점으로 변해가고 있다. 어느 거리에나 이동통신회사의 로고를 단 휴대폰 대리점이 있다. 맥도날드나 스타벅스, 피자헛 같은 음식료 체인이나 삼성이나 LG 같은 무엇이든 다 파는 기업의 로고를 단 대리점들이 즐비하다. 서울에서는 김밥집을 차려도 이름난 체인의 일개 점포가 되고자 하고 가게를 차려도 텔레비전에서 광고를 하는 브랜드의 매장이 되고자 한다.

 서로가 서로를 믿지 못하는 사회에서 개인들은 대기업이나 이름난 브랜드의 신뢰를 빌려야만 한다. 동네 야채가게에서는 중국산을 국산으로 속일지도 모른다고 생각한다. 그러나 대형마트의 식품 매장은 그럴 리가 없다고 생각한다. 동네의 가게는 반품을 받아주지 않지만 백화점이나 케이블 홈쇼핑은 받아줄 거라고 믿는다. 그리고 그것은 많은 경우 사실이다. 이런 상황에서는 결국 울며 겨자 먹기로 대기업이나 체인점 본부에 일정 수익을 갖다 바치면서 장사를 해야 한다. 경제학에서는 이런 비용을 신뢰 비용이라고 한다. 대기업이나 체인점 본부는 신뢰를 보증하는 대가로 지점이나 대리점으로부터 가만히 앉아 돈을 받는다.

도쿄는 이런 신뢰 비용이 낮은 도시이다. 일반적인 도쿄 시민은 'Made in USA'보다 국산(일본산)을 더 믿는다. 에비스에서 어느 작은 옷가게의 주인은 여러 나라의 옷을 수입해서 팔고 있었는데, 미국산 셔츠의 비뚤어진 미드길 상태를 발견하고는 태연하게 말한다. "역시 미국산은 어쩔 수 없다니까요. 옷은 좋은데, 꼭 이런 실수를 합니다." 그는 멋쩍게 웃으며 비집고 나온 실밥을 가위로 잘랐다. 에비스나 다이칸야마, 시부야의 편집 매장에서는 주인들이 어떤 물건을 들어올리며 이렇게 말하는 장면을 자주 목격할 수 있다. "아, 이것은 일본에서 만든 가방입니다. 믿을 수 있지요. 가죽으로 아주 튼튼하게 만들었습니다."

신뢰의 비용이 적은 곳이기 때문에 창업하는 사람의 몸도 가벼울 수밖에 없다. 도쿄의 젊은이들은 참 간단하게도 가게를 차리는 것 같다. 어떤 것을 사랑하고 그것을 취향으로 가꿔가다가 어느 경지에 이르면 그것을 남과 나눠야겠다고 생각하는 것 같다. 사실 자본주의 사회에서 자기 취향을 남과 공유하는 가장 효율적인 방법은 상점을 여는 것이다. 프랑스 요리를 좋아하는 사람은 테이블 두 개짜리 식당을 내고 빈티지 옷을 잘 고르는 사람은 빈티지 옷가게를 낸다. 커피를 좋아하면 원두를 직접 갈아 내리는 작은 카페를 차린다. 장난감이 너무 많아 감당이 안 되면 드디어는 팔기 시작한다. 도쿄의 젊은이들을 관찰해보면 창업에 이르는 생각의 경로가 우리와는 좀 다르다는 것을 알 수 있다. '먹고살려면 뭘 하는 게 좋을까'라고 생각하는 게 우리라면, '내가 좋아하는 걸 계속할 수 있는 방법은 없을까'라고 생각하는 게 도쿄의 젊은이들 같다.

이러다보니 도쿄에는 정말 다양한 상점이 있다. 최근 쏟아져나오는 도쿄 관련 여행서들이 대부분 상점이나 카페들을 소개하는 것은 단순한 유행이 아니다. 도쿄에는 상점의 수도 많지만 그게 전부는 아니다. 홍콩에도 많은 상점이 있지만 홍콩에서의 쇼핑은 아주 피곤하다. 도시 전체가 국제적 브랜드의 로고로 뒤덮여 있고 쇼핑몰의 내부는 부유하는 화학물질과 나쁜 공기로 가득차 있어 눈이 아프다. 내가 좋아하는 쇼핑은 백화점의 쇼윈도 사이를 돌아다니는 그런 것이 아니다. 거리를 걷다가 문득 작고 아름다운 가게를 발견하면 조용히 문을 밀고 들어가 구석에 앉아 있는 주인과 눈인사를 나눈 후, 그가 섬세하게 배열해놓은 물건들 사이를 조심스럽게 거닐다가 다시 주인과 눈을 맞추고, 가게 밖으로 나와 바깥의 신선한 공기를 쐬면서 조금 전에 본 물건들을 되새겨보고는 다시 거리를 걷기 시작하는, 그러다가 또 새로운 가게에 들어가 조금 전의 일시를 반복하는, 그런 쇼핑을 사랑한다. 그것은 쇼핑이면서 동시에 산책이고 산책이면서 동시에 도시와 나누는 특수한 방식의 대화라고 할 수 있다. 청각장애인이 수화로 소통하듯, 여행자와 도시는 상점이라는 매개를 통해 서로 존중하는 법을 배워나가는 것이다. 그러나 백화점이나 쇼핑몰, 대형마트에서는 주인과 손님의 그런 조심스러운 소통이 가능하지 않다.

도쿄에서는 그런 소통이 가능한 상점을 많이 발견할 수 있다. 에비스의 서쪽이나 시부야의 북쪽, 하라주쿠에서 오모테산도로 이어지는 길, 시모키타자와나 기치조지의 골목들을 나는 즐겨 찾는다. 그런 가게들은 대체로 작다. 쇼윈도도 요란하지 않다. 주인의 취향을 드러낼 수 있는 옷 한 벌, 가방 하나 정도가 전부이다. 그것을 보고 들어가는 순간, 주인과의 대화가 시작된다. 대체로 그들은 아무 말도 하지 않는다. 음식점처럼 요란하게 "이랏샤이마세(어서 오세요)"라고 외치지도 않는다. 그저 조용히 손님과 눈을 맞추는 경우가 대부분이고 간혹 소곤대듯 "이랏샤이마세"라고 인사를 해온다. 손님들이 가게를 둘러보다 질문을 던지면 그제야 주인이 나서서 물건에 대해 설명하고 손님의 이해를 돕는다. 물건을 사지 않고 그냥 나가도 싫은 기색을 하지 않는다. 가게를 나가면 다시 산책이 시작된다.

기억에 남는 가게는 다이칸야마의 한 티셔츠 가게였다. 그 옷가게는 유심히 보지 않으면 눈에 띄지도 않는 반지하에 있었다. 네 평 남짓한 작은 가게에는 반팔 티셔츠만 걸려 있었다(5월이라 그런가 했는데 다음해 2월에 찾아갔을 때도 역시 반팔 티셔츠만 팔고 있었다). 디자인도 특이해서 숫자가 쓰인 당구공 같은 원을 수십 개 그린 도안이 대부분이었다. 흰머리를 짧게 자르고 멋지게 차려입은 주인은 자신이 직접 디자인한 티셔츠에 자부심을 갖고 있었다. 그는 스도쿠의 광이었기 때문에 스도쿠를 형상화한 티셔츠를 만들기 시작했다고 한다. 티셔츠가 예뻐 몇 장 사려고 했지만 내게 맞는 것이 없었다. 주인은 대단히 미안해하며, 대부분의 티셔츠가 뉴욕 전시 때문에 그쪽에 가고 없다며 명함을 건넸다. 자기 홈페이지에 들어와 주문을 하면 보내주겠다는 것이었다.

그때만 해도 나는 스도쿠가 뭔지도 몰랐지만 그를 만난 후 서울로 돌아와 스도쿠를 배웠다. 그리고 다음해, 도쿄에 도착한 후, 그를 다시 찾아갔다.

"뉴욕 전시는 잘 끝났습니까?"

"아, 그걸 어떻게 알고 계십니까? 혹시 전에……?"

"작년 5월에 여기 왔었습니다. 그때 뉴욕 전시 때문에 사이즈가 없어서 한 벌도 못 사가지고 간 사람입니다."

주인은 나를 기억해내고는 이번에는 맞는 사이즈를 찾아주었다. 못해도 예순다섯은 돼 보이는 노인이었지만 겸

손하면서도 품위가 있었고 입은 옷이며 풍모에 오래 가꿔 온 감각이 엿보이는 사람이었다. 도쿄의 작은 골목의 가게들은 그런 주인들이 적지 않다. 늙든 젊든, 가게가 크든 작든, 그들은 자기가 팔고 있는 물건에 정통했고 그러면서도 친절했다. 주인은 뒤에서 계산기 두드리고 있고 아르바이트생이 아무한테나 "손님, 너무 잘 어울리세요"라고 호들갑스럽게 아양을 떠는 장면은 보기 어렵다.

도쿄의 상점들은 많고 다양하지만 그 모든 상점에 다 접근할 수 있는 것은 아니다. 도쿄의 상점들은 사람에 따라 접근 가능한 층위가 나뉘어 있다. 법이나 예규로 정한 것도 아니고 재력이나 권력이 중요한 것도 아니다. 명쾌하게 그 선이 그어져 있는 것은 아니지만 어쩐지 더 깊이 들어갈 수 없는 어떤 단계가 있다는 인상을 받게 된다.

그러니까 일본어를 전혀 못하는 외국인도 얼마든지 접근할 수 있는 가게들이 원의 가장 바깥쪽에 위치해 있다. 시부야의 빅 카메라와 사쿠라야 카메라 같은 곳, 하라주쿠의 옷가게들, 아키하바라의 전자제품 매장들, 신주쿠의 백화점들이 바로 그런 가게들이다. 음식점으로는 회전초밥집, 식권으로 먹는 라면집, 패스트푸드점들이 그렇다.

일본어를 좀 하는 외국인이 들어갈 수 있는 가게들이 첫번째 범주 안쪽에 있다. 에비스의 작은 옷가게, 오직 일본어 메뉴만 준비돼 있는 자루소바집, 시장통의 초밥집 같은 데가 그러하다. 일본어를 읽을 수 있다면, 좀더 다양한 물건에 접근할 수 있고 주인과의 대화도 풍성해진다. 작은 편집 매장의 주인들은 대부분 스도쿠 티셔츠의 디자이너처럼 자신이 좋아하는 일을 계속하기 위해 가게를 차린 사람들이다. 도움을 구하면 기뻐한다. 그러자면 언어의 도움이 필요해진다.

일본어를 유창하게 잘하고 일본의 문화에 정통한 사람만이, 아니 그런 사람조차 쉽게 접근할 수 없는 가게들이 있는 것 같다. 불행히도 나는 거기까지는 다가가지 못했지만 풍문으로 그런 세계가 있다는 것만은 안다. 이를테면 일본의 어떤 료칸들은 아무리 돈이 많아도 단골손님의 추천 없이는 손님으로 받아들이지 않는다고 한다. 최상급의 도자기나 공예품의 거래에서도 낯선 손님을 꺼리는 분위기가 있다고 들었다. 고급 요정이나 술집, 화랑 같은 데도 그러할 것이다. 하긴, 어느 도시에나 외부인은 접근하기 어려운 세계가 있을 것이다. 인사동의 골동품

가게에서는 도자기를 포장할 때의 매듭을 보고 상대를 판단한다고 한다. 인사동에는 인사동만의 매듭법이 있는데, 그걸 모르는 상대는 일단 조심하고 보는 것이다.

그렇게 상점 문화의 심장부까지 들어갈 수 없다 해도 어쨌든 도쿄에서의 쇼핑은 상당히 유쾌한 경험이다. 어떤 도시에서도 경험할 수 없는, 도쿄만의 즐거움이 있다. 도쿄의 상점들은 대체로 특정 지역에 모여 있지만 공기 나쁜 쇼핑몰 안에 들어가 있는 것이 아니라 거리를 따라 분포해 있어 상점과 상점 간의 이동이 쾌적하다. 주인들은 친절하며 상품에 대해 잘 알고 있고 손님이 물건을 사지 않아도 개의치 않는다. 오백원짜리 연필에서부터 이천원짜리 공책, 일만원짜리 모자와 이만원짜리 액션 피겨, 사만원짜리 낡은 스웨터를 살 수 있는가 하면 전설의 오토바이 헬멧이나 일백만원짜리 구제 가방, 삼십만원짜리 빈티지 오메가 시계를 구할 수 있다. 도쿄에서 절과 신사, 미술관과 백화점만 보고 돌아가는 사람은 불운하다. 도쿄에서는 적어도 하루를 들여 골목골목에 숨어 있는 작고 아담한 가게들을 순례하는 시간을 가져봐야 한다. 그것은 도쿄가 세계의 여행자들에게 주는 선물이다. 전 세계 어느 도시에서도 취향과 고집을 가진 인간들이 친절하기까지를 기대하는 것은 본래 무리한 일이다. 오직 도쿄만이 그 예외이다.

(『여행자 도쿄』)

나쁜 꿈

 여행자의 길벗은 나쁜 꿈이다. 나쁜 꿈은 여정 내내 여행자를 따라다닌다. 나쁜 꿈은 여행자의 베개 속에 숨어 있다가 지친 여행자가 머리를 내려놓으면 움직이기 시작한다. 여행자가 낮에는 전혀 하지 않는 걱정과 근심, 두려움을 게걸스레 먹어치우며 나쁜 꿈은 허기를 채운다.

 지난밤 나는 평생 감옥에 갇혀 살아야 하는 신세가 되었다. 죄를 지은 것이다. 나는 한 교실의 학생 전원을 총으로 쏘아 죽인 죄로 기소되었다. 좁고 춥고 어두운 감방에서 여생을 보내야 한다는 게 끔찍해 나는 우울해졌다. 사정이 그런데도 출판사의 편집자들은 내야 할 책들을 걱정하고 있었다. "이제 잘해야 한 권 정도밖에는 출간을 못하시겠네요." 남은 감옥에 가는데 그들은 한가하게 그런 걱정이나 하고 있었다. 그러면서 그들은 책의 표지와 장정을 보여주었는데 디자인도 무성의하고 종이 질도 나빠 나는 크게 실망했다.

프로이트는 『꿈의 해석』에서 꿈은 인간이 최근에 겪은 일이나 생각에서 비롯되는 것이라고 쓴 바 있다. 그렇다면 무엇이 나로 하여금 감옥에 가는 꿈을 꾸도록 만든 것일까? 좁은 방? 이불 밖으로 드러나 한기에 노출된 어깨? 아니면 책을 쓰는 것에 대한 공포? 그것도 아니라면 나리타공항 입국대에서 찍은 검지의 지문 때문에?

여간해선 악몽에 시달리지 않는 나는 여행지에선 유독 마치 그동안의 빚이라도 갚듯 온갖 나쁜 꿈의 습격을 받는다. 혹시 신신에게는 뭐뭐 가이나 될 나쁜 꿈의 의가 고 비량 같은 게 있는 것은 아닐까?

(『여행자 도쿄』)

자전거

"자전거를 살까 하는데……"

재작년이었다. 단 한 사람도 그러라는 사람이 없었다. 아내마저도 "아마 사놓기만 하고 모셔두게 될 것"이라며 손사래를 쳤다. "서울이 어디 자전거 탈 만한 도시냐?"는 인문 지리적 비아냥, "서울엔 언덕이 너무 많다"는 국토 지리적 충고, "버스 뒤꽁무니에서 배기가스나 들이마시게 될 것"이라는 임상적 협박까지, 실로 다양한 반응들이 여러 경로로 수집되었다. 평소 주변의 충고를 귀여겨듣는 (사실은 귀가 얇은) 나로서는 포기할 밖에 도리가 없었다.

그로부터 딱 일 년 후, 큰맘먹고 자전거를 샀다. "과연 얼마나 타겠냐"는 주변의 예상도 불식시킬 겸, "그러게 내가 뭐랬냐"는 이후의 비아냥도 예방할 겸, 열심히 탔다. 우선, 마포구와 서대문구 일대를 자전거를 타고 돌아다녔다. 집이 있는 성산동을 기점으로 연대까지 삼십 분, 여의도까지는 삼십 분, 홍대까지는 이십 분이 걸렸다. 그 정도라면 마을버스나 시내버스에 견주어도 그리 느린 속도가 아니었다. 게다가 자전거는 교통 체증의 영향을 거의 받지 않고 늘 일정한 속도를 낸다(막히면 인도로도 가니까).

그다음으로 발견한 사실. 의외로 도시엔 엄청나게 많은 자전거들이 이미 돌아다니고 있었다. 절름발이 연기를 하기 위해 절름발이 흉내를 내며 종로 바닥에 나갔더니 세상은 절름발이 천지더라는 어느 연극 연출가의 얘기가 떠오르는 대목이었다. 한강변이나 공원에만 있으리라 생각했던 체인들이 도시의 주변심을 종횡하고 있었다(믿기지 않으시거든 오늘부터 유심히 거리를 살펴보시라. 오토바이도 많지만 자전거도 상당하다).

주변의 충고들이 기우에 불과하다는 걸 깨닫는 데는 그리 오래 걸리지 않았다. 서울은 예상과는 달리 자전거를 타는 데 별 어려움이 없는 도시였다. 운전자들은 교통 흐름을 방해하지 않으며 제 갈 길을 가는 자전거에 그리 적대적이지 않았다. 물론 공격적인 운전자가 없지는 않았다. 딱 한 번 클랙슨을 울리며 위협하는 운전자와 길에서 싸운 적이 있었는데 그는 자전거가 아예 차도에 나올 수도 없는 운송 수단이라고 생각하고 있었다(그러니 핏대를 올렸겠지). 그러나 경운기와 우마차도 다닐 수 있는 게 현행 도로교통법상의 '도로'이며 자전거는 엄연히 자동차와 동일한 권리를 가진 '차마'다. 우마차에 비하면 자전거는 얼마나 멋진가. 자전거는 소나 말보다 싸면서도 거리에 똥무더기를 만들지도 않고 속도는 훨씬 빠르다. 뒷발질로 사람을 걷어차지도 않고 신호 대기중인 차의 열린 차창으로 머리를 집어넣어 운전자의 얼굴을 핥지도 않는다. 그런데도 자전거를 미워한다면 그에게 분명 문제가 있다.

"서울엔 언덕이 너무 많아서……"라고 말해준 사람들도 많았다. 그것도 별문제는 아니었다. 서울엔 언덕도 많지만 개천도 많다. 자전거를 타면 자전거의 앵글로 도시를 다시 파악하게 된다. 예전엔 지름길이 어디인가를 고민했지만 자전거를 타게 되면서는 개천이 어디로 뻗어 있는가를 먼저 살피게 된다. 승용차를 타고 다닐 때에는 홍제천이니 불광천이니 하는 개천들을 좀 넓은 하수도쯤으로 여겼으나 요즘은 개천만큼 반가운 게 없다(개천에는 고개가 없다). 신촌과 우리집 사이엔 홍제천이 있고 양재동은 불광천-한강-양재천으로 이어진다. 자동차의 눈으로 보면 서울은 강변북로와 올림픽대로, 내부순환도로로 이루어진 도시이겠지만 자전거의 눈으로 보면 서울은 한강을 모태로 양재천, 탄천, 불광천, 중랑천으로 이어진 하천 도시다.

물론 그래도 피해갈 수 없는 언덕들이 있다. 그렇지만 요즘 나오는 자전거들의 성능으로 볼 때 오를 수 없는 언덕들은 많지 않은데다가 하체를 튼튼하게 만들어준다는 점에서 오히려 반갑기까지 하다. 자전거의 눈으로 보면 도시는 무표정한 콘크리트 괴물이 아니라는 걸 깨닫게 된다. 도시의 경사, 도시의 고도, 도시의 굴곡은 그리고 근육이 되어 육체 속에 새겨진다.

(『포스트 잇』)

샤워부스에서 노래하기

 샤워할 때면 명가수다. 관객은 오직 나 한 사람뿐. 거울과 타일로 둘러싸인 공간이라 울림도 좋다. 그런데 밖에만 나가면 수줍어서 노래를 못한다. 우디 앨런의 〈로마 위드 러브〉에 나오는 장의사의 고충이다. 이 놀라운 목소리를 우연히 욕실 밖에서 엿듣게 되는 미국인 사돈 제리, 왕년의 오페라 감독의 마음은 안타깝기만 하다. 혼자 듣기엔 너무 아깝다. 그래서 성악계 친구들에게 소개를 해주었건만 오디션장에서는 떨려서 노래를 못한다. 제리는 무대에 샤워부스를 설치함으로써 이 문제를 해결한다. 그래도 다행이라는 안도감과 그래도 저건 아니지 않나 하는 낭패감이 동시에 드는 희귀한 장면이다. 어쩌면 '인생은 가까이

서 보면 비극, 멀리서 보면 희극'이라는 말을 뒤집어놓은 장면인지도 모르겠다. 샤워를 하며 비장한 아리아를 노래하는 오페라 가수는 극장 삼층에서 내려다보면 얼핏 비극의 등장인물 같아 보일 수도 있겠지만 가까이에서 보면 목욕수건을 걸친 미친놈일 따름이다.

처음에 나는 이 '샤워실 가수'를 아마추어 예술가들에 대한 우디 앨런식 풍자로 보았다. 많은 아마추어들이 그렇듯, 만만치 않은 실력을 갖추고 있다. 주변에서 슬슬 '이 정도면 예술로 밥 먹고살아도 되겠다'고 부추기기 시작한다. 당사자는 말도 안 되는 소리라며 펄쩍 뛰지만 그래도 사람들이 자꾸 부추기면 은근히 '한번 해볼까' 하는 마음이 싹튼다. 그러다 흔히들 하는 말로 '친구가 나 몰래 원서를 넣는 바람'에 오디션에 나가게 되는데, 보기 좋게 실패한다. 또는, 오디션에는 붙지만 그후로는 운이 따르지 않아 더이상 성공하지 못한다. 즉, 판에 안착하지 못하게 된다. 이때 길은 두 가지로 갈린다. 정신을 차리고 '낙향'을 하느냐, 무대에 샤워부스를 설치해서라도, 즉 자기만의 방식으로 약점을 커버하면서 살아남느냐. 그런데 자기만의 방식으로 약점을 커버하면서 살아남는다는 건 결코 쉬운 일이 아니다. 잘못하면 샤워실 가수처럼 놀림감이 되기 십상이다. 우디 앨런이 샤워실 가수 에피소드로 보여준 것은 '아마추어 예술가도 자기 약점만 극복하면 충분히 프로페셔널이 될 수 있다'는 메시지가 아니라 오히려 그 반대, 즉 스칼라좌에서 노래하는 가수가 된다는 것은 노래 실력만으로 가능하지 않다는 것, 거기에는 노래 실력 이상의 뭔가, 예컨대 최소한 담력이라도 필요하다는 것으로 나는 읽었다.

우디 앨런은 〈브로드웨이를 쏴라〉에서도 아마추어 예술가를 풍자한 전력이 있다. 제작비에 쪼들린 제작자 데이비드는 마피아 보스를 찾아가 제작비를 구걸한다. 보스인 닉은 자기 정부인 올리브를 출연시키는 조건으로 제작비를 대기로 한다. 그런데 올리브에게 딸려보낸 경호원 치치, 이 곰처럼 생긴 상남자가 자꾸 문제를 일으킨다. 그는 각본과 연기에 대해 이러쿵저러쿵 자꾸만 개입하더니 나중에는 아예 자기가 각본을 쓰기 시작한다. 그런데 이 각본이 은근 괜찮다. 작가 데이비드는 결국 마피아 치치의 말을 받아 적는 신세로 전락한다. 그런데 아마추어 예술가인 치치는 연극에 너무 몰입한 나머지, '발연기'로 자기 '작품'을 망치는 여배우 올리브, 보스의 애인을 죽여버리고 만다.

〈로마 위드 러브〉의 장의사와 〈브로드웨이를 쏴라〉의 경호원은 (이탈리아 혈통이라는 점은 빼고라도) 닮은 데가 많다. 이 아마추어들은 놀라운 실력을 지녔으나 스스로도 그걸 모르고 주변에서도 인정받지 못했다. 그런데 어느 날 갑자기 어떤 계기가 찾아와 그들의 놀라운 노래 실력과 작가적 능력이 발견된다. 그런데 이들은 이쯤에서 멈추지 않고 더 나아간다. 장의사는 무대에서 샤워를 하면서까지 아리아를 부르고 경호원은 자기 작품과 너무 사랑에 빠진 나머지 감히 보스의 정부를 죽여버린다. 장의사는 오랫동안 지켜오던 품위를 잃고 경호원은 불귀의 객이 된다.

그런데 샤워실 가수의 에피소드를 이렇게 아마추어 예술가들에 대한 풍자로만 읽을 수 있을까? 그러니까, 프로페셔널 예술가들에게는 샤워실 가수의 면모가 과연 없을까? 왜 없겠는가. 한 작가에게 반복적으로 하나의 모티프가 지속적으로 관찰될 때, 즉 한 작가가 어떤 특정한 서술방식에서 벗어나지 못할 때, 그 모티프 혹은 서술방식이 그의 샤워부스일 것이다. 평생 물방울만 그리는 화가에게는 아마도 물방울이 그의 샤워부스일 것이다. 미녀와 살인사건이 등장하지 않으면 소설을 도저히 써나갈 수 없는 작가에게는 미녀와 살인사건이 샤워부스일 것이다. 그렇다면 다양한 이야기를 다양한 방식으로 하는 소설가는 샤워부스에 의존해야 하는 소설가보다 더 훌륭한 작가일까. 아닐 수도 있다. 어쩌면 그 작가는 '다양한 이야기를 다양한 방식으로 이야기해야만 한다'는 식의 샤워부스를 갖고 있는지도 모른다. 만약 그가 소속된 문학계가 한 주제를 평생에 걸쳐 집요하게 파는 것을 높이 평가하고 그게 '프로 예술가'의 필수 조건이라고 생각하는 곳이라면 어떨까? 아마 이런 문답이 오가리라.

"죄송합니다. 저는 한 주제를 오래 팔 수가 없는 사람입니다. 하지만 여러 이야기를 산만하게 하는 것에는 정말 자신 있습니다."

"뽑아드리지 못해 유감입니다. 작가는 무릇 한 우물을 팔 줄 알아야 합니다. 다양한 이야기를 다양하게 하는 건 아마추어들의 특성이죠."

대부분의 예술가들은 샤워를 하지 않아도 노래를 잘할

수 있는 사람이 되도록 노력하는 것으로 문제를 해결한다. 즉, 예술계의 현실에 자신을 맞추는 것이다. 반면에 어떤 이들은 '무대의 조건'을 자기에 맞게 바꾼다. 고전 오페라 무대에 샤워부스를 설치해 주인공이 샤워를 하면서 아리아를 부르게 하면 되는 것이다. 앤디 워홀이 그랬고 백남준이 그랬다. 그들은 자기가 가장 잘하는 것, 그러나 아직 예술계가 용인하지 않던 것을 그대로 판으로 끌고 들어갔다. 그러고선 그게 '현대적'이라고 우겼고, 그렇게 오래 우기자 하나둘 믿는 사람들이 나타났고, 멀쩡한 동료들이 워낙에 말이 안 되는 것들을 믿기 시작하자 처음에는 안 믿던 불신자들도 그쪽으로 확 쏠렸고, 나중에는 무대에 샤워부스가 없으면 이상해 보이기 시작했고……뭐, 그런 일들이 벌어졌던 것이다.

영화사만 둘러봐도 샤워부스와 함께 나타난 인물들이 수도 없이 떠오른다. 장뤼크 고다르가 대표적이다. 비평가 출신이었기에 영화의 기술적인 면에 무지했다. 그런데도 그냥 찍었다. 한마디로 막 찍었다. 촬영은 엉망이고 이야기는 비약과 생략이 난무한다. 그런데 그는 그게 '새로운' 영화라고 주장했다. 그러면서 '당신들이 알고 있던 영화는 이미 낡았다'고 비판했다. 그의 전략은 먹혔다. 몇몇 사람들은 덩달아 고다르풍의 영화를 찍기 시작했고 그런 흐름은 누벨바그라 불리기 시작했다. 갑자기 모든 무대에 샤워부스가 설치되었고 그로부터 한동안 샤워하면서 얼마나 노래를 잘할 수 있느냐가 새로운 미학적 기준이 되었다.

  세상에 맞춰 자신을 바꿀 것이냐, 세상을 자기에게 맞게 바꿀 것이냐. 아마도 모든 예술가의 고민일 것이다.

(『다다다』)

예측 불가능한 인간이 된다는 것

대부분의 인간은 자기 자신에 대해 긍정적인 착각을 하며 살아간다. 교수들에게 "당신은 동료 교수에 비해 더 열심히 학생들을 지도하는가?"라는 질문을 던지면 80퍼센트가 넘는 교수들이 그렇다고 대답한다. 이중 적어도 30퍼센트 이상은 착각을 하고 있다고 볼 수 있다. 또한 대부분의 운전자들이 자신이 다른 운전자에 비해 운전 실력이 뛰어나다고 생각한다는 연구도 있다.

이런 질문은 어떨까? "당신은 쉽게 예측이 가능한 사람입니까?" 대부분은 아니라고 답할 것이다. 나부터도 남에게 쉽게 예측되는 사람이고 싶지는 않다. 그런데 안타깝게도, 『링크』와 『버스트』의 저자인 앨버트라슬로 버라바시에 따르면 우리는 우리가 생각하는 것 이상으로 예측 가능한 인간이다. 놀랍게도 우리가 일상적으로 하는 행동의 93퍼센트가 예측 가능하다고 한다. 우리가 이 사실을 받아들이지 않는 이유는 아직 진실의 순간과 맞닥뜨리지 못했기 때문일지도 모른다. 직장생활을 해본 이들은 알겠지만 아랫사람들은 윗사람들의 행동 패턴을 거의 정확하게 예측해낸다. 윗사람들만 자기의 일거수일투족이 읽히고 있다는 것을 모를 뿐이다. 그런데 우리는 대체로 누군가의 아랫사람이기도 하지만 누군가의 윗사람이기도 하다.

자, 이제 사설탐정의 눈으로 자기 자신과 주변 사람들을 살펴보자. 대부분의 사람들은 정해진 시간에 일어난다. 아침식사의 메뉴는 대체로 고정돼 있다. 밥과 국을 먹는 사람, 선식을 먹는 사람, 토스트와 달걀부침을 먹는 사람, 아예 먹지 않는 사람 등이 있겠지만 이 모두를 랜덤으로 선택하는 사람은 없을 것이다. 날마다 비슷비슷한 메뉴를 먹고 일정한 시간에 집을 나선다. 지하철역까지 가는 동안의 행동도 날마다 똑같다. 이어폰을 끼고 음악을 듣는 사람은 날마다 그렇게 한다. 지하철에서 스마트폰으로 뉴스를 보는 사람은 언제나 그렇게 한다. 회사에서 매일 비슷한 업무를 하고 열두시 땡 하면 점심을 먹으러 회사 밖으로 나온다. 메뉴는 날마다 조금씩 다르겠지만 식당과 직장 사이의 거리는 일정 범위 내에 있을 것이다. 예를 들어 반경 오백 미터 이내라는 어떤 보이지 않는 룰이 있을 것이다. 그러곤 오후 업무를 보고 정해진 시간에 퇴근을 한다. 이 패턴이 주중에는 그대로 반복된다. 주말에는 주말대로 패턴이 있을 것이다.

기업들은 이런 패턴을 좋아한다. 소비자들의 패턴은 빅데이터가 되어 쌓이고 분석된다. 트위터(현 엑스) 사용자들을 위한 서비스 중에는 트위터 아이디를 제공하기만 하면 사용자가 몇시에 기상해서 몇시에 취침하는지를 알려주는 것도 있다. 느러니까 가장 내 깊힌 침실에서의 행동까지 파악하고 예측할 수 있다는 것에 사용자들은 새삼 놀란다.

대형마트에서 매대 사이를 돌아다니는 패턴도 고객마다 거의 정해져 있다. 만약 날마다 내 뒤를 쫓는 탐정이 있다면 정확하게 대형마트에서의 내 움직임을 예측해낼 것이다. "잠시 후에 맥주 코너로 갈 거야. 가는 동안 시식은 하지 않아. 맥주를 샀으니 수산물 코너로 갈 거야. 생선 한 두 마리를 사고 과일 코너를 기웃거리겠지." 나는 직장이 없는데도 대체로 일정한 시간에 일어나 일정한 시간에 글을 쓰고 일정한 시간에 운동을 한다.

미국 플로리다에 살고 있는 설치미술가이자 예술대학의 교수인 하산 엘라히는 2002년 6월 19일, 유럽에서 열린 전시회를 마치고 돌아오는 길에 디트로이트공항에서 FBI에 연행됐다. 수사관들은 그에게 어디를 여행했는지, 왜 갔는지 등을 꼬치꼬치 캐물었다. 그는 사실대로 대답했지만 수사관들의 의심은 줄어들지 않았다. 그는 너무 많은 곳을 '아무 패턴 없이' 여행하고 있었던 것이다. 그는 자신이 설치미술가이며, 직업의 특성상 여러 나라를 다닐 수밖에 없다고 해명했다. 그러자 FBI는 그가 임대하고 있는 '수상쩍은' 창고의 용도를 물었다. 거기에 혹시 폭발물이 있는지도 캐물었다. 그는 펄쩍 뛰며 부인했다(나에게도 미술가 지인이 몇 명 있는데, 그들의 작업실이나 창고를 방문할 때면 그 안에 널린 어지러운 잡동사니와 여러 화학물질들이 미술작품의 원료라는 게 도무지 믿기지 않을 때가 많다. 차라리 폭발물을 제조하는 데 쓰인다면 훨씬 그럴듯할 것 같은 풍경이다). 다행히 그는 자신의 일상 대부분을 기록하는 사람이었기 때문에 FBI가 궁금해하는 그의 알리바이를 척척 댈 수 있었고, 그 덕분에 풀려나 집으로 올 수 있었다.

그가 FBI의 의심을 산 이유는 여러 가지가 있겠지만 '패턴'에서 벗어나는 그의 일상이 가장 컸을 것이라고 바라바시는 추정한다. 그는 너무 많은 나라를, 너무 자주 여행하는데다가 수상쩍은 창고를 임대하고 있다는 점에서 주의를 끌었다. 미술가인데다 교수이다보니 일상생활도 보통 사람에 비해 꽤나 불규칙했을 것이다. 나중에 알고 보니 FBI는 이미 상당히 오랫동안 그를 추적하고 있었다.

플로리다로 돌아와서도 그는 육 개월이 넘도록 주기적으로 소란게 FBI의 신문에 응해야만 했다. 그래서 그는 이에 하루하루의 활동을 낱낱이 기록해 자신의 웹사이트에 올리기로 마음먹었다. 뭘 먹는지, 어디를 가는지, 누구와 만나는지를 모두 사진으로 찍어 올렸다. 즉, 자신을 극단적으로 예측 가능한 인간으로 만들어버린 것이다. FBI의 신문은 중단되었을 뿐만 아니라, 심지어 다른 데서 귀찮게 하면 연락하라고 명함까지 주었다.

예측 불가능한 인간이 된다는 것

예측 가능한 인간이 되면 이렇게 편리한 점도 있겠지만 그게 꼭 좋지만은 않을 것이다. 훤히 들여다보이는 삶을 산다는 것은 어쩐지 기분 나쁜 일이다. 국가정보원이나 기업, 웹사이트 방문자가 내 일상을 들여다볼 뿐 아니라 아예 예측까지 하기 시작한다면 그들은 그 예측에 기반을 두고 우리를 조종하려 들지도 모른다.

그렇다면 어떻게 우리는 예측 불가능한 인간이 될 수 있을까? 우선은 자신이 예측 가능한 인간일지도 모른다는 전제를 받아들여야 할 것이다. 그리고 탐정의 눈으로 자신의 일상을 면밀히 들여다볼 필요가 있다. 그것을 바탕으로 조금씩 변화를 주는 것이다. 출근길을 바꾸고 안 먹던 것을 먹고 안 하던 짓을 하며 난데없이 엉뚱하게 움직이기 시작하면 우리는 점차 예측 불가능한 인간이 되어갈 것이다. 이런 엉뚱한 연습에서 얻어지는 부산물도 있다. 바로 자기 자신에 대한 감수성이다. 우리는 우리 자신을 누구보다도 잘 알고 있다고 생각한다. 그러나 우리가 가장 무심하게 내버려둔 존재, 가장 무지한 존재는 바로 자신일 수도 있다는 것을 깨닫게 될지 모른다.

『다다다』

해찰과 두통

　한때 나는 '조직'이 세상을 바꾼다고 생각했었다. '민주적 중앙 집중제'에 입각한 조직적 실천이 '혁명적 이념'과 결합할 때 비로소 새로운 세상을 건설할 수 있다고도 생각했다. 그래서 그런 믿음에 따라 열심히 투쟁했다, 고 말하고 싶지만 사실 그렇지는 못했다. 난 언제나 기껏해야 그 시렁대는 리버럴한 투덜이에 불과했다. 내가 대학교 때 했던 가장 극렬한 반정부적 투쟁은 지하철 선로에 난입해 철도 운행을 가로막고 구호를 외치다 장렬하게 연행된 것이다, 라고 말할 수 있으면 얼마나 좋으랴만, 실은 "최루탄은 이제 그만"이라는 스티커를 지하철 출입문에 붙인 게 가장 과격했다(그래도 몇 개는 출입문 옆에 있는 안기부 광고—늑대 그림—위에 붙였다. 정말 무서웠다).

그래도 나는 '조직'이 세상을 바꿀 수 있다는 건 의심하지 않았다. 그래서 '조직'에 들어갔고 '조직'의 명령에 따라 가라는 데로 가고 먹으라는 데서 먹고 자라는 데서 잤다(가끔 조직의 돈으로 떡볶이를 사먹은 적도 있었다. 용서하시라, 동지들). '조직'은 내가 나약한 세포인 줄 익히 알고는 웬만하면 과격한 투쟁 현장에는 잘 보내지 않고 주로 입으로 할 수 있는 일만 시켰다. 그럭저럭 세월은 흘러 나는 학교를 졸업했다. 고르바초프가 뻘짓을 몇 번 하고 핑크 플로이드가 베를린에서 공연을 하던 어느 날 문득, 더이상 '조직'이 나를 필요로 하고 있지 않다는 걸 알았다(아무도 연락을 해오지 않았기 때문에 바보라도 그쯤은 알 수 있었다). 그렇다면 무소의 뿔처럼 혼자 가는 거지. 얼마 후, 나는 조직이 나를 필요로 하지 않는 게 아니라 아예 조직이 와해되었다는 걸 알게 되었지만 상관없었다. 그게 그거니까.

그러고도 한동안 김영삼 치하에서 위대한 '조직'을 갈구하였건만 나를 지도하여줄 혁명적 전위들은 다 어디로 갔는지 잘 보이질 않았다. 그러다가 군대에 갔고 김일성

죽던 해에 제대도 했다. 그러자 성산동 예비군 중대라는 '조직'이 날 부르는 것이었다. 복장 갖추고 바지에 고무링 차고 전투모도 눌러쓰고 보무도 당당하게 훈련장으로 향했다. 예비군 훈련장은 정말 흥미로운 곳이었다. 귀걸이는 빼고 입소하라는 현역 조교와 귀걸이를 빼라는 군 규정이 어디 있느냐며 항의하는 예비군의 실랑이는 약과. 각개전투 교장에서 "돌격 앞으로"를 외치며 고지로 달려가다가 (실은 걸어가다가) 휴대폰이 울리자 소나무 아래에서 주식 거래를 하는 예비군은 보통. 정신교육 시간만 되면 손을 들고 예비군도 북한 잠수함 잡으면 헬기 태워 휴가 보내주느냐를 질문하는 예비군도 있다. 전체적으로 예비군 훈련장은 귀여운 카오스였다. 수백 명의 예비군들에게 총을 나눠주고 밥을 먹여 꿩긴시키고 신지어 이거끼지 시기려면 엄청난 에너지가 필요했지만 군에는 그런 여력이 언제나 부족하였으므로 결국 훈련장은 여기저기서 고함과 짜증, 익살과 배째라식의 억지가 교차하는 난장판이 되어버렸다. 투쟁에는 비겁하나 불평에는 용감한 나 같은 자 역시 그 혼란에 일조하지 않았을 리 없다. 왜 여군은 예비군 훈련받으러 안 오냐는 식의, 정말 유치해서 여기 적기

해찰과 두통

도 민망한 질문을 정신교육 교관에게 던지곤 했다(창피하다).

그러던 어느 날, 심심풀이로 영국의 학교 제도에 관한 사회학 쪽 보고서를 뒤적이다가 새로운 깨달음을 얻게 되었다. 보고서의 요지인즉, 영국 노동 계급의 자녀들은 어려서부터 학교라는 제도가 자신들을 위한 것이 아님을 금세 간파한다는 것이다. 결국 돈 있고 공부 잘하는 몇몇을 위해 학교가 존재한다는 진실을 깨닫는 순간 아이들은 사보타주Sabotage를 전개한다. 사보타주란 별게 아니다. 수업 시간에 떠들고 엎어져 잠자고 다른 학생 두들겨 패고 수업 빼먹고…… 안 봐도 비디오다. 남 얘기가 아니니까.

그런데 결국 이 사보타주들이 교육이라는 제도를 서서히 흔들고 균열시키고 종내는 변화시킨다. 이런 사보타주들은 관리 비용을 증가시키고 그것을 유지하는 데 필요한 사회적 에너지도 증대시켜 결국은 새로운 대안을 모색도록 만든다. 예비군 제도가 그나마 나아진 건 '예비군해방전선' 같은 조직의 힘이 아니라 날라리 예비군들이 지속적으로 벌여온 사보타주의 힘이었다.

학생과 예비군만 사보타주를 하는 건 아니다. 최근에는

여성들이 명절 노동에 대해 두통 사보타주를 벌였다. 명절만 되면 머리가 아프고 머리가 아프면 남편들을 들볶으니 해를 거듭하면 결국 대안들을 모색하게 된다. 신문들은 작년 다르고 올해 다르게 변화해가는 명절의 풍경을 알리고 있다. 그 변화의 핵심은 명절 노동의 축소, 제사의 간소화, 남녀의 명절 성역할 변화에 관한 것이다. 개기고 피하고 도망가고 드러눕는데도 세상은 변한다. 오히려 더 근본적으로 변하는 건 아닐까, 진지하게 고민 중이다.

정말 해찰과 두통은 세상을 바꿀 수 있을까?

(『포스트 잇』)

역사의 중심

몇 년 전, 시내 어딘가를 지나다가 우연히 모 신문사에서 주최한 보도사진전을 관람하게 되었다. 기자들이 역사의 현장에서 포착한 극적인 장면들이 전시되고 있었다. 1980년 광주에서부터 1987년 6월 항쟁, 그리고 이런저런 현대사의 중요 국면들이 앵글 속에 담겨 있었다. 무심히 그 사진들을 보다가 문득 한 사진 앞에서 발걸음을 멈추었다. 일군의 젊은이들이 걸개그림을 들쳐메고 거대한 인파 중앙에서 행진하고 있는 장면이었다. 걸개그림에는 한 괴물의 모습이 그려져 있었는데, 문어 같기도 하고 낙지 같기도 한 그 괴물의 얼굴은 전두환 전 대통령의 모습을 닮아 있었다. 좀 유치하지만 그 시절 운동권엔 그런 키치들이 흔했다.

그런데 그 걸개그림을 들고 가는 남자 중에 아주 낯익은 이가 있었다. 구호를 선창하고 있었던 것인지, 아니면 박자를 못 맞춰 그런 것인지는 알 수 없었지만 어쨌든 손을 치켜든 사람은 그 혼자뿐이었다. 그래서 더 눈에 잘 띄었다. 게다가 키도 그들 중 가장 컸다.

내가 잘 아는 그는, 그 수많은 인파 속에서도 금세 알아볼 수 있었던 그는, 바로 나였다. 그해 내 나이 스물이었고 같은 과 동기들과 함께 이한열의 장례식에 참석하고 있었다. 우리 행렬의 바로 뒤로 한때 친구였던, 그렇지만 잘 알지는 못했던 '애국학생 고 이한열'의 관이 운구되고 있었다. 연세대학교 총학생회의 결정에 따라 그의 관과 걸개그림을 들고 가는 역할은 같은 과 동기들에게 부여되었다. 그날, 나와 내 동기들은 '본의 아니게' 역사의 중심에 서 있었다. 우리는 6월 항쟁을 주도하지도, 그 승리에 기여하지도 않았지만 단지 최루탄에 맞아 죽은 이한열과 동기라는 이유만으로 그곳에 있게 되었다. 우리는 시청까지 함께 걸었다.

그렇게 엉뚱하게 역사의 중심에 서게 되는 경우가 있다.

천안문 광장으로 진입하는 탱크를 막아선 한 청년이 그랬을 것이다. 줄줄이 늘어선 인민해방군의 탱크를 맨몸으로 저지한 그는 천안문 사태의 상징으로 오래 기억되었다. 탱크가 몇월 며칠 몇시에 어디로 진입한다는 정보를 그가 알았을 리 없다. 그저 그가 시위하던 대열 쪽으로 인민해방군의 탱크들이 진입한 것이다. 물론 그는 다른 시위대들보다는 용감했지만 그렇다고 그가 전 세계적인 주목에 값할, 천안문 사태의 핵심 인물은 분명 아니었다. 그래도 그는 그 사진 하나로 중국인민의 자유 의지를 상징하는 아이콘이 되었다. 그렇지만 지금 우리는 그가 어디서 무얼 하는지 잘 모른다.

콘스탄틴 비르질 게오르기우의 소설 『25시』에서 루마니아인 주인공 요한 모리츠는 수용소 생활 중에 민족연구가인 한 나치 장교에 의해 난데없이 순수 게르만족의 후예로 지목된다. 그의 의지와는 전혀 상관없이 그는 체포되고 수용되고 전시된다. 그는 본의 아니게 '역사의 중심'에 휘말려 희생된다. 문학사엔 그런 주인공들이 수없이 많다. 바꿔 말하면, 문학은 그런 인물들을 좋아한다. '도대체 내가 왜 여기에 있는 거지?'라고 묻는 인물들을 통해 인간이 얼마나 무기력한 존재인가, 역사란 얼마나 냉혹한 실재인가를 드러낸다. 문학은 개인을 사랑하고, 특히 역사와 아이러니에 희생되는 얼빠진 개인을 편애한다. 문학은 역사를 창조하거나 운명을 슬기롭게 개척해나간 인물들에겐, 안타깝게도 별 흥미가 없다.

 나와 내 동기들, 겁도 많았고 정말로 별 볼 일 없었던 우리들은 요한 모리츠 정도는 아니었지만 그래도 그 순간 역사의 한가운데에 서 있었다. 우리는 원하든 원하지 않든 가끔 역사라는 것에 휘말리고 기록되고 처분된다. 설령 그 과정에서 사라져버려도 역사는 우리를 개의하지 않는다.

 어쨌거나 그날 우리 일행은 백만 군중과 함께 시청 앞 광장에 도착했다. 임무는 끝났다. 우왕좌왕하는 사이 우리 뒤를 떠미오던 믾은 잉구시에 닐디 뭥무 뭥일등으로 떠났다. 누군가 우리에게 다가와 이제 걸개그림은 내려놓고 시청 정문 앞을 지키라고 말했다. 그가 누구인지도 모르면서 우리는 서울 시청 정문에 일렬 횡대로 서 있었다. "도대체 뭘 지키라는 거지?" 우리 중 누군가가 물었지만 그때는 아무도 이유를 몰랐으므로 대답도 나오지 않았다. 잠시 후, 깡통이 하나 날아와 우리 중 한 명의 머리를 맞춤으로써 우리가 왜 거기 서 있어야 하는지를 친절하게 알려주었다.

장례식을 주관했던 국민운동본부를 비롯한 지도부의 의지와는 달리 군중들은 시청으로 진입하기를 원했다. 이미 일부 군중이 프라자 호텔로 쳐들어가 입구에 걸려 있던 태극기를 반쯤 끌어내려 조기로 게양했다. 똑같은 조치가 시청에도 적용되어야 한다고 주장하는 일군의 군중들이 정문 앞에 서 있던 우리에게 달려들었다. 술 취한 노숙자들과 룸펜들, 과격한 학생들이 욕설을 퍼부어댔다. 깡통이 더 많이 날아들었다. 지도부처럼 보이는 남자가 우리에게 다가와 "학우들, 시청 안에는 지금 백골단 1개 중대가 갇혀 있습니다. 만약 시청이 점거되는 상황이 벌어진다면 적들은 6·29 선언이고 뭐고 다 집어치우고 계엄 상황으로 들어갈 겁니다. 그러니 상황이 진정될 때까지 여기서 조금만 더 버텨주십시오." 그는 우리들 어깨에 막중한 책임만 부여하고는 무책임하게 사라져버렸다. "야 이 새끼들아, 니들 짭새 아냐?" 우리들은 날아오는 깡통과 욕설을 묵묵히 견디며 아무 연고도 애정도 없는 서울 시청을 위해 몸싸움을 벌였다. "에이 씨팔, 도대체 우리가 왜 시청을 지켜야 되는 거야?" 우리 중 누군가가 나지막하게 불평했지만 그래도 순진했던 우리들은 시청이 뚫리면 제2의 광주학살이 나는 줄 알고 결사적으로 시청 진입파와 맞섰다. 결국, 하얀 삼베적삼 옷을 곱게 차려입은 민가협 아주머니들이 교대를 해주고 나서야 시청 진입파들은 시청 공략을 포기했다. 자식들을 감방과 저세상으로 보낸 어머니들에겐 아무래도 범접하기 어려운 위엄이 있었다. 우리는 짐짓 비장한 표정으로 어머니들과 바통 터치를 하고 그곳을 떠났다. "벌써 다들 광주로 떠났나봐." 우리는 신촌으로 자리를 옮겨 우리가 얼마나 위대한 일을 했는가 자화자찬하며 소주를 마셨지만 술맛은 마치 모래를 씹어먹는 것 같았다. 우리는 관과 걸개그림을 메고 시청까지 걸어가 거사 당시의 순간을 함께하면서 6일 항쟁의 대미를 장식하였고 '급진과격분자'들의 시청 점거까지 막았는데, 그래서 평화로운 직선제 개헌에 일조했는데, 그랬는데, 그런데 왜 이렇게 씁쓸한 거지?

　이제 와 돌이켜보면 결사적으로 시청을 지켜야 할 이유는 없었다. 지금 와선 누구도 그날 우리가 깡통을 얻어맞으며 시청 정문을 지켜야 했던 이유를 납득하지 못하며 기억도 하지 않는다. 설사 그날 군중들이 시청 안으로 진입해 백골단 1개 중대를 무장해제시키고 시청을 해방구로 만들었다 해도 대수롭지 않았을 것이다. 우리는 그저 어느 보도사진 한 귀퉁이에 기록되어 있을 뿐이며 그것도 우리 자신이나 알아볼 뿐이다. 역사의 중심에 '본의 아니게' 선다는 것, 그건 정말 별거 아닌 일이다. 그렇지만 지금도 잊혀지지 않는 것, 그것은 군중의 적의, 그 적의의 표적이 되었을 때의 공포다. 그 적의가 옳으냐, 옳지 않으냐의 문제를 떠나 그 공포는 말 그대로 공포스럽다. 그때 우리는 열 명 남짓이었고 시청으로 들어가고 싶어하는 사람들, 그 소시민적 금제를 넘어서려는 사람들은 백만 명이었다(적어도 우리 눈에는 그렇게 보였다). 스스로도 잘 납득하지 못하는 임무를 부여받은 우리에게는 죄가 없었다. 그렇지만 깡통은 우리를 향해 날아들었다. 모든 걸 다 잊어도 그 순간의 공포만큼은 잊을 수가 없다. 그게 그날의 술이 그토록 썼던 이유다. 우리는 우리 내부의 어둠을 애써 외면하며 쓰디쓴 술을 퍼마셨지만 그렇다고 그 공포가 예의바르게 자리를 비켜주지는 않았다.

그러므로 영화 〈블랙 호크 다운〉을 보며 정치적 올바름 혹은 미국의 세계 지배 전략 따위를 질문하는 일은, 적어도 내게는 무의미했다. 나는 그 지옥도에서 군중, 공포, 적의, 임무, 역사 따위의 개념들과 마주한다. 그 개념들이 실체가 되어 달려드는 건, 아아 정말이지 끔찍한 일이다.

〈『김영하 이우일의 영화이야기』〉

죽은 자들의 몫
―이한열 30주기에 부쳐

 나이가 들수록 죽은 자들과 함께 살아가게 된다. 죽은 자들이 아무렇지도 않게 불쑥불쑥 떠오른다. 길을 걷다가, 밥을 먹다가, 책을 읽다가, 문득 그들과 있었던 일들에 사로잡힌다. 어차피 살아 있는 이들이라고 자주 만나는 것도 아니다. 죽음과 함께 바로 잊히는 이도 있고, 살아 있을 때보다 더 자주 기억하게 되는 이도 있다. 대체로 슬픔과 고통, 당혹감을 안겨준 사람이 더 오래 가슴에 남는 것 같다.

 한 달 가까이 뇌사상태이던 한열에게 사망선고가 내려지던 1987년 7월 5일에 나는 학생회관에 있는 동아리방에서 자고 있었다. 그가 SY44 총유탄에 맞아 세브란스병원에 입원한 6월 9일 이후로 나는 집에 들어가지 않은 채 주로 병원을 지켰다. 그해 6월은 혁명적 시기였다. 정치적 흥분이 공기 중에 가득했다. 낮에는 거리에 나가 시위를 벌이고 밤에는 병원으로 돌아와 자는 이들이 많았다. 한열이 입원해 있던 중환자실 앞은 그들을 다 수용할 수 없었다. 가끔 나는 빈 병상에 기어들어가 자곤 했다. 새벽에 간호사가 들어와 기겁하며 간밤에 어떤 환자가 여기 있다가 죽어나간 줄 아냐고 야단을 쳤다. 결핵이라고 했던가. 병으로 죽을 수 있다는 생각은 전혀 들지 않던 스무 살이었다.

그러다 6·29 선언이 나왔다. 이제 대통령을 직선으로 뽑는다고 노태우가 말했다. 학교를 지키던 이들도 TV를 보며 환호했다. 한열의 상태는 변함이 없었다. 뇌의 기능은 정지했지만 심장은 뛰고 있었다. 병원을 지키던 학생과 시민 들도 승리의 기쁨과 안도감을 누릴 권리는 있었다. 중환자실의 학생, 시민 들이 급격히 줄어들었다. 나 역시 7월 5일 당일에는 병원 복도보다 훨씬 안락한 동아리방 바닥에서 자고 있었다.

새벽에 총학생회 간부가 동아리방 문을 두들겼다. 한열

이 사망했고, 병원에는 지금 고작 이삼십 명밖에 없다. 경찰이 시신을 탈취하려고 하니 학내에 남아 있는 인원은 모두 병원으로 가야 한다고 했다. 학생회관 사층 창문을 열어보니 이미 전경의 바다였다. 평온한 일요일 아침, 수만 명의 전경들이 병원과 학교를 에워싸고 있었다. 차량은 전혀 통행하지 않아 적막했다. 학생회관과 세브란스 사이에도 전경이 배치돼 있었다. 학생회관 일층에 모인 오십여 명 정도의 인원이 각목을 들고 기다리다가 총학생회 간부의 신호에 따라 일제히 뛰어나가 병원으로 가는 길목을 지키고 있던 전경들을 밀어내고 병원으로 진입했다. 병원에 남아 있던 얼마 되지 않는 학생들이 우리들이 들어오는 것을 보고 일어나 반겼다. 신촌로터리에 시민과 학생들이 속속 집결중이지만 경찰의 봉쇄로 들어오지 못하고 있다는 소식을 들었다. 서대문경찰서장이 '이한열의 사체 1구'라고 명시된 압수영장을 들고 중환자실 앞에 나타나 법원의 명령에 따르라고 했다. 웃기지 마, 이 개새끼야! 누군가 소리를 질렀다. 6·29 선언이 나왔는데, 그로부터 엿새밖에 지나지 않았는데, 우리는 승리했는데, 왜 이한열은 '사체 1구'가 되어 경찰의 압수물이 되어야 하는 것일까. 우리는 정말 이긴 걸까.

  한열과 나는 같은 해에 같은 학교, 같은 과에 입학했다. 한 해에 사백육십 명가량이 입학하는 어마어마하게 큰 과였다. 학교 앞 술집에서 주먹다짐을 벌이고 파출소에 끌려가서야 같은 과 동기임을 알게 되는 그런 과였다. 김씨만 백 명에 육박했다. 수업에 들어가면 성이 ㄱ으로 시작되는 동기들만 있었다. 수업에서 한열을 만난 적은 없다. 같은 과였다는 것만 아는 정도였을 것이다. 그는 주로 학생회관 삼층의 만화사랑 동아리에 있었고 나는 사층의 국악연구회에 있었다. 가끔 계단에서 마주치면 인사나 나누는 정도였다. 그가 피격되던 6월 9일 전날에도 삼층 만화사랑 앞에서 만났다. 6월 9일은 각 대학들이 출정식을 하면서 다음날 시내에서 있을 대규모 집회에 대한 긴장을 끌어올릴 예정이었다. 너도 내일 참가하니, 같은 대화가 오갔던 것 같다. 학생회관 건너편 도서관 기둥에 '가' '자' '시' '청' '으' '로'라는 여섯 장의 대형 대자보가 붙어 있던 나날이었다. 다음날, 자신에게 닥칠 운명 같은 것은, 우리 모든 인간이 그렇듯, 전혀 모르고 있었다. 대규모 집회가 열릴 것이고, 전두환 독재정권을 무너뜨릴 것이고, 대통령을 국민의 손으로 뽑는, 민주주의가 꽃피는 사회에서 살게 될 것이고, 이런 생각만 하고 있었을 것이다.

한열은 다음날 경찰이 쏜 최루탄에 맞아 피를 흘리며 쓰러졌다. 그런 일은 드물지 않았다. 내 친구 하나는 일명 사과탄 파편에 맞아 한쪽 눈을 실명했다. 수류탄처럼 안전핀을 뽑아 손으로 투척하는 휴대용 최루탄이었다. 내 왼쪽 발목에도 사과탄이 폭발하며 박힌 파편들이 지금까지 남아 있다. 나는 그가 피격되는 바로 그 순간은 보지 못했지만 아마 보았더라도 큰 걱정은 안 했을 것이다. 병원에 가서 이마 몇 바늘 꿰매고 그러면 다시 멀쩡해질 거라고 생각했을 것이다. 스무 살이니까, 아직 젊으니까, 살아갈 날이 많으니까. 그날 저녁에서야 한열의 상태가 심각하다는 소식을 들었다. 같은 과 동기들이 병원에서 밤을 지새우기 시작했다. 평소 시위에 잘 참여하지 않던 친구들도 많이 보였다. 나도 그들 중 하나였고.

서대문경찰서장은 압수영장을 집행하지 못하고 돌아갔다. 6·29 선언의 기만성이 드러날 것을 우려한 정권이 포위를 풀자 신촌로터리에 집결했던 학생과 시민들이 어깨동무를 하고 병원으로 행진해 들어왔다. 지금도 가끔 떠오른다. 새벽에 보았던 전경의 바다. 압도적 고립감. 병원과 학교에 있는 인원을 다 합쳐도 백 명이 안 될 거라고, 어쩌면 그를 빼앗길지도 모른다고, 암울하게 말하던 학생회 간부의 표정.

며칠 후, 장례가 치러졌다. 운구는 같은 과 동기들이 맡았다. 나 역시 그들과 함께 민중미술풍의 대형 그림을 어깨에 메고 관 앞에서 행진했다. 그가 쓰러진 백양로에서 시청 앞 광장까지 걸었다. 그로부터 한참의 세월이 흐른 어느 날, 광화문을 지나다 동아일보사에서 무슨 보도사진전인가를 하고 있길래 들어가보았다. 백만 명이 운집했던 그 장례식 장면도 있었다. 스무 살의 내가 거기 있었다.

교내 채플에서 추모 예배가 열렸던 것도 기억이 난다. 누가 부탁했는지 모르겠고, 나 혼자였는지 아니면 다른 연주자가 같이 있었는지 모르겠지만 어쨌든 나는 그 자리에서 대금을 불고 있었다. 아마 김영동 작곡가의 〈어디로 갈 거나〉였을 것이다. 한열의 어머니께서 단정히 앉아 계시던 모습이 떠오른다. 같은 과 동기입니다, 라고 인사를 드리자 고맙다며 손을 잡아주셨던 것도 같다.

그해 겨울 노태우가 직선을 통해 제13대 대통령으로 당선되었다. 희망이 환멸로 변하는 데는 그리 오랜 시간이 걸리지 않았다. 삶은 계속되었고 어디선가 누군가는 계속 싸우고 있었다.

가끔 생각한다. 한열은 왜 이렇게 오래 기억될까. 그가 다른 누구보다도 열렬히 투쟁했기 때문은 아닐 것이다. 그는 군사독재가 계속되어서는 안 된다고 믿었던 수많은 학생들 중 하나였고 다만 운이 나빴을 뿐이었다. SY44 총유탄이 몇 센티미터만 비껴나갔더라도 그도 다른 이들처럼 6월의 거리를 누비고, 6·29 선언으로 잠깐 승리의 기쁨을 누렸다가 대통령 선거에서 좌절하고, 대학을 졸업한 후로는 민주화운동이나 노동운동 같은 것에는 서서히 관심을 잃어버리고, 자기 가족의 안위나 걱정하는 소시민으로 평범하게 살아갈 수 있었을 것이다. 한열이 자꾸만 소환되는 것은 우리가 바로 그렇게, 그가 살아남았다면 살아갔을 그런 모습으로 살아가고 있기 때문이다. 누군가 우리를 대신해 죽었기 때문에 우리는 그를 기억한다. 우리가 조금이라도 나은 사회에 살게 되었다면 우리를 대신해 죽은 사람들 덕분이라고 생각하고 그들을 기린다. 모두의 마음속에 그런 존재, 조용히 기억하고 기리는 이가 있을 것이다.

누군가에게는 그게 전태일이겠고, 누군가에게는 그게 세월호의 승객들일 것이다. 나에게는 그게 한열이었다. 내가 그였을 수 있고, 그 또한 나였을 수 있다고 생각하며 살아왔기 때문이다.

종로에 나가면 '도나 기를 아십니까'라고 말하며 접근하는 종교인들이 있다. 죽은 이의 영혼이 내 어깨에 앉아 있기 때문에 삶이 피곤한 거라고 단언하는 이들. 코웃음을 치며 그들을 지나쳐가지만, 그들의 말이 비유라면 영 그른 말도 아니다. 모든 인간은 이미 죽은 누군가를 대신하여 살아가고 있다는 것. 그래서 우리의 어깨가 늘 그렇게 무겁다는 것. 이 세상에는 먼저 죽은 자들의 몫이 있다는 것. 한열을 떠올릴 때면 그런 것들을 생각하게 된다.

(『다다다』)

추방과 멀미

1

 2005년 12월의 어느 날. 나는 상하이 푸둥공항 티켓 카운터에서 서울로 가는 편도 항공권을 사고 있었다. 경험이 많은 여행자는 공항에서 항공권을, 더더군다나 편도는 사지 않는다. 터무니없이 비싸기 때문이다. 하지만 나로서는 선택의 여지가 없었다. 추방당하고 있었던 것이다.
 "카드로 결제하실 건가요, 아니면 현금으로?"
 엄중한 순간에 던져지는 이런 사소한 질문에 대해, 그 기묘한 효과에 대해, 직업적 호기심으로 생각해보곤 한다. 예를 들어 형장에 들어서는 사형수에게 계단으로 올라갈 건지, 엘리베이터로 올라갈 건지를 물을 수 있다. 인간은 질문을 받으면 답을 하도록 훈련되어 있다. 예정된 죽음이라는 절체절명의 순간에도 인간은 약간의 고심을 할 수 있고 눈앞에 닥쳐온 진짜 문제를 잠시 망각할 수 있다. 지갑에는 위안화 현금이 있었지만 나는 신용카드로 결제하기로 했다. 한 연구에 따르면 현금으로 결제하는 것은 뇌에서 고통을 느끼는 영역을 활성화시킨다고 한다. 아무리 자의로 주는 돈이라 해도 빼앗긴다는 느낌이 드는 것이리라. 신용카드는 내 지갑에서 나와 잠깐 상대방에게 건너가지만 곧 되돌아온다. 현금은 가면 돌아오지 않는다. 조삼모사가 분명하지만 꾸준히 진화중인 뇌에게 너무 많은 것을 요구하지는 말기로 하자. 나는 신용카드를 건넸고, 한 것으로 돌이키는 편도 힘고긴 결제가 되었고, 그리지 앞에 서 있는 공안 요원에게 뭔가 떳떳한 느낌이 들었고, 추방의 고통이 조금 덜어졌다. 신용카드를 소유하고 있고 문제없이 결제된다는 것은 모국에서의 내 신용이 멀쩡하며, 추방 같은 일을 당해서는 안 될 사람임을 입증하는 것 같았다. 그러거나 말거나, 공안 요원은 내 지불 능력 따위에는 아무 관심도 없이 다음 절차를 이어갔다. 우리는 공안 요원 전용통로를 지나 형식적인 소지품 엑스레이 검사를 통과한 후 게이트에 도착했다. 그로부터 두 시간 정도를 말없이 게이트 앞 의자에 앉아 인천행 비행기가 탑승절차를 개시하기를 기다렸다.

푸둥공항을 이륙한 비행기는 동중국해 상공을 지나 어둠이 깔린 인천공항에 도착했다. 짐을 찾으며 아내에게 전화를 했다.

"어디야? 숙소에 도착한 거야?"

"아니, 여기 인천공항이야."

아내는 한동안 말이 없었다. 놀란 것도 당연했다. 아침에 출국한 남편이 저녁에 귀국한 것이다. 원래 계획은 한 달 여정이었다.

"안 간 거야?"

"아니 가긴 했는데……"

"무슨 일 있어? 어디 아파?"

"아니, 그게 말이야. 나, 추방됐어."

그 무렵 나는 대학의 교수로 학생들을 가르치고 있었다. 학기 중에는 소설이 통 써지질 않았다. 겨울방학을 맞아 본격적으로 작업을 해보리라 결심하고 적당한 곳을 알아보기 시작했다. 상하이 푸둥지구에서 관광객을 상대로 민박을 하는 한국인들이 있었다. 투자 목적으로 사들인 아파트를 마냥 놀리기는 뭐하니 관광객들에게 단기로 빌려주는 것 같았다. 삼시 세끼 밥도 차려준다고 했다. 해주는 밥 먹으며 조용히 글쓰다 오기에는 적당해 보였다. 심심하면 상하이 시내에도 놀러 나갈 수 있을 터였다. 집주인에게 이메일을 보냈더니 중국공상은행을 통해 숙박비 전액을 선불로 입금하면 예약이 완료된다는 답변을 받았다. 집은 신축이라 깨끗했고 내가 쓸 방은 화장실이 따로 딸린 안방으로 전망 좋은 발코니도 붙어 있다고 했다. 사진으로 봐도 아주 근사했다. 나는 한 달 숙박비와 식비 전액을 위안화로 환전해 송금했다. 필요한 자료들을 챙기고 무료할 때 읽을 책들도 골라놓았다. 겨울인데다 장기여행이어서 짐의 부피가 작지 않았다. 나는 그 짐들을 모두 끌고 만 하루도 안 돼 집으로 돌아온 것이었다.

추방, 이라는 얘기를 들었을 때 아내는 내가 쓰고 있던 소설의 내용 때문일 거라고 짐작했던 것 같다. 남파된 후 북으로부터 잊혀져 혼자 살아남아야 했던 간첩의 이야기를 쓰고 있었던 것이다. 후에 '빛의 제국'이라는 제목으로 출간된 이 소설은 남한과 북한을 모두 경험한 주인공의 입을 통해 두 체제 모두에 비판적인 시각을 드러내는데, 북한 관련 이슈에 민감한 중국 당국이 나의 입국을 막았을 개연성이 있다고 본 것이다. 그런 추측이 터무니없지도 않은 것이 『빛의 제국』은 그후 미국과 프랑스, 독일, 일본 등 여러 나라에서 번역되었지만 유독 중국에서만은 당국의 검열 때문에 출판이 어렵다는 현지 출판사들의 전언이 있었다(이제는 나와 있다).

그러나 내가 푸둥공항에서 추방당한 것은 그런 동북아시아의 미묘한 국제 정세 때문이 아니었다. 국경을 넘는 여행자가 해야 할 너무도 기본적인 준비를 하지 않았기 때문이었다. 입국심사대에 줄을 서서 주변을 살펴보니 같은 비행기에서 내린 다른 한국인들은 모두 여권과 함께 흰 종이를 한 장씩 손에 들고 있었다. 예감이 좋지 않았다.

"실례지만 그 하얀 종이는 뭔가요?"

"이거요? 비자인데요."

"아니, 중국도 비자가 필요해요?"

"필요할걸요? 저희는 단체로 다 받았어요."

"중국하고 우리나라가 교류가 얼마나 많은데 비자가

필요해요?"

"그러게요. 근데 필요한 것 같더라고요."

주변을 둘러보니 겨울잠에서 방금 깨어난 곰처럼 생긴, 푸근하고 나른한 인상의 공안 요원이 보였다. 나는 줄에서 벗어나 그에게 다가갔다. 중국어는 전혀 모르니 영어로 물었다.

"한국 국민인데요. 비자 필요한가요?"

그는 부드러운 미소를 지으며 자기를 따라오라고 손짓했다. 나는 현지 공항에서 바로 도착 비자를 발급해주던 동남아 관광지들을 떠올렸다. 앞장서 걸어가는 그에게 물었다.

"여기서 비자 바로 발급받을 수 있죠?"

그는 만신 고개를 끄덕이며 사람 좋게 웃었다. 그를 따라 창이 없는 긴 복도를 한참 걸었다. 손에 손에 보온병을 든 공안 요원들이 그와 인사를 하고 지나갔다. 나는 제복을 입은 요원들로 북적이는 사무실 한구석으로 안내돼 자리에 앉았다. 중국차 향기와 오래 환기하지 않은 지하실에서 나는 퀴퀴한 냄새가 한데 뒤섞여 있었다. 그는 내 여권을 달라고 하더니 꼼꼼하게 살펴보고 복사를 했다. 그러더니 서류 한 장과 볼펜을 내밀며 서명을 하라고 했다. 서류는 중국어 간체로 쓰여 있었다. 내가 서명을 하자 그는 환하게 웃으며 그 서류를 가져갔다. 그는 내가 무슨 질문을 할 때마다 예의 그 밝은 미소를 지으며 하오, 하오를 반복했다. 그런 우호적인 분위기로 미루어볼 때, 금방이라도 도착 비자가 나올 것 같았다. 다만, 모든 비자에는 수수료가 있을 텐데 왜 돈을 달라는 얘기를 전혀 하지 않는지가 조금 꺼림칙했다. 그는 서류를 왼손에 든 채 나를 데리고 다시 어디론가 움직였다. 입국심사대로 돌아가겠거니 했지만 그와 함께 나온 곳은 출국장이었다. 그는 나를 동방항공의 티켓 데스크로 데려갔다. 그제야 상황을 파악한 나는 곰 아저씨 공안에게 이게 무슨 상황이냐고 물었다. 그는 내가 서명한 서류의 한 부분을 손가락으로 짚었다. 간체로 쓰여 있기는 했지만 자세히 보니 해독 가능한 한자들이 더러 있었다. 내가 중화인민공화국 법률을 위반하였음을 인정하고 즉각적인 추방에 동의한다는 내용 같았다. 곰 아저씨 공안이 그토록 표정이 밝았던 것은 내가 아무 말썽도 부리지 않고 선선히 중국 영토에서 떠날 것에 동의하고 서명까지 했기 때문이었다. 그제야 나는 비싼 편도 항공권 값이라도 줄여볼 요량으로 아직 쓰지 않은 인천행 항공권으로 추방되면 안 되겠냐고 물었지만, 그 비행기는 이미 떠났단다. 그럼 공항에서 하루 자고 내일 그걸 타고 돌아가면 안 되냐고 다시 묻자 그는 단호히 고개를 저으며, 추방은 가장 빠른 교통편을 이용해 중국 영토를 떠나야 하는 거라고, 나도 이미 동의했다며 내가 서명한 문서를 들이밀었다. 내 짐은 자기들이 찾아서 그 비행기에 실을 테니 걱정하지 말라고 했다.

게이트에 도착한 우리는 그후로 아무 대화도 나누지 않았다. 이런 일을 겪은 사람이 흔치는 않겠지만, 겪어본 사람으로서 말하자면, 의외로 최악의 기분은 아니었다. 여행은 아무 소득 없이 하루 만에 끝나고, 한 번 더 중국을 왕복하고도 남을 강공편 값을 추가로 지불했으니, 선불로 송금해버린 숙박비와 식비는 아마도 날리게 될 것이 뻔했지만(실제로 환불은 못 받았다), 난생처음으로 추방자가 되어 대합실에 앉아 있는 것은 매우 진귀한 경험인 만큼, 소설가인 나로서는 언젠가 이 이야기를 쓰게 될 것임을 예감하고 있었다.

그런 의미에서 작가의 여행에 치밀한 계획은 필요하지

않을지도 모른다. 여행이 너무 순조로우면 나중에 쓸 게 없기 때문이다. 그래서 나는 어느 나라를 가든 식당에서 메뉴를 고를 때 너무 고심하지 않는 편이다. 운 좋게 맛있으면 맛있어서 좋고, 대실패를 하면 글로 쓰면 된다. 그런데 그렇게 대충 아무거나 시켜버리는 내 버릇 때문에 피해를 보는 동행들도 없지 않았다. 한번은 동료 작가들과 함께 폴란드에서 열리는 문학 행사에 갔다. 바르샤바 주재 한국 대사가 초대한 저녁식사 자리에서 나는 언제나처럼 단박에 메뉴를 정하고 메뉴판을 덮었다. 몇 명의 동료가 내가 시킨 메뉴를 따라 시켰고 나는 말렸다. 나 역시 폴란드는 처음이며, 요리도 전혀 모른다고 말했다. 그럼에도 끝내 생각을 바꾸지 않고 최초의 선택을 고집한 분들이 계셨고, 나와 그분들 모두 정체를 알 수 없는 문제의 요리를 절반 이상 남긴 채로 식사를 마쳐야만 했다.

물론 그런 모험은 사양하고 안전하게 배를 채우고 싶을 때도 있다. 말도 잘 안 통하는 나라에서 닭 볏(프랑스나 이탈리아)이나 타란툴라 거미 튀김(캄보디아), 박쥐 수프(인도네시아) 같은 메뉴를 피하려면 이렇게 한다. 메뉴판의 공간은 한정돼 있으므로 거기 올리는 메뉴를 대충 정하는 식당은 없을 것으로 가정한다. 오래 영업한, 제대로 된 식당이라면 대체로 세계 공통의 법칙을 따를 것이다. 식당 주인이나 셰프는 우선 애피타이저, 메인, 디저트 이런 항목들로 분류를 했을 것이고, 각 분류마다 네다섯 개 정도의 메뉴를 선정한다. 한번 인쇄하면 바꾸기 어려우니 신중하게 선택했을 것이다. 맨 위에는 셰프가 가장 자신 있으면서 손님들의 반응이 좋았던 요리를 넣는다. 아래로 내려갈수록 함부로 시키기 어려운, 담대함이 요구되는 요리들이 등장한다. 비둘기 고기(이집트)나 잉어 부레(중국) 같은 식재료로 만든 이색 요리를 원한다면 맨 아래에서부터 봐야 하고, 닭가슴살이나 쇠고기 등심 같은 무난한 요리를 원한다면 위에서부터 봐야 한다. 셰프들이 굳이 이런 도전적인 요리들을 메뉴에 포함시키는 이유는 미왕한 손님들의 기호를 만족시키려는 목적도 있지만, 다른 식당과 차별화되는 자기만의 독특한 개성과 실력을 보여주고 싶기 때문일 것이다. 클래식 연주자들이 비발디의 〈사계〉나 쇼팽의 〈야상곡〉 같은 대중적인 곡들로만 레퍼토리를 짤 수도 있지만 그렇게 하지 않는 것처럼 말이다.

  그러니 음식 주문에서 실패를 줄이고 싶다면 모든 분

류의 가장 위에서부터 고르면 되고, 재료로는 닭을 선택하는 것이 안전하다. 겉에 뭐가 발라져 있든, 무엇에 재웠든, 속에는 우리가 아는 그 닭고기가 있다. 그러나 자기 여행을 소재로 뭔가를 쓰고 싶다면 밑에서부터 주문해보는 게 좋을 것이다. 때론 동행 중에서 따라 시키는 사람이 생기고, 그 인상적인 실패 경험에 대해 두고두고 이야기하게 될 것이고 누군가는 그걸 글로 쓸 것이다. 대부분의 여행기는 작가가 겪는 이런저런 실패담으로 구성되어 있다. 계획한 모든 것을 완벽하게 성취하고 오는 그런 여행기가 있다면 아마 나는 읽지 않을 것이다. 무엇보다 재미가 없을 것이다.

2

그렇다면 여행기란 본질적으로 무엇일까? 그것은 여행의 성공이라는 목적을 향해 집을 떠난 주인공이 이런저런 시련을 겪다가 원래 성취하고자 했던 것과 다른 어떤 것을 얻어서 출발점으로 돌아오는 것이다. 마르코 폴로는 중국과 무역을 해서 큰돈을 벌겠다는 목표를 가지고 여행을 떠났지만 이 세계가 자신이 생각해왔던 것과 전혀 다르다는 것, 세상에는 다양한 인간과 짐승, 문화와 제도가 존재한다는 것을 깨닫고 돌아와 그것을 『동방견문록』으로 남겼다.

여행담은 인류의 가장 오래된 이야기 형식이기도 하다. 주인공은 늘 어딘가 먼 곳으로 떠난다. 로널드 B. 토비아스는 『인간의 마음을 사로잡는 스무 가지 플롯』에서 '추구의 플롯'을 세상에서 가장 오래된 플롯이라고 소개한다. 주인공이 뭔가 간절히 원하는 것을 찾아 떠나는 이야기들로, 탐색의 대상은 대체 주인공의 인생 전부를 걸 만한 것이어야 한다.

메소포타미아에서 발 굴된 『길가메시 서사시』의 주인공 길가메시는 죽지 않는 비결을 찾아 헤맨다. 그보다는 덜 오래된 이야기에서 오디세우스가 트로이전쟁을 끝내고 아내와 자식이 있는 고향으로 향한다. 주인공들은 험난한 시련을 겪으면서도 포기하지 않는다. 그런데 추구의 플롯의 흥미로운 점은 이야기의 결말이다. 결말에 이르러 주인공은 원래 찾으려던 것과 전혀 다른 것을 얻는다. 대체로 그것은 깨달음이다. 길가메시는 '불사의 비법' 대신 '죽음을 피할 수 없다'는 통찰에 이른다. 오디세우스는 집으로 귀환한다는 애초의 목적은 달성했지만 그 긴 여정을 통해 그가 진짜로 얻게 된 것은 신으로 표상되는 세계는 인간의 안위 따위에는 무심하다는 것, 제아무리 영웅이라 하더라도 한낱 인간에 불과하며, 인간의 삶은 매우 연약한 기반 위에 위태롭게 존재한다는 것, 환각과 미망으로 얻은 쾌락은 진정한 행복이 아니라는 것 등을 깨닫게 된다. 이 과정에서 오디세우스는 처음 길을 떠날 때와는 전혀 다른 존재가 되어 고향인 이타케에 도착한다.

영화 〈스탠바이, 웬디〉의 주인공 웬디는 자폐증으로 바깥세상과의 소통에 큰 어려움을 겪는 소녀다. 주인공은 〈스타트렉〉 시리즈의 열렬한 팬이기도 한데, 〈스타트렉〉 시나리오 공모에 당선되면 그 상금으로 다시 가족에게 돌아갈 수 있다는 것을 알게 되고, 그래서 시나리오를 쓰게 된다. 그런데 갑자기 어떤 일에 휘말리는 바람에 원고를 우편으로 보내서는 정해진 날짜에 스튜디오에 배달되지 못한다는 것을 알게 된다. 그녀는 버스를 타고 난생처음으로 자기가 사는 동네를 떠나 로스앤젤레스까지 가기로 마음을 먹는다. 불친절한 버스 기사와 도둑을 만나고 교통사고를 당하는 등 시련이 잇따른다. 전형적인 '추구의 플롯'답게 주인공 웬디는 원래의 목적이었던 시나리오 공모 당선은 이루지 못한다. 대신 그 과정을 통해 스스로에게 부과했던 한계를 돌파해 세상으로 나아가는 소중한 경험을 하게 된다. 관객은 그녀가 꿈을 이루지 못했는데도 기뻐한다. 왜냐하면 영화를 보는 동안 관객은 그녀가 추구하는 표면적 목표(시나리오 공모 당선)의 밑바탕에 진짜 목표(가족에게 받아들여지고 사회로 나아가는 것)가 있다는 것을 알게 된다. 그래서 주인공조차 의식하지 못하는 그 목표가 달성되었을 때 마치 자기 일처럼 흐뭇해하게 된다.

이처럼 '추구의 플롯'으로 구축된 이야기들에는 대부분 두 가지 층위의 목표가 있다. 주인공이 드러내놓고 추구하는 것(외면적 목표)과 주인공 자신도 잘 모르는 채 추구하는 것(내면적 목표), 이렇게 나눌 수 있다. '추구의 플롯'에 따라 잘 쓰인 이야기는 주인공이 외면적으로 추구하는 목표가 아니라 내면적으로 간절히 원하던 것을 달성하도록 하고, 그런 이야기가 관객에게도 깊은 만족감을 준다.

'추구의 플롯'으로 분류할 수 있는 이야기들이 대체로 주인공의 여정을 다루고 있다는 것은 거꾸로 여행기가 '추구의 플롯'으로 쓰일 수 있고, 쓰여야 할지도 모른다는 것을 암시한다. 우리는 명확한, 외면적인 목표를 가지고 여행을 떠난다. 이런 목표는 주변 사람 누구에게나 쉽게 말할 수 있는 것들이다. 하와이에 가서 서핑을 배우겠다, 치앙마이에서 트레킹을 하겠다, 이번 여름휴가에는 인도에 가서 요가 클래스에 참가하겠다, 유럽 전역을 떠돌며 미술관을 둘러보겠다 같은 것들. 이런 목표를 이루기 위해 우리는 열심히 준비한다. 여행지에 관한 정보를 알아보고, 숙소를 예약하고, 이동수단을 검토한다. '추구의 플롯'에서는 주인공이 결말에 이르러 '뜻밖의 사실'을 알게 되고, 그것을 통해 깨달음을 얻는다고 하지만, 여행을 준비하는 단계에서 '뜻밖의 사실'이나 예상치 못한 실패, 좌절, 엉뚱한 결과를 의도하는 사람은 거의 없을 것이다. 우리는 모두 정해진 일정이 무사히 진행되기를 바라며, 안전하게 귀환하기를 원한다. 적어도 표면적으로는 그렇다. 그러나 우리의 내면에는 우리가 미처 깨닫지 못하는 강력한 바람이 있다. 여행을 통해 '뜻밖의 사실'을 알게 되고, 자신과 세계에 대한 놀라운 깨달음을 얻게 되는 것, 그런 마법적 순간을 경험하는 것, 바로 그것이다. 그러나 이런 바람은 그야말로 '뜻밖'이어야 가능한 것이기 때문에 애초에 그걸 원한다는 것은 불가능하다. 뒤통수를 얻어맞는 것 같은 각성은 대체로 예상치 못한 순간에 찾아온다.

독자들이 '추구의 플롯'을 따르는 소설이나 영화, 여행기를 그토록 오랫동안 사랑해왔던 것은 그들이 자신의 인생을 바로 그 플롯에 따라 사고하기 때문일 것이다. 우리 인생에도 언제나 외면적인 목표들이 있었다. 대학에 입학하기, 좋은 상대를 만나 결혼하고 가정을 꾸리기, 번듯한 집 한 채를 소유하기, 자식을 잘 키워 좋은 대학에 보내기 같은 것들. 그런데 이런 외면적 목표를 모두 달성하는 사람은 거의 없을 것이다. 인간은 언제나 자기 능력보다 더 높이 희망하며, 희망했던 것보다 못한 성취에도 어느 정도는 만족하며, 그 어떤 결과에서도 결국 뭔가를 배우는 존재다.

미국의 한 학자는 마이너리그 야구 선수들을 연구했다. 야구를 시작하면서 '나는 커서 마이너리그 선수가 될 거야'라고 생각했던 아이는 없었을 것이다. 모두의 꿈은 메이저리거, 메이저리거 중에서도 화려한 성적을 내고 어마어마한 연봉을 받는 스타 플레이어였을 것이다. 베이스볼 큐브닷컴에 따르면 2000년부터 2011년까지 신인 드래프트 결과를 살펴보면 프로 구단에 드래프트된 전체 아마추어 선수는 17,925명이었지만 메이저리그에서 한 번이라도 뛴 선수는 1,326명에 그쳤다. 이는 약 7.4퍼센트에 불과하다. 마이너리거로 선수 생활을 마감한 사람들은 거의 대부분 원래 추구하던 것과 다른 것을 얻었다. 그러나 그들이 모두 불행했을 리는 없다. 그들은 크게 성공하지는 못했지만 자기 인생을 살아냈다. 경기에 출전해 최선을 다했고, 사랑하는 파트너를 만나 가정을 꾸렸고, 은퇴한 후에는 코치가 되어 후진을 양성하거나 다른 일을 찾았을 것이다. 그리고 그 과정에서 원래 얻으려던 것('메이저리거 되기')보다 더 소중한 교훈들을 얻었(거나 최소한 얻었다고 믿었)을 것이다. 어쨌든 살아남지 않았는가? 그리고 사랑하는 가족이 옆에 있고, 남 보기에는 보잘것없을지언정 평생을 들여 이룬 작은 성취가 있다. 인생과 여행은 그래서 신비롭다. 설령 우리가 원하던 것을 얻지 못하고, 예상치 못한 실패와 시련, 좌절을 겪는다 해도, 우리가 그 안에서 얼마든지 기쁨을 찾아내고 행복을 누리며 깊은 깨달음을 얻기 때문이다.

중화인민공화국에서 자발적(?)으로 추방되던 그 순간, 오랫동안 세운 계획이 완전히 어그러진 그때에 나는 어떤 깨달음을 얻었을까? 사실 그때 당장 뭔가를 깨닫고 어쩌고 하지는 않았던 것 같다. 그저, 주변 사람들에게 상하이에 가서 소설을 쓸 거라고 큰소리를 쳤는데, 이렇게 허망하게 돌아가서 뭐라고 말한다? 상하이에서 완성하기로 했던 소설은 이제 어찌할 것인가? 이런 걱정들에 사로잡혀 있었을 뿐이다.

짐을 찾아 집으로 돌아가니 밤이 이미 이슥했다. 왠지 택시를 타기는 미안해 공항버스를 탔다. 아내는 아침에 출국한 남편이 구방을 당해 집에 들어오는 초유의 사태를 당하자 잠시 평정심을 잃었다. 나는, 비자 받아 다시 가면 된다, 중국 비자 금방 나온다더라며 설득했지만 아내는 그러지 말라고 했다. 자기를 추방한 나라에 왜 다시 가? 이참에 그냥 집에 틀어박혀 아무데도 나가지 말고 소설에만 집중하라고 했다. 그러면 상하이에 간 거나 진배없다고 했다. 추방당하고 돌아왔다고 동네방네 떠들지도 말라고 다짐을 두었다. 나는 시킨 대로 했다. 두문불출하고 글만 쓰고 있자니 소설은 의외로 쭉쭉 진도가 나가기 시작했다. 그러다보니 상하이에서 당한 추방이 그렇게까지 끔찍한 일은 아니었다는 생각도 들었다. 다만 순서가 살짝 바뀌었을 뿐 아닌가? 원래 계획은 출국-상하이 체류-집필-귀국이었는데, 그게 출국-(극단적으로 짧기는 했지만) 상하이 체류-귀국-집필로 바뀐 것뿐이지 않을까? 결과만 보면 그렇게 봐도 상관이 없을 정도였다. 겨울방학이 끝날 무렵에는 끝을 향해 달려가고 있었다. 장편소설이라는 게 한번 탄력을 받으면 작가를 완전히 다른 세상으로 끌고 들어간다. 그렇기 때문에 작가가 정말로 집필에 전념한다면 그가 실제로 어디에서 쓰고 있는가는 거의 중요치 않으며, 때로는 아예 잊어버리게 된다. 나는 주인공 김기영을 따라 때로는 평양의 거리, 서울 낙원상가와 코엑스 지하를 헤매느라 상하이 푸둥지구에 있는지 서울의 내 집 골방에 있는지 헷갈릴 정도였다.

한 달간의 '내 방 여행'에서 돌아온 어느 날, 한겨울의 한강변으로 나가 걸었다. 마치 오랜 외국 여행에서 갓 귀국한 사람처럼 서울의 모든 것이 낯설게 보였다. 한 선배 작가는 장편 출간에 즈음하여 가진 한 인터뷰에서 소설을 탈고하고 밖으로 나오니 자기만 겨울옷을 입고 있더라는 말을 했다. 매일 출근을 하는 직장인이라면 믿기 어렵겠지만 나는 그게 무슨 말인지 안다. 작가는 대체로 다른 직업보다는 여행을 자주 다니는 편이지만, 우리들의 정신에 가장 큰 영향을 미치는 것은 자신이 창조한 세계로 다녀오는 여행이다. 그 토끼굴 속으로 뛰어들면 시간이 다르게 흐르며, 주인공의 운명을 뒤흔드는 격심한 시련과 갈등이 전개되고 있어 현실의 여행지보다 훨씬 드라마틱하다.

3

여행을 통해 뭔가 소중한 것을 얻어 돌아와야 한다는 관념은 세상의 거의 모든 문화에서 발견된다. 20세기 후반을 지나며 많이 간단해졌지만 그전까지 여행은 언제나 시간과 비용이 많이 드는 일생일대의 고역이었다. 영어 'travel'이 '여행'이라는 의미로 처음 사용된 것은 14세기 무렵으로, 고대 프랑스 단어인 'travail'에서 파생한 것으로 추정하고 있다. 이 단어에는 현대의 우리가 '여행' 하면 떠올리는 즐거움과 해방감이 거의 들어 있지 않다. 노동과 수고, 고통 같은 의미들이 담겨 있을 뿐이다. 현대 영어에서는 아직도 'travail'이라는 단어를 그대로 사용하는데, 이 단어의 의미는 고생, 고역 등이며 'in travail'이라고 하면 '산고로 몸부림치다' 같은 의미가 된다. 자기가 태어난 곳에 머물지 못하고 타향을 헤매는 것을 동서양을 막론하고 불행한 운명으로 여겼다. 우리나라에서도 점을 쳐서 '객사'라든가 '역마살'이 나오면 불길하게 생각했다. 서양에서도 크게 다르지 않아 20세기 이전까지는 재미로 먼 여행을 떠나는 사람은 쉽게 상상하지 못했다. 멀리 떠나는 자는 삶의 터전을 빼앗겼거나, 공동체로부터 추방당한 경우가 대부분이었다. 종교적 열정으로 떠나는 순례도 있었지만 험난하고 고생스러웠다. 많은 순례자들이 강도의 습격이나 질병으로 길에서 목숨을 잃곤 했다. 그러므로 이토록 힘들고 위험한 여정을 떠날 때에는 그에 상응하는 보상이 있어야 마땅했다. 순례자는 신을 만나고, 동방박사는 구세주의 탄생을 목도하고, 길가메시는 영생의 비밀을 알아야 하고, 작가는 기가 막힌 글감을 얻어야 하는 것이다.

나의 부모가 처음으로 해외여행을 떠난 것은 1996년이었다. 그때는 아직 결혼 전이어서 집에서 부모와 함께 살고 있었는데, 소설가가 되겠다며 몇 년 동안 공짜밥을 얻어먹고 있었던 터였다. 문학상에 당선되어 상금을 받자마자 부모에게 유럽 여행을 다녀오라고, 돈은 내가 다 내겠다고 큰소리를 쳤다. 아버지는 내가 세상에 나오기 직전에 베트남에 파병된 일이 있기는 했지만 그걸 제외한다면 사실상 최초라 할 수 있었고 어머니는 그야말로 처음이었다.

십오 일간의 유럽 여행을 다녀온 아버지는 자랑스럽게 공책을 내밀었다.

"봐라. 다 적어 왔다."

여행중에 가이드가 하는 온갖 얘기를 빠짐없이 적어 온 것이다. 내가 준 돈을 허투루 쓰지 않았다는 것을 보여주기라도 하듯이. 하지만 내가 아버지와 어머니에게 기대한 것은 그런 것이 전혀 아니었다. 나는 부모에게 빌붙어 살아왔던 몇 년간의 생활이 공식적으로 끝났음을, 이제는 부모에게 기대지 않고 살 수 있게 되었음을 알리고 싶었다. 내가 원했던 것은 부모가 그저 나를 자랑스러워하는 것이었다. 아들이 작가가 되기를 바라지도 않았고, 될 거라고 생각도

추방과 멀미

안 했던 부모에게 내가 (부모를 유럽에 보낼 수 있을 정도로) 보란듯이 작가가 되었다는 것, 글을 팔아 제 앞가림을 하기 시작했다는 것을 확실히 보여주고 싶었던 것이다. 하지만 아버지의 '숙제 공책' 덕분에 나는 오히려 아버지의 노력을 인정해주어야 하는 아버지의 아버지가 되어버렸다. 평생을 검소하게 살아온 아버지는 그렇게 큰돈을 쓴 여행이라면, 그냥 먹고 놀고 해서는 안 된다고 생각했을 것이다. 그렇다면 뭘 해야 할까? 아버지는 여행은 배움이어야 한다는 인류의 오랜 믿음을 따랐다. 그 믿음에 따라 여행 내내 펜을 놓지 않고 열심히 필기를 했을 것이다. 여행 안내서마다 나오는 뻔한 내용이 거의 대부분이었고, 가끔은 글로 차마 옮길 수 없는 민망한 농지거리도 적혀 있었다.

그것은 아버지의 처음이자 마지막 유럽 여행이 되었다. 그럴 줄 알았더라면 필기 따위 하지 않고 좀더 느긋하게 즐겼을까? 아마 알았더라도 그러지 못했을 것이다. 아버지의 그런 꽉 막힌 성격은 당시로서는 보편적인 여행자의 태도이기도 했다. 그 세대 한국인에게 유럽 여행은 진귀한 경험이었다. 그 무렵의 나야 이미 유럽으로 두 번의 긴 배낭여행을 다녀온 뒤였기 때문에 아버지의 그런 모습이 고루하고 답답하게 느껴졌지만 돌이켜보면 나 역시 첫 해외여행에서는 아버지와 그리 다르지 않았다.

나의 생애 첫 해외여행은 중국이었다. 모두가 진로를 모색하던 4학년 2학기까지 나는 학생회에서 일하고 있었다. 11월이 되어 새로운 집행부가 선출되면서 일선에서 물러나 한가로운 시간을 보내고 있던 겨울방학의 초입에 학생처 직원이 전화를 걸어왔다. 당시는 학생회의 힘이 대단해서 학생처는 그저 커다란 말썽 없이, 즉, 운동권들이 총장실을 점거한다거나 하는 사건 없이 하루하루가 무탈하게 지나가기만을 바랄 때였다. 나는 가끔 학생처 문을 발로 차고 들어가 소리를 지르곤 했는데, 그때마다 바로 튀어나와 나를 진정시키고 사태를 해결하는 게 그의 역할이었다. 예를 들어 학생회 간부들에게 지급되는 장학금이 있었는데, 그 장학금 대상이나 액수가 줄어든다거나 할 때가 있었다. 그 장학금은 개인에게 가는 것이 아니라 학생회나 운동 정파 내부의 비자금으로 쓰였다. 공식 예산으로 근거를 남기면서 할 수 없는 일들이 있었다. 우리는 그 장학금으로 문건도 인쇄하고 수배자의 도피 자금도 제공하고 전단지도 만들어 뿌렸다. 그런 돈을 줄인다는 것은 바로 학생운동에 대한 탄압이다, 라고 우리는 생각했고 그럴 때가 바로 내가 학생처 문을 손으로 여는 대신 발로 차고 들어가야 할 적절한 타이밍이었다.

그는 대뜸 중국에 가지 않겠냐고 물었다. 학생처 직원이 '중국'이라고 말했는지 '중공'이라고 말했는지는 잘 기억이 나지 않는다. 나중에 우연히 발견한 어머니의 가계부에는 '영하 중공 여행'이라는 표현이 등장한다. 어머니뿐 아니라 대부분의 한국인들은 한반도의 서쪽에 있는 그 거대한 나라를 중국이 아니라 중공이라고 불렀다. 중국이든 중공이든 간에 그의 요지는, 대학생들에게 사회주의 국가의 현실을 알려주자는 취지로 재벌 기업들이 돈을 모아 소련과 중국으로 단체여행을 보내주기로 했고, 자신이 나를 추천했다는 것이었다.

천안문 사태가 무력으로 진압된 지 불과 반년밖에 되지 않았을 때였고, 베를린장벽이 붕괴된 때로부터는 불과 한 달 남짓밖에 지나지 않았을 때였다. 사회주의 중국은 평화로운 시위대를 학살했고, 소비에트와 동구권은 급속도로 붕괴하고 있었다. 반면 1988년의 서울올림픽이 성공적으로 끝나고 연간 GDP 성장률이 10퍼센트를 넘나들면서 남한 자본주의는 자신감에 차 있었다. '독점재벌 해체하라'고 거침없이 외치던 학생들에게 윤리적 선택의 순간이 다가온 것이었다. 그 독점재벌의 돈으로 은밀히, 때로는 공개적으로 숭배하던 사회주의 국가의 현실을 보러 갈 것인가. 하지만 내가 알기로 그 제의를 거절한 운동권은 거의 없었다. 아직 해외여행이 자유화되어 있지 않던 시대에, 특히 해외 도피의 가능성이 있는 군 미필자들에게, 이런 기회는 정말 흔치 않았다. 당시의 운동권들은 마오쩌둥의 어록이라든가 그와 홍군의 대장정을 기록한 에드거 스노의 『중국의 붉은 별』 같은 책을 읽으며 사회주의 중국에 커다란 환상을 품고 있었다. 동시에 소련의 국정교과서라 할 수 있는 『세계철학사』로 마르크시즘을 배우고, 차우셰스쿠를 방기시킨 루마니아혁명에서 공산통제 타도의 희망을 보기도 했다. 두 나라의 혁명을 다룬 책을 여럿 읽었지만 거기에 실제로 갈 수 있을 거라 생각한 사람은 아무도 없었다. 두 나라 모두 우리와 지리적으로는 인접해 있었지만 심리적으로는 북한만큼이나 멀었고, 실제의 장소라기보다는 『걸리버 여행기』의 릴리퍼트 같은 상상의 나라에 더 가까웠다. 그런데 갑자기 선택의 기로에 서게 된 것이었다. 심지어 여행비도 필요 없었다. 공짜 여행이었던 것이다.

그때 처음으로 여권을 만들었다. 한 번만 쓰고 버리는 단수여권인데도 그나마도 받기가 매우 어려웠다. 지금으로서는 믿기 어렵지만 1987년까지는 50세 이상만 관광용 단수여권을 발급받을 수 있었다. 이후 40세, 30세로 연령이 낮아지다가 1989년에 이르러서야 연령제한이 폐지되었다. 1989년까지는 일가족의 여권 신청도 제한을 받았는데, '해외 도피 우려'가 그 이유였다. 나는 군 미필자여서 아버지 친구 중의 한 분이 신원 보증을 서야만 했다. 만약 내가 귀국하여 입대하지 않으면 그분이 엄청난 벌금을 물게 된다고 했다. 소양 교육이라는 것도 이수해야 했다. 한국자유총연맹의 전신인 한국반공연맹이나 한국관광공사에 가서 '공산권 주민 접촉시 유의사항' 같은 주제의 교육을 받았다. 주된 내용은 해외에서 북한 사람을 만나면 조심해야 한다, 잘못하면 납치되어 북한으로 끌려간다, 북한 사람이 아니더라도 해외에서 남한을 비판하는 동포들도 조심해야 하는데, 그들도 실은 북한의 조종을 받고 있다는 식이었다(이 소양 교육은 1992년에야 폐지되었다).

코엑스에 있는 인터컨티넨탈호텔에 모여 호텔 이용에 관한 예절 교육도 받았다. 해외에 나가면 민간 외교관이다, 나라를 대표한다는 생각을 한시도 잊지 말고 예의바르게 행동해야 한다는 훈화를 들었다. 식당에서는 포크와 나이프 사용법을 배웠고(우리가 젓가락을 쓰는 나라로 간다는 것은 고려하지 않은 것 같았다), 차례차례 빈 객실에도 들어가 호텔방의 구조를 익혔다. 이런 난리를 치른 후에야 우리는 비로소 나라를 떠날 수 있었다. 당시에는 인천공항이 지어지기 전이라 모두 김포공항으로 집결했다. 우리를 태운 비행기는 홍콩을 경유하여 상하이에 도착한다고 했다. 중국과 정식으로 수교하기 전이어서 직항 편은 없었다. 그런데 일행 중 한 명이 나를 보자마자 내 귀를 가리키며 물었다.

"귀에 그게 뭐예요?"

그건 키미테라는 이름의 패치형 멀미약으로 귀 뒤에 붙이도록 되어 있었다. 나 말고는 아무도 그걸 붙이고 있지 않아서 오히려 내가 놀랐다. 비행기의 멀미가 대단하다던데 어떻게 다들 아무 준비도 없이 나타난 것일까? 일행들이 몰려들어 모두 내 귀 뒤에 붙어 있는 키미테를 구경했다.

"비행기 처음 타세요?"

이상하다. 다들 멀미를 한다던데, 그래서 비행기 좌석에는 멀미할 때 쓰는 봉지도 있다던데, 왜 저렇게들 태연할까 의아했던 기억이 난다. 해외여행은 안 갔더라도 다들 제주도나 부산쯤은 비행기로 몇 번 다녀온 모양이었다. 어쨌든 내 첫 해외여행은 그렇게 키미테를 귀 뒤에 붙인 채로 시작되었다.

중국에서의 나는, 그리고 나와 함께 여행한 운동권의 '동지'들은 어떤 면에선 유럽에서 열심히 필기만 잔뜩 해 온 나의 아버지와 크게 다를 바가 없었다. 우리는 사회주의 중국에 뭔가를 배우러 간다고 생각했다. 천안문 사태의 진실도 알고 싶었다. 국내 언론들이 사회주의 중국을 폄훼하기 위하여 진상을 조작하고 있을지도 모른다고 의심했다. 사회주의의 미래를 확신하는 젊은 청년들을 만나리라 기대했다. 그러나 그것은 우리의 소망적 사고였을 뿐이었다. 자신이 믿고 있던 것들이 아직은 건재하리라는 희망. 현실보다 믿음을 우선하는 태도였다. 여행하지 않는 사람은 편안한 믿음 속에서 안온하게 살아갈 수 있다. 그러나 여행을 떠난 이상, 여행자는 눈앞에 나타나는 현실에 맞춰 믿음을 바꿔가게 된다. 하지만 만약 우리의 정신이 현실을 부정하고 과거의 믿음에 집착한다면 여행은 재난으로 끝나게 될 것이다.

'파리 증후군'이라는 말이 있다. 프랑스 파리에서 활동하던 오타 히로아키라는 일본인 심리학자가 1991년에 처음으로 사용한 것으로 알려져 있다. 그는 유독 파리에서 호흡곤란이나 현기증 같은 증상을 겪는 일군의 일본인 여행자들에 주목했다. 파리에 대한 환상으로 여행을 떠난 일부 일본 여행객들은 파리가 자신들이 상상하던 것과 매우 다르다는 데 심한 충격을 받았다고 한다. 개똥을 치우지 않는 주인들, 메트로 개찰구를 통과하자마자 아무데나 표를 던져버리는 승객들, 외국인에게 쌀쌀맞은 점원들. 그리고 정체를 알 수 없는 온갖 불쾌한 냄새들. 이런 것들은 관광 안내책자의 아름다운 사진에서는 짐작할 수 없는 것들이었다. 오랫동안 품어왔던 멋진 환상과 그와 일치하지 않는 현실. 여행의 경험이 일천한 이들은 마치 멀미를 하듯 혼란을 겪는다. 반면 경험 풍부한 여행자들은 눈앞의 현실에 맞춰 즉각적으로 자신의 고정관념을 수정한다.

우리의 중국 여행에 돈을 댄 재벌 기업들은 사회주의의 현실을 본 젊은 운동권들이 '정신을 차리'고 투항하기를 바랐을 테지만, 우리는 그들의 의도대로는 끌려가지 않을 것이라고, 사회주의의 가능성을 발견해내고 말겠다고 은밀히 다짐하고 있었다. 비록 사회주의 세력이 베를린장벽 등 냉전의 전선 곳곳에서 백기를 들고 투항하고 있기는 했지만, 정통성이 부족한 노태우 정권은 아직 자본주의의 승리를 확신하고 있지는 못했던 것 같다. 그 증거로 그들은 그 여행에 두 명의 보안 요원도 동행시켰는데, 한 명은 국가안전기획부(국정원의 전신, 줄여서 안기부라 불렀다) 요원이었고, 또다른 한 명은 서대문경찰서의 형사였다. 혹시나 발생할지 모를 망명이나 월북 같은 돌발행동을 막기 위한 게 분명했다. 그들 이외에도 지도교수 역할로 학생처장이 동행했다.

안기부 직원은 젊기는 했는데 어딘가 음침한 구석이 있었다. 학생들과는 거의 말을 섞지 않은 채 우리 뒤를 조용히 따라다녔다. 당시 대학 분위기에서 안기부 직원과 친하게 지내려는 운동권은 아무도 없었다. 어느 과에나 선배나 동기 중에는 안기부에 끌려가 고문을 당했거나, 종적이 묘연해졌거나, 갑자기 군대에 끌려가게 된 이들이 있었다. 우리는 그를 없는 사람 취급했고 그도 그런 대접을 당연하게 받아들이는 것 같았다. 서대문경찰서에서 파견한 형사는 정보과 소속으로 정년퇴직을 눈앞에 둔 늙수그레한 남자였다. 이름 대신 그저 안 형사로 불렸다. 처음에는 안기부 직원과 비슷한 대접을 받았지만, 아무래도 정보기관원보다는 경찰이 대하기가 편했고, 용모도 형사라기보다는 고등학교 교장선생님처럼 푸근한 편이어서 차츰 경계심이 풀어졌다. 학생회 간부로 일하다보면 관할 경찰서, 특히 정보과 형사들과 자연스럽게 안면을 트게 된다. 예를 들어 시위에 나간 학생이 며칠 동안 아무 소식이 없으면 관할 경찰서 정보과의 아는 형사에게 전화를 해서 소재를 탐문하곤 했다. 보통은 어느 경찰서 유치장에 있다거나, 즉심에 넘겨졌다거나 하는 정보를 알려주었다. 가끔은 자신들도 함부로 이름을 언급할 수 없는 어떤 기관에서 데리고 있는 것 같다고 슬쩍 암시할 때도 있었다. 죽었는지 살았는지 몰라 애를 태우는 가족과 친구 입장에선 그만한 정보도 소중하다. 반면에 그들도 가벼운 정보들을 우리에게 확인할 때가 있었다. 예정된 시위의 규모나 장소 같은 것인데, 어차피 우리가 알려주지 않아도 현장에만 나오면 알게 되는 정보라면 그들이 상급 기관한테 깨지지 않도록 적당한 선에서 흘려주곤 했다. 그리고 너무 과격한 충돌이 일어나 학생이나 경찰관이 크게 다치지 않도록 조율하는 라인도 필요했기 때문에 학생회 단위에서는 관할 경찰서와의 채널을 열어두었던 것이다. 그런 사정을 알고 있는 나는 안 형사에 대해 다른 학생들보다는 거부감을 덜 갖고 있었다. 해외여행이 자유화되지 않았던 그 시절에 말년 형사인 그가 해외에 나갈 일은 전혀 없었을 것이다. 서대문경찰서에서는 보안 요원 파견을 의뢰받자 승진 기회를 여러 번 놓치고 말년 형사로 정년퇴직을 앞둔 선배에게 일종의 포상처럼 기회를 준 것 같았다. 그 역시 학생들 대부분과 마찬가지로 생애 처음으로 해외여행을 하게 된 초보 여행자 처지였던데다가 하필이면 여행지가 미수교 적성국가여서 나름 꽤 긴장을 하고 있는 눈치였다.

  그는 학생들에게 자기 카메라를 건네면서 사진을 찍어달라고 부탁하곤 했다. 셀카가 없던 시절에 그렇게라도 하지 않으면 여행 사진 한 장 남기지 못할 판이었다. 그러나 학생들은 그를 피했다. 천안문이나 만리장성 같은 유명 관광지에서도 그는 좀처럼 사진을 찍어달라고 부탁할 타이밍을 잡지 못하고 있었다. 아버지뻘인 그가 그렇게 혼자 겉돌고 있는 걸 보자니 마음이 좋지 않았다.

"제가 찍어드릴까요?"

아마 상하이 루쉰공원에서였던 것 같은데, 그때부터 나는 관광지에 도착할 때마다 잊지 않고 그의 자동카메라로 사진을 찍어주었다. 식당에서도 가끔은 그와 한 테이블에 앉아 같이 밥을 먹기도 했다. 며칠이 지나자 그는 서서히 긴장이 풀려 자기가 보안 요원으로 따라왔다는 사실도 완전히 잊어버리고 여행을 즐기기 시작했다.

"좀 웃으세요."

사진을 찍을 때 이제 그는 어색스럽게 미소를 지었고, 우리 둘은 마치 수학여행을 온 교장선생님과 학생회장처럼 지냈다. 우리는 상하이에서 베이징으로 이동하여 천안문, 자금성 등을 구경했다. 어느 날 오후에는 베이징대학교 캠퍼스에 들렀다. 약 삼십 분간 캠퍼스를 둘러본 후, 다시 버스를 타고 다음 관광지로 이동할 계획이었다. 그런데 나와 한 학년 후배로 경영학과 학생회장 출신이던 친구는 버스 안에서 다른 계획을 세웠다.

"베이징대 학생을 아무나 붙잡아서 기숙사를 구경시켜 달라고 하자. 그리고 천안문 사태에 대해 물어보자."

우리는 일행에게는 알리지 않은 채 바로 계획을 실행에 옮겼다. 지나가는 대학생에게 가서 다짜고짜 혹시 기숙사 방을 구경시켜줄 수 있냐고 물은 것이다. 영어로 물었는데 의외로 유창한 답변이 돌아왔다. 그는 우리를 데리고 자기 기숙사로 갔다. 방문을 열고 들어간 후배와 나는 깜짝 놀랐다. 기숙사 벽에 대형 미국 지도가 걸려 있었던 것이다. 우리가 상상하던 베이징대학교 기숙사의 모습과는 아주 큰 차이가 있었다. 우리는 마오쩌둥의 초상화 정도를 기대하고 있었던 것이다. 그는 차를 끓여 우리에게 대접하면서 우리와 함께 그 지도를 보았다. 그는 분명하게 말했다. 자기의 꿈은 미국으로 유학을 가는 것이라고. 자기뿐 아니라 많은 중국의 대학생들이 같은 꿈을 꾸고 있다며, 토플 책을 꺼내 보여주었다. 후배와 나는 토플 같은 것은 공부해본 적 없었다. 자본주의는 스스로의 모순으로 멸망하고 사회주의가 승리할 것이라 믿었고, 미국이 한반도 분단의 원흉이라고 생각해 미워했기 때문이었다. 그런데 정작 중국의 엘리트들은 미국 유학을 준비하고 있었다. 우리는 그에게 몇 달 전에 있었던 천안문 사태에 대해 물었다. 그는 애매한 미소만 짓고 아무 대답도 하지 않았다. 베를린장벽의 붕괴와 소비에트의 해체 같은 사건에 대해서도 그는 아무 말도 보태지 않았다. 대신 그는 우리에게 미국에 가본 적이 있느냐고 물었다. 우리는 없다고 대답했고 그는 조금 실망하는 눈치였다. 그래도 우리는 많은 주제에 대해 이런저런 대화를 나누었다. 사회주의 중국에 환상을 가진 서울의 대학생과 자본주의 미국으로 유학 가는 게 꿈인 베이징 대학생의 대화는 끊어질 듯 끊어질 듯 계속 이어졌다. 그러다 문득 정신을 차리고 시계를 보니 모이기로 한 시간보다 무려 두 시간이나 지나 있었다. 우리는 깜짝 놀라 그에게 인사를 하고 막 숙 정소로 달렸다. 버스는 자리에 그대로 있었지만 운전기사 말고는 아무도 없었다. 잠시 후 하나둘 학생들이 버스로 돌아오기 시작했다. 우리를 찾으러 모두 캠퍼스 여기저기를 뒤지고 다녔던 것이다. 학생처장은 눈을 질끈 감은 채 아무 말도 하지 않았고 안 형사는 안도하며 가슴을 쓸어내리는 눈치였다. 학생 대표 역할을 하던 복학생 선배는 크게 화를 내며 도대체 어디를 갔다왔느냐, 모두들 얼마나 놀랐는지 아느냐고 버럭 소리를 질렀다. 우리는 베이징대 학생과 만나 대화를 좀 하다보니 시간 가는 줄을 몰랐다고 변명했지만 믿지 않는 것 같았다. 아무래도 그들 모두 최악의 시나리오를 상상하고 있었던 게 분명했다. 자진월북이나 망명, 납치 같은…… 그럴 경우 자신들에게 어떤 화가 미칠지를 생각하느라 머리가 하얘졌던 것 같았다.

그날 저녁 모두가 저녁을 먹으러 모인 자리에서 공개적으로 사과를 했다. 호텔로 돌아가는 길에 안 형사가 오더니 자신은 크게 걱정하지 않았다고, 내가 그럴 사람이 아니라고 생각했었다고 말했다. 그러면서 그는, 졸업한 뒤에도 계속 운동을 할 거냐고 물었고, 나는 대학원에 가려고 한다고 했다. 그는, 잘 생각했다, 자기가 그동안 운동권들을 많이 봐왔지만 나는 어쩐지 그쪽은 아닌 것 같더라는 말을, 마치 칭찬처럼 했다.

후폭풍이 거세서 잠시 잊어버렸지만, 후배와 내가 베이징대학교 기숙사에서 받은 충격은 작지 않았다. 우리는 여행 내내 그 얘기를 했다. 중국은 우리가 생각했던 나라가 아닌 것 같다, 앞으로 자본주의화가 빠르게 진행될 것 같다, 같은 이야기를 하며 밤을 새웠다. 비단 베이징대 학생의 기숙사가 아니더라도 여행지에서 목격한 모든 징후가 중국이 앞으로 걸어가게 될 길을 암시하고 있었다. 덩샤오핑은 중국을 완전히 바꾸고 있었다. 공산당이 통치한다는 것만 빼면 중국은 거의 모든 면에서 급격하게 국가자본주의 체제로 이행하고 있었다. 모든 여행자가 그러듯이, 우리 역시 눈앞에 나타난 현실에 맞춰 고정관념을 수정하지 않을 수 없었다.

중국 여행에서 돌아온 나는 학생회 일은 모두 다음 집행부에게 물려주고 6월에 있을 대학원 입학시험 준비를 하기 시작했다. 학부 시절에 공부라고는 거의 하지를 않았으니 시험공부는 좀 벅찼다. 그래도 새벽부터 밤까지 도서관에서 힘있게. 어느 날, 학생회의 후배로부터 연락을 받았다. 서대문경찰서 정보과의 안 형사라는 사람이 학생회로 연락을 해왔다는 것이다. 나는 공중전화로 그에게 전화를 걸었다. 그는 시경(서울시경찰청)에서 나를 찾고 있다고 알려주고 바로 전화를 끊었다. 수배를 당하고 있으니 피하라는 뜻이었다. 그날부터 나는 집에 들어가지 않고 학교 기숙사에서 선후배, 친구들의 도움으로 은신했다. 아침에는 방 주인들보다 먼저 일어나 그들이 준 식권으로 밥을 먹고 도서관에 갔다. 밤에는 기숙사 점호가 끝나는 어수선한 시간에 들어가 침대와 침대 사이 바닥에 담요를 깔고 잤다. 6월 대학원 시험을 치를 때까지 학교 담장 밖으로 한 발짝도 나가지 않았다.

다행히 나는 검거되지 않고 무사히 대학원 입학시험을 치렀다. 며칠 후 오랜만에 집으로 숨어들어갔다. 사흘쯤 지났을까. 오후 늦게 누군가 우리집 초인종을 눌렀다. 문을 열어보니 땅딸막한 체구의 남자가 서 있었다. 신분증 같은 것은 제시하지 않았지만 누가 봐도 형사였다.

"여기 김영하네 집이지? 형 요즘 어딨어?"

그는 나를 세 살 터울의 동생으로 생각하고 있었던 것이다. 내가 집에 이렇게 태연하게 있으리라고는 짐작하지 못하고 그저 관내의 수배자를 형식적으로 체크하던 중이었을 것이다. 이미 시험도 본 터였고, 영원히 도망 다닐 생각도 아니었기 때문에, 나는 순순히 불었다.

"제가 김영하인데요."

그가 눈을 치떠 나를 올려다보았다.

"네가 김영하라고?"

그는 들고 있던 수첩을 재킷 안주머니에 넣었다.

"너…… 지금 수배중인 건 알고 있지?"

"알고 있어요."

도피생활을 마치고 집에 오자마자 형사의 방문을 받은 나도 놀랐지만, 단신으로 아무 준비도 없이 찾아왔는데 수배자를 마주친 그쪽도 당황하기는 마찬가지였을 것이다.

"그럼 너 나랑 같이 가야 돼. 얼른 이리 나와."

나는 고개를 저었다.

"안 돼요."

"왜 안 돼?"

"우리 학교가 서대문서 관할이라 그쪽으로 가야 돼요."

피식 웃거나 할 줄 알았는데 의외로 믿긴 믿는 기색이었다.

"그런 거 없어. 그냥 나 따라오면 돼."

"일단 전화 좀 해보고요."

"야 인마, 내가 가자면 가는 거지, 무슨 소리야?"

말은 그렇게 하면서도 그는 나를 완력으로 제압해 데리고 가는 위험은 감수하고 싶지 않은 눈치였다. 나는 그보다 체구가 훨씬 컸고, 홈그라운드였던데다가, 복도식 아파트여서 잘못 몸싸움을 하다간 난간 너머로 밀려 떨어질 수도 있었다. 그의 등뒤가 바로 일 미터 높이의 난간이었다. 때마침 어머니도 귀가해 형사를 붙들고 늘어졌다. 나는 그를 집안으로 들어오라고 하고, 서대문경찰서로 전화를 걸어 안 형사를 찾았다.

"그냥 이분 따라갈까요, 아니면……"

"아니, 그쪽으로 가면 절대 안 돼. 전화 바꿔줘봐."

그쪽에서는 자기들 실적을 다른 서에 양보할 생각이 전혀 없었다. 통화가 좀 길어졌지만 서로 모종의 타협을 본 것 같았다. 그는 서대문경찰서에서 나를 데리러 올 때까지 거실에 앉아 말없이 나를 지키고 있었다. 그날 오후부터 나는 경찰서 유치장에 수감돼 조사를 받기 시작했다. 그들은 교문 앞에서 채증한 사진 몇 장을 보여주었다. 마스크로 입을 가린 내가 각목을 들고 학교 정문 앞에 서 있었다.

"너 맞지?"

"네."

조사는 수사과의 젊은 형사들이 진행했는데 안 형사가

수시로 찾아왔다. 그는 후배 형사들에게 거듭 부탁했다. 얘는 다르다, 얼마 전에 대학원 시험도 봤다더라, 착실한 놈이고 운동 같은 건 이제 안 할 거다. 중국 갔을 때 같이 지내봐서 내가 잘 안다.

'착실한 놈'으로 인정받은 나는 구속을 면하고 풀려나왔다. 검찰에 송치는 되었지만 기소유에 처분을 받았다. 대학원에서 합격 통보도 받았고, 입학한 뒤부터 본격적으로 글을 쓰기 시작했다. 대학원 3학기쯤부터는 글을 써서 등록금과 생활비를 벌 수 있을 정도가 되었다. 만약 안 형사가 내게 수배 사실을 알려주지 않았더라면 어떻게 되었을까? 나는 아무것도 모른 채로 집에 가다가 시경 형사들에게 붙들려 갔을 것이고, 어쩌면 서대문경찰서에서보다 훨씬 가혹한 조사를 받고는 구속되거나 징역형을 받고 대학원 시험을 보지 못했을 수도 있었다. 대학원에 입학을 하지 않으면 더이상 입영을 연기할 방법이 없으니 바로 입대했을 것이고, 아마 작가도 되지 못했을 것이다. 되었더라도 훨씬 늦어졌을 것이고 지금과는 다른 운명으로 살아갔을 것이다.

안 형사의 예언대로 나는 그후로 '운동 같은 것'은 하지 않았다. 시대가 변했고 문민정부가 들어섰다. 중국과 우리나라가 정식으로 수교했고 사람들은 더이상 그 나라를 '중공'이라고 부르지 않게 되었다. 그리고 우리나라 경제에서 가장 중요한 교역 상대국이 되었다.

푸둥공항에서 추방되던 그 순간에 나는 자연스럽게 처음 상하이에 도착했던 스물세 살 무렵을 떠올렸고, 그때로부터 얼마나 많은 것이 변했는가를 생각했고, 몇몇 기업가와 정치가가 구상했던 그 우스꽝스러운 '사회주의 제대로 알기' 패키지여행이, 어떻게 그들이 전혀 생각하지 못한 방식으로 내 인생을 바꾸었는지를 생각하고 있었다. 나와 함께 베이징대 학생의 기숙사에 들어갔던 후배는 그 여행에서 만난 동갑내기 친구와 사귀게 되었고 군복무를 마치자마자 결혼을 했다. 그도 그 여행 덕분에 사회주의의 현실을 '제대로 알'게 된 것일까? 졸업 후 그는 어쩌면 그 중국 여행에 돈을 댔을 수도 있는 대기업에 입사했다. 나는 둘의 결혼식에 갔고 몇 달 후에는 신혼집에 가서 새벽까지 진탕 술을 마셨다. 잠에서 깨어보니 둘은 이미 출근을 한 뒤였고 냉장고에 메모가 남겨져 있었다. 인사 못하고 먼저 출근해서 미안하다. 냉장고에 홍삼 팩이 있으니 꺼내서 먹어라. 우리는 아침을 그렇게 먹는다. 나중에 연락하자. 현관문을 잘 닫고 나가달라. 닫으면 자동으로 잠긴다. 후배 부부는 새로운 삶에 완벽하게 적응해 있었다.

마오의 나라 중국에 가서 사회주의의 가능성을 발견하겠다던 우리 둘의 생각은 '추구의 플롯'에서 흔히 등장하는 이른바 '외면적 목표'였을 것이다. 여행을 떠나기 위한 공식적 이유. 프로도의 절대반지 같은 것. 그렇다면 우리 둘에게 숨겨진 '내면적 목표'도 있었을 것이다. 우리는 이미 베를린장벽이 무너지는 것을 보았고, 천안문 사태가 인민해방군의 탱크로 진압되는 것도 보았다. 불과 십 년 전에 광주 시민의 항거가 바로 그런 식으로 짓밟혔던 것을 아는 우리로서는 여행 전에 이미 중국에 대한 희망을 버렸는지도 모른다. 그러니 그 여행은 주니투끼리의 손 절매 같은 것이었을 것이다. 그 친구는 대기업에 취업하고, 나는 대학원에 진학했다. 그리고 대학원에서 쓰기 시작한 소설이 나의 평생의 업이 되었다.

지난겨울, 추자도에 갈 일이 있었다. 평소 추자도를 자주 다녀온 분이 초행인 다른 일행들에게 키미테를 권했다. 그 이름을 듣자 내 생애 최초의 비행기 여행이 떠올랐다. 나는 승선을 기다리던 일행에게 키미테를 붙이고 김포공항에 나타났던 내 스물세 살의 겨울에 대해 말해주었다. 다들 그 얘기를 좋아했다. 나는 키미테를 붙이지 않고 배에 올랐다.

  높은 파도에 앞뒤로 흔들리는 쾌속선의 선실에서 나는 멀미에 대해서 생각하고 있었다. 멀미란 눈으로 보는 것과 몸이 느끼는 것이 다를 때 오는 불일치 때문에 발생한다고 한다. 전혀 움직이지 않는데도, 즉 자동차나 비행기 안에 가만히 앉아 있는데도 어지러움을 느낀다면 뇌는 이것을 비상한 상태, 즉 독버섯이나 독초를 먹었다고 판단하고 소화기관에 있는 음식물을 토해내도록 한다는 것이다. 그래서 운전자는 멀미를 겪지 않는다. 차가 어떻게 움직일지를 예상할 수 있기 때문에 뇌가 그에 맞춰 준비를 하기 때문이다. 다시 말해 멀미는 뇌의 예측과 눈앞의 현실이 다를 때 일어난다고도 할 수 있다. 멀미약 패치를 귀 뒤에 붙이고 나타난 나의 무의식은 아마도 중국에서 내가 겪게 될 현실, 그것이 야기할 일종의 정신적 멀미에 대한 두려움과 관련이 있었을 것이다. 사회주의 중국은 내가 책을 보며 상상했던 나라와 너무도 달랐다. 모든 인민이 평등하게 살아가며 억압과 착취가 없는 그런 나라가 아니라 공산당이 지배하는 개발독재국가였다. 지도자는 (당시 내가 증오해 마지않았던) 박정희, 전두환의 경제 정책을 모델로 삼고, 젊은 엘리트들은 미국을 선망하고, 인민들은 믿을 수 없이 초라하고 남루했다.

최초의 해외여행에서 겪은 이 혼란과 실망은 그대로 내 안에 침전되어 있었을 것이다. 만약 소설 속 인물이라면 푸둥공항에서 추방되던 순간의 내 마음은 아마도 이렇게 표현되었을 것이다.

'어쩌면 그는 비자가 필요하다는 사실을 알고 있었을지도 모른다. 아니, 최소한 비자가 필요한지 알아는 봐야 한다고 생각했을 것이다. 그러나 그는 그런 최소한의 노력을 하지 않았다. 내나마인 비음 수 싶은 곳에서 그는 중국에 가고 싶지 않았던 것이다. 그때 겪은 정신적 멀미의 괴로움이 아직도 남아 있었던 것이다. 중국은 그가 처음으로 가본 외국이었고, 젊은 날의 환상이 깨져나간 곳이었다. 오랜 세월이 지나 다시 찾은 중국에서 추방되어 집으로 돌아온 그는 오히려 안온함을 느꼈다. 그는 비로소 오래 미루던 소설을 다시 시작할 수 있다고 생각했고 그렇게 했다. 아내는 집밖으로 절대 나가선 안 된다고 다짐을 두었는데 그것이야말로 그가 진정으로 바라던 것이었다. 비밀의 벽장을 열고 자기만의 세계로 내려가는 나니아처럼 그 역시 자신만이 열어젖힐 수 있는 문을 열고 오랫동안 중단했던 소설 속으로, 매번 낯설지만 끝내는 그를 환대해주는, 비자 따위는 요구하지 않는 그 나라로 바로 빨려들어갔다.'

기대와는 다른 현실에 실망하고, 대신 생각지도 않던 어떤 것을 얻고, 그로 인해 인생의 행로가 미묘하게 달라지고, 한참의 세월이 지나 오래전에 겪은 멀미의 기억과 파장을 떠올리고, 그러다 문득 자신이 어떤 사람인지 조금 더 알게 되는 것. 생각해보면 나에게 여행은 언제나 그런 것이었다.

(『여행의 이유』)

여행이 불가능한 시대의 여행법

 '지금까지 여행했던 곳 중에서 가장 기억에 남는 여행지는 어디인가요?' 같은 질문을 많이 받는다. 가장 기억에 남는 여행은 『여행의 이유』를 내기 전이 아니라 뒤에 경험했다.

 멀기 긴 것 같기도 않았는데 눈을 떠보니 인간이 마른 세상이었다. 길에는 사람이 없었고, 식당들이 모두 문을 닫아 밖에서 밥을 사 먹을 수 없었다. 학교들도 휴교하여 아이들은 친구들을 만나지 못했다. 꼬리를 물고 이륙하는 여객기의 객실에는 승객이 거의 없었다. 공항 입국장에선 잔뜩 겁에 질린 소수의 승객이 면세점 봉투 하나 없이 서둘러 문밖으로 빠져나갔다. 길에서는 마스크나 손수

건으로 코와 입을 막은 사람들이 어쩌다 맨얼굴로 활보하는 이를 보면 질색을 하며 에둘러 피해 갔다. 집단 감염이 발생한 남쪽 도시의 신흥 종교집단에 대한 흉흉한 소문이 퍼졌다. 자식들과 떨어져 요양원으로 들어간 노인들은 몇 달이 지나도록 바깥사람을 만나지 못하다가 외롭게 죽어갔다. 아는 사람의 아는 사람의 아는 사람이 감염되어 격리 중이라는 소식들이 자주 들려왔다. '사회적 거리두기'와 '밀접접촉'이라는 생경한 말이 어디서나 들렸다. 친밀감은 불온한 감정이었다. 악수가 사라졌고 친구보다 가족이 다시 중요해졌다. 대형병원이나 관공서 주차장에 설치된 천막 앞에 긴 줄이 늘어섰다. 고글을 쓰고 흰 방역복으로 머리부터 발끝까지 감싼 이들이 작은 구멍으로 팔만 내밀어 면봉으로 사람들의 콧속을 쑤셨다. 고개를 뒤로 젖힌 어두운 낯빛의 사람들은 인상을 찌푸리며 굴욕을 참아냈다. 오랜 휴업 끝에 문을 연 식당에선 아크릴 가림막이 설치된 식탁에서 사람들이 말없이 서로를 경계하며 조용히 밥알을 씹었다. 하지만 휴대폰이 없거나 휴대폰 사용에 익숙지 않은 이들은 아예 식당에 들어갈 수도 없었다. 식당 입구의 QR코드 판독기를 통과할 수 없기 때문이었다. 출근길 지하철과 시내버스의 내부는 무겁고 불편한 침묵만 흘렀다. KF94 마스크를 빈틈없이 착용한 승객들이 서로를 곁눈질하며 '밀접접촉'의 형벌을 견뎌냈다. 일자리를 잃은 관광업 종사자들은 이륜차 운전을 배워 음식 배달을 시작했다. 항공사와 여행사는 대규모 무급휴직을 실시했다. 감염되어 죽은 이들은 가족도 임종을 지키지 못했고 시신은 방역기관에 의해 영안실이 아니라 화장터로 바로 보내졌다. 집에 틀어박힌 사람들은 하루종일 뉴스만 보았다. 드라마와 영화 제작이 모두 취소되어 채널마다 신작이 실종되고 재방송이 넘쳐났다. 다른 나라는 더 지옥이었다. 시체를 실은 냉동 트럭들이 시내 곳곳에 주차돼 있고, 병원 복도까지 감염자들이 누워 있었다. 아직 효능이 확인될 길이 없는 백신들이 여러 회사에서 출시되었고, 접종은 시민의 신성한 의무였다. 자의적 미접종자는 식당과 관공서 출입을 거부당했다. 와중에 주식과 부동산, 암호화폐 가치가 폭등했다. 집에서 오랜 시간을 보내게 된 이들이 새 책상과 새 침대, 새 조명을 사들였다. 아예 집 인테리어를 새로 하는 이들 때문에 디자이너, 목수 등 관련 전문가의 몸값이 뛰었고 가구 업체의 매출이 수직 상승했다. 오랜 거리두기로 손실이 누적된 자영업자들이 스스로 목숨을 끊고, 학교로 돌아온 아이들은 하루종일 마스크를 낀 채 친구들과 시간을 보냈다. 길어야 한두 달이면 끝날 것 같던 이 여행은 삼 년째가 되어서야 겨우 끝이 났다.

 내가 처음 해외여행을 한 것이 1990년이었는데 정확히 삼십 년 만에 여행이 불가능한 시대를 경험한 것이다. 조짐은 1월부터 심상치 않았다. 중국 우한발 폐렴이 무섭게 확산되더니 중국 전역이 봉쇄되었다. 이 불길한 바이러스는 국경을 넘어 전 세계로 퍼졌다. 그 무렵 나의 일과는 아침에 눈을 뜨자마자 존스홉킨스대학교에서 제공하는 세계 코로나19 사망자와 감염자 통계를 확인하고 그 음울한 숫자를 일기에 적는 것으로 시작했다. 어떤 역사적 시기를 통과하고 있다는 강렬한 확신이 들었기 때문이다. 하루가 다르게 사망자와 감염자 모두 가파르게 늘었고, 한 달이 지나자 통계를 확인하는 게 더이상 의미가 없다는 생각이 들었다. 2020년 내내, 나는 가끔 동네에서 장을 보러 가는 것 말고는 그 어떤 외부 행사에도 참여하지 않고 집에만 틀어박혀 있었다. 전업작가라 나가야 할 직장이 있는 것도 아니어서 다행이었다. 다만 참을 수 없이 답답하고 불안할 때가 있었다. 그럴 때면 '나는 지금 이상한 질병이 퍼지는 나라를 여행 중이고, 이 불쾌한 여행도 언젠가 끝이 날 것이고, 그럼 나는 이걸 '여행기'로 쓰게 될 거야'라고 생각하면 기분이 조금 나아졌다. 팬데믹은 전 세계가 당면한 재난이었고, 내가 방구석에서 보내야 할 시간은 무한에 가까웠으므로, 나는 여러 다른 나라의 언론사 웹사이트를 찾아다녔다. CNN, BBC, 알자지라, NHK 등 방송매체들은 나름대로의 기민함으로 이 재난을 시각화했다. 그러나 처음 보았을 때도 그랬고, 사 년이 지난 지금까지도 가장 인상적으로 남아 있는 것은 2020년 3월 18일자 뉴욕타임스의 대형 특집 기사 「The Great Empty」다. 1929년의 대공황이 「The Great Depression」의 반대어임을 감안하면 '내 공허'쯤으로 번역될 제목이었다. 인터넷판 기사는 아무 텍스트 없이 흐린 하늘 아래 텅 비어 있는 프랑스 파리의 콩코르드광장과 오벨리스크 사진으로 시작한다. 아래로 스크롤을 해도 텍스트 대신 록다운으로 아파트에 갇힌 상파울루 시민들, 단 한 명의 관광객도 없는 뉴욕타임스스퀘어의 사진만 나온다. 런던도 뮌헨도 텅 비었고, 모스크바의 공연장에선 첼리스트가 혼자 아무도 없는 객석을 보며 무관중 공연을 하고 있다. 대공허를 시각화한 섬뜩한 사진들은 스크롤을 따라 계속 이어진다. 로스앤젤레스 샌타모니카 해변에는 오직 한 사람의 산책자만 보이고, 언제나 관광객으로 북새통을 이루는 바르셀로나 람블라스 거리엔 비둘기들만 가득하다. 로마 스페인계단의 분수는 말라 있고, 오가는 이가 하나도 없다. 주민과 관광객으로 붐볐던 전 세계의 유명 관광지들이 마치 재난 영화의 세트장처럼 보인다. 그 무렵, 앞이 보이지 않는 테너 안드레아 보첼리가 밀라노의 텅 빈 두오모광장에서 검은 연미복을 입고 〈어메이징 그레이스〉를 부르며 신의 자비를 구했다. 록다운으로 좁은 집에 갇힌 사람들은 유튜브로 그 장면을 보았다. 그 시절, 사람들은 아직 자신을 공격하는 이 바이러스의 정확한 정체를 알지 못했고, 이 무시무시한 팬데믹이 어떻게 끝날지, 끝나기나 할지 가늠할 수 없었기에 미래는 암울하기 그지없었다. 이 바이러스를 『일리아스』에서 아폴론이 그리스 군에게 쏘아댄 '신의 화살'에 비유하는 이도 있었다. 과학이 답을 내지 못하는 동안 종교와 신화, 가짜 뉴스와 혐오가 빈 자리를 채웠다. 3월 18일자의 뉴욕타임스 기사를 본 이들은 말했다. "다시 여행이라는 것을 할 수 있게 될까? 내가, 우리가, 타임스스퀘어나 스페인계단, 람블라스 거리에 갈 수 있는 날이 올까?" 다행히 인류는 큰 희생을 치르기는 했지만 신종 전염병을 이겨냈고, 다시 비행기를 타고 먼 나라의 낯선 도시로 여행할 수 있게 되었다. 그러나 이 몇 년의 경험은 우리에게 여행을 전혀 다른 각도에서 볼 수 있는 기회를 제공했다. 지난 몇십 년간, 세계는 상대적으로 안전했고 해외여행은 천부적 권리처럼 여겨졌다. "열심히 일한 당신 떠나라" 같은 광고 문구는 그런 정서를 잘 보여주었다. 열심히 일했다면 여행을 누릴 권리가 있다는 소리로 들렸다. 인스타그램과 숏폼의 시대, 사람들은 피드에 올릴 멋진 사진과 영상이 필요하기도 했다. 그래서 '신이 희생'은 아무리 많은 의미 이무리 시 하고, 아무리 그것을 천부적 권리에 버금가는 것으로 여긴다 해도 하루아침에 여행이 불가능해질 수 있음을 보여주었다. 그렇게 여행이 사실상 금지되고 나서야 사람들은 그동안 여행이 얼마나 중요한 삶의 동력이었는가를 깨닫게 되었다.

여행은 '지금, 여기'가 아닌 곳으로 가는 행위로 정의

할 수 있을 것이다. 지리적으로 멀리 떨어진 곳으로 가는 것으로 흔히 생각할 수 있지만 '시간여행'이라는 말이 널리 쓰이는 걸 보면 다른 시간대로 떠나는 것도 여행일 수 있다. 여기에 하나를 더 추가하자면 시공간의 변화가 전혀 없음에도 그 시공간이 전혀 다른 성질을 띠게 됨으로써 이동이 전혀 없어도 여행이 되어버리는 경우도 있을 수 있다. 팬데믹 시기의 우리가 그랬다. 우리는 어디에도 가지 못하고 '지금, 여기'에 갇혀버렸으나 '지금, 여기'가 달라짐으로써 전혀 다른 세계로 온 것과 같은 처지가 되어버렸다. 어쩌면 기이한 디아스포라라 할 수 있었다. 아무도 움직이지 않는데 다른 세상에 던져졌던 것이다. 뉴욕타임스 특집 기사의 사진들은 바로 그 점을 포착했다. 우리는 마치 평행우주에 도착한 이들처럼 익히 알던 곳의 새로운 모습을 보았고, 인간과 인간 사이의 사회적 관계와 역동이 전혀 다르게 작동하는 것을 보았다. '신의 화살'은 인간의 가장 인간적인 면모를 공격했다. 가족과 함께 식탁에 둘러앉아 따뜻한 밥을 나누어 먹으며 하루의 일과를 이야기하고픈 욕구, 친구들과 어울려 맛있는 안주를 곁들인 술을 마시며 희희낙락하고픈 욕구, 공연장에서 좋아하는 뮤지션의 공연을 보며 빙빙 뛰고 싶은 욕구, 카페에 모여 앉아 무해한 수다를 떨며 안전감을 느끼고픈 욕구, 아무도 나를 모르는 낯선 곳에 도착해 호텔에 여장을 풀고 거리로 나가 새로운 사람들과 어울리고픈 욕구가 '신의 화살'을 맞았다. 사회적 동물인 우리는 혼자가 되고, 극장에서의 영화 관람과 공연장에서의 떼창이 사라지고, 호모 비아토르는 여행을 금지당하고, '사회적 거리두기'가 인간관계의 새로운 표준이 되었다.

갑자기 여행지가 되어버린 2020년의 서울에서 나는 '혼자 놀기'의 다양한 방법들을 시험했다. 작은 정원을 더 열심히 가꾸고 요리에 많은 시간을 들였다. 사회적 교감의 욕구를 채우기 위해 인스타그램을 시작했다. 2020년의 피드는 대부분이 요리와 식물, '마당냥이'들의 사진이었다. 해변 관광지에 가면 서퍼가 되고, 니가타의 온천에 가면 발그레한 볼의 목욕광이 되듯이, 그 시기의 나 역시 조금 다른 사람이 되었고, 될 수밖에 없었다. 한때 매식이 금지되었고, 그 금지가 풀린 뒤에도 식당을 전혀 가지 않았기 때문에 최소한의 만족을 위한 요리는 필수였고, 수많은 이가 실시간으로 접속하는 SNS도 오랜만에 다시 시작하게 되었다. 그럼에도 여행을 향한 욕구는 해결이 어려웠다. 그럴 때마다 나는 어려서부터 익숙한 해결책으로 돌아갔다. 바로 책을 읽는 것이었다.

정치범으로 교도소에 수감된 경험이 있는 선배 작가로부터 수감자들이 가장 즐겨 대출하는 책이 요리책이라는 말을 들었다. 수감자들은 요리책을 읽는 것을 '외식 간다'고 표현한다는 것이다. 높은 해상도로 아름답게 찍힌 각종 요리를 눈으로 보면서 훗날 자유의 몸이 되어 먹게 될 때의 맛을 상상했던 것이다. 아마 다이어트 중인 이들이 유튜브 먹방을 거듭하여 보는 심리랑 비슷할지도 모르겠다. 처음에 나는 예전의 여행 사진들을 보기 시작했는데, 곧 그간 사두기만 했던 여행서들을 들추기 시작했다. 많은 책을 읽었지만 그중에서도 기억에 남는 책은 『머나먼 섬들의 지도: 간 적 없고, 앞으로도 가지 않을 55개의 섬들』이다. 이 책보다 팬데믹 시기 '상상의 여행'에 더 어울리는 여행서는 아마 없을 것이다. 저자 유디트 샬란스키는 동독의 그라이프스발트에서 태어났다. 어릴 때부터 지도책 보기를 좋아했던 저자는 어느 날 자신이 태어난 나라가 지도에서 사라졌다는 사실을 발견한다. 통일 이후 동독이라는 나라는 이제 지도상에 존재하지 않게 된 것이다. 나 역시 지도책을 좋아해 헌책방에서 옛날 지도책이 보이면 사두는 편이다. 이제는 사라진 나라들, 예컨대 유고슬라비아나 비아프라 같은 나라의 이름을 거기에서 발견하면 묘한 감상에 손가락으로 더듬어보게 되는 때가 있다. 그런데 샬란스키는 아예 자신의 나라가 지도에서 사라진 경험을 한 것이다. 그러니 "간 적 없고, 앞으로도 가지 않을" 섬들의 지도와 이야기로 책을 펴내기에 딱 맞는 인물이라고 할 수 있다.

목차를 보면 쉰다섯 개의 섬이 나오는데, 역시 내가 가본 섬은 하나도 없다. 그러나 이름만은 익숙한 섬들이 많다. 나폴레옹이 파란만장한 생을 마감한 대서양의 세인트헬레나섬, 북극해의 루돌프섬, 인도양의 크리스마스섬, 태평양의 이오지마섬과 이스터섬. 나이 오십이 넘도록 여행자로 살면서도 한 번도 가보지 않은 섬들이니 앞으로도 가볼 일이 전혀 없을 것 같은 이 절해고도들이야말로 편안한 내 집 소파에 앉아서 아름답게 디자인된 여행서로 읽기에 딱 적당하다. 나는 이 절해고도들에 얽힌 하나하나의 이야기들을 틈날 때마다 읽으며 요리책을 읽는 수감자들의 마음을 조금은 이해할 수 있었다. 꼭 자기 몸으로 한 여행만이 여행은 아닐 테니까.

이런 유의 다른 책으로는 프랑스의 사진작가 브리스 포르톨라노의 사진 에세이 『노 시그널』이 있다. 이 책은 문명에서 벗어나 수도가 없고 전기가 들어오지 않는 오지로 떠난 사람들의 모습을 담았다. 북극권의 툰드라, 몽골의 대초원, 그리스의 섬, 파타고니아의 팜파스, 노르웨이 베스테롤렌제도의 등대에서 '사회적 거리두기'를 일찍이 실천한 이들의 이야기였다. 등대지기 엘레나는 "따뜻한 난로 옆에서 이따금 범고래나 혹등고래 무리가 청어떼를 사냥하기 위해 북쪽으로 올라가는" 모습을 목격한다. 바람이 일 때는 독수리가 건물에 스치듯 다가오기도 한다. "자연은 나에게 엄청나게 많은 것을 가져다줍니다. 자연과 아주 가까이 있을 때 나 자신이 더욱 강하게 느껴져요. 산, 바다, 하늘을 바라볼 때 (…) 나는 커다란 자유를 느낍니다"라고 말한다. 대도시에서 무려 350킬로미터 떨어진, 북극권의 핀란드 라플란드 지역의 통나무집에서 개들과 함께 살고 있는 삼십대 여성 티냐는 "그녀가 그토록 좋아하는 생생하고 뼛속까지 파고드는 추위의 왕국에서 썰매

개 무리의 수장首長"이다. 그녀는 "겨울이면 에너지가 충만해지는 걸 느껴요. 상쾌한 공기가 활력을 가져다주죠. 북극이 가장 찬란한 모습으로 베일을 벗는 가장 아름다운 계절이에요. 하늘과 별, 북극권의 오로라 (…) 너무나 아름다워서 아무리 봐도 질리지 않아요"라고 말한다.

이렇게 갇혀 있을 바에야 도시보다 차라리 저런 오지가 나은 것은 아닐까? 록다운 시기, 이런 생각을 해본 사람이 나만은 아니었을 것이다. 대자연에서 자급자족하면서 사는 삶이 쉬울 리가 없지만, 결핍은 환상을 부추겼다. 환상 속으로 도피하기만 한 것은 아니었다. 나름의 응전도 있었다. 2020년 12월, 나는 인스타그램에서 북클럽을 만들었다. 나뿐 아니라 모두 갇혀 있었고, 갇혀 있으면서도 손에는 스마트폰을 꼭 쥐고 있었다. 궁금한 것은 이 재난의 향방이 궁금했기 때문이다. 북클럽의 운영은 간단했다. 함께 읽을 책을 제안하고 한 달 동안 그 책을 같이 읽은 뒤 월말에 라이브방송을 열어 감상을 나누는 것이었다. 북클럽은 '기이한 디아스포라' 상황에 처해 있던 책벌레들의 탈출구가 되었다. 매번 천 명 내외의 회원들이 라이브에 참여했고, 지리적 경계는 없었다. 미국과 독일, 오스트레일리아, 케냐에서도 접속했다. 북클럽은 책을 통한/향한 여행이 되었다. 우리는 마쓰이에 마사시의 『여름은 오래 그곳에 남아』를 읽으며 가루이자와의 여름을 느꼈고, 진저 개프니의 『하프 브로크』를 읽으며 뉴멕시코의 황야를 버림받은 말들과 함께 달렸다. 빌 브라이슨의 『거의 모든 것의 역사』는 인류와 우주의 역사를 거슬러올라가는 시간여행이었고, 이사벨 아옌데의 『영혼의 집』은 우리를 칠레의 근현대사로 데려갔다. 갇힌 자들에게 책은 세계와 역사로 향하는 문이었고, 언제나 조용히 열려 있었다는 것을 새삼 발견한 이 년이었다.

코로나19 팬데믹은 인류에게 큰 고통을 안겼다. 그러나 언제나 그랬듯이 인류는 이겨냈다. 여행은 당연히 주어지는 권리도 아니었고, "열심히 일한 당신"에게 산타클로스가 주는 선물도 아니었다. 여행은 질병과 혐오가 없는 안전한 세계를 필요로 하며, 우리가 살고 있는 이 지구가 아직도 서로에 대한 환대가 가능한 공간임을 증거하는 행위였다. 외부 자극에 극도로 민감한 자폐인에게 좋은 집이 비자폐인에게도 좋은 집이라는 어느 건축가의 말처럼, 여행자에게 좋은 세계가 그렇지 않은 이들에게도 좋은 세계였다. 여행은 적대와 혐오, 전염병과 전쟁이 있는 세계를 반대하기 때문이다. 이제 여행은 다시 시작되었지만 팬데믹에서 배운 것들은 인류와 함께 앞으로도 공생하게 될 코로나19 바이러스처럼 우리의 일부가 되었다.

  2024년 2월에 일본 규슈 최남단의 가고시마에 갔다. 코로나19 팬데믹 이후 첫 해외여행이었다. 출발 며칠 전 가고시마시 앞바다의 온타케 화산이 격렬하게 분화하여 시가지가 화산재로 덮이고 일부 시민들이 대피했다. 보도를 보고 여행의 취소를 잠깐 고려했지만 그대로 강행했다. 후쿠오카에서 신칸센을 타고 남쪽으로 한 시간쯤 내려가면 가고시마시다. 도시에서 꽤 떨어진 곳에 있으리라 예상했던 온타케 화산은 가고시마 시가지의 코앞에 우뚝 서 있었다. 도시를 굽어보고 있는 이 신생 화산의 규모가 너무 커서 도시 어디에서도 존재를 의식하지 않을 수 없었다. 분화는 잦아들었지만 정상의 분화구에서는 계속 흰 연기가 올라오고 있었다. 유사 이래 분화가 계속되었고 지난 백 년간에도 여러 차례 대규모의 화산활동이 있었던 탓인지 가고시마시 주민들은 평온을 유지하고 있었다. 그러나 그 평온에는 어딘가 조심스럽고 아슬아슬한 기운이 있었다. 시가지는 화산섬 사쿠라지마와 정면으로 맞서는 형태로 배치되어 있었다. 그것은 마치 "네가 힘이 강하다는 것은 알아. 하지만 그렇다고 내가 물러나겠다는 것은 아니야. 나는 여기에서 너와 함께 살아갈 거야. 아니, 살아갈 수밖에 없어"라고 선언하는 듯했고, 그것은 우리 인류가 잠재한 위험과 함께 살아온 태도이기도 했다.

  팬데믹이 채 끝나기도 전, 지구촌 곳곳의 묵은 갈등들이 테러와 전쟁으로 이어졌다. 세계가 안전하지 않다는 것, 인간 집단들 사이의 적대가 계속된다는 것, 앞으로도 이는 쉽게 사라지지 않을 것임을 우리는 잘 알고 있다. 바이러스는 다시 창궐하고, 마그마는 분출하고, 전쟁이 발발할 것이다. 인류는 그것들과 함께 살아갈 방법을 찾아낼 것이고, 문득 짐을 꾸려 어디론가 떠나기도 할 것이다. 이런 담대함이야말로 인류가 수만 년 전 아프리카의 사바나를 떠나 전 지구로 퍼져나가게 한 힘이었다. 인류의 투쟁과 모험, 여행은 끝나지 않을 것이다.

(『여행의 이유』)

3. 밤의 기억

나쁜 부모 사랑하기

 아이는 자기를 덜 사랑하는 부모의 마음에 들려고 애쓴다고 한다. 자기를 사랑하는 게 확실한 부모의 마음에 들려고 노력하기보다는 자기를 마뜩잖아하는 부모의 마음에 드는 게 생존에 더 중요하기 때문이다. 부모가 자기를 버리지 못하게 해야 하는 것이다. 아이를 사랑하지 않는 부모는 바로 그것 때문에 아이에 대해 힘을 갖게 된다. 나쁜 부모는 아이를 사랑하지 않음으로써 아이를 움직일 수 있다는 걸 알게 된다. 아이는 끝없이 노력하고 부모는 '너는 영원히 내 사랑을 가질 수 없다'고 암시하고, 아이는 또 노력하고 부모는 또 암시하고…… 그러는 동안 어느새 아이의 얼굴에는 주름살이 생기고 허리가 굽고 눈이 침침해진다. 어느 날 자기를 끝내 사랑하지 않던 부모가 죽으면 아이는 부모의 관 앞에서 눈물을 흘리고 통곡을 한다. 아이가 평생의 노력이 무의미했다는 것을 비로소 깨닫고 통탄할 때, 사람들은 그 속도 모르고 "불효자는 웁니다"라고 말한다.

크리스 프레일리와 필 셰이버는 공항에서 이별하는 연인들의 행동을 수집하고 분석했다. 대체로 연인들은 키스하고 포옹하고 잡은 손을 놓지 않으며 이별을 아쉬워했다. 그러나 그 정도에 많은 차이가 있었다. 심한 불안을 감추지 못하며 상대에게서 떨어지지 않으려는 연인이 있는가 하면 차분하고 성숙하게 이별을 받아들이는 연인도 있었던 것이다. 프레일리와 셰이버는 이런 행동의 기원이 모자간의 애착관계에 있다고 주장했다. 연인이 서로에게 하는 행동은 어렸을 때 엄마에게 했던 행동의 모방이라는 것이다. 어린아이들은 눈앞의 놀이에 열중하면서도 늘 엄마가 어디 있는지 확인한다. 엄마와 잠시라도 떨어지게 되면 울며불며 난리를 친다. 어쩔 수 없이 헤어져야 한다는 것을 받아들인 후에도 잡은 손을 놓지 않으려 하고 마지막까지 엄마 쪽을 돌아본다. 이와 유사하게 엄마와 불안한 애착

관계를 맺었던 사람은 연인이 시야에서 사라지는 순간 커다란 두려움과 슬픔을 느끼며 이게 사랑하는 사람의 마지막 모습이 될 것이라고 마음속으로 생각한다고 한다. 반면 엄마와의 애착관계가 안정적이었던 남녀는 이별의 의식을 덜 요란하게 치른다. 사이가 좋은 연인들은 평상시에도 서로에게 유치한 애칭을 붙이고 혀짤배기소리를 한다. 그들은 서로에게 칭얼거리고 서로를 귀찮게 하면서 끊임없이 애정을 시험한다. 여기서 우리는 부모와의 애착관계가 건강한 사람이 연인과도 원만한 관계를 형성하리라는 것을 유추할 수 있다. 어려서 부모의 사랑과 관심을 충분히 받지 못했던 사람은 연인의 사랑을 끝없이 확인하려 들 것이다. 수십 통의 문자메시지를 보내고 소재를 확인하고 무리한 요구를 하고 상대방이 그것을 받아들이는지를 보려 한다.

인간사가 정의와 무관하다는 걸 발견하게 될 때마다 씁쓸하다. 아이가 자기를 덜 사랑하는 부모의 마음에 들려고 더 노력한다거나 어릴 때 부모의 사랑을 받지 못한 사람이 연인과의 관계에서도 어려움을 겪는다는 것은 부당하다는 생각이 든다. 그 반대였으면 얼마나 좋을까. 아이를 사랑하지 않은 부모는 아이의 애정을 받지 못하고, 어려서 불행하게 자란 사람일수록 연인과의 관계가 더 원만하다면 얼마나 바람직할까. 그런데 불행히도 인간사는 정의에 별로 관심이 없는 것 같다. 그래서 기독교나 불교 같은 종교들은 정의의 실현을 사후 또는 내세로 미룬 게 아닐까.

폴 토머스 앤더슨의 영화 〈마스터〉는 부모와 자식 간의 이런 관계에 대한 비유로 가득하다. 주인공 프레디는 아버지는 없고 어머니는 정신병원에 있는 남자다. 그가 제대로 된 부모를 갖지 못했다는 배경은 영화 중반에야 밝혀지지만 관객들은 영화의 첫 장면에서부터 그가 '후레자식'임을 알 수 있다. 그는 부끄러움을 모른 채 욕망에 충실하다. 해군 병사들이 모래로 만들어놓은 여자 위에 올라타 민망한 방아질을 하는 남자다. 그의 노골적인 행동에 젊은 동료 병사들마저 눈살을 찌푸린다. 또한 그는 자기만의 술을 제조하고 그 술에 늘 취해 있는 디오니소스적인 인물이다. 프레디를 연기하는 호아킨 피닉스의 눈에서는 언제나 광기가 번뜩인다. 제2차 세계대전이 끝나고 미국으로 돌아온 그는 백화점에서 사진사로 일하지만 살아 있는 진짜 여자와는 정상적인 관계를 맺지 못한다. 그는 여전히 자신이 제조한 술을 마시고 세상을 향해 패악을 부린다. 역시 술에 만취한 어느 날, 그는 '마스터' 랭커스터와 만난다. 신흥종교의 교주로 세력을 키워가던 이 남자는 모든 면에서 아버지의 모습을 하고 있다. 그는 가족과 신도들을 거느리고 군림한다. 프레디가 랭커스터를 만나는 곳이 대서양의 배 위라는 점도 의미심장하다. 배 위의 랭커스터의 모습은 마치 구약의 노아처럼 보인다. 노아는 야훼라는 신을 믿은 유일한 가장이었고, 그 신을 믿지 않은 당대 다수의 눈에는 랭커스터와 같은 신흥종교의 교주로 보였을 것이다. 20세기 노아의 방주 위에서 프레디는 '아버지'이자 '마스터'인 랭커스터에게 빠져들고 랭커스터도 프레디를 받아들인다. 프레디는 랭커스터의 마음에 들기 위해 노력한다. 랭커스터가 경찰에 체포될 때에는 충실한 개처럼 주인(마스터)을 보호하기 위해 경찰에게 달려든다. 프레디는 랭커스터가 시키는 모든 것을, 비록 본성에 반하는 것이라 할지라도 충직하게 따르려 노력한다. 프레디는 좋은 아들이 되기 위해 모든 신도들이 지켜보는 가운데 좁은 방을 끝없이 왔다갔다한다. 보는 관객이 다 답답할 지경이다.

프레디에게 랭커스터는 전형적인 나쁜 아버지, 나쁜 연인이다. 그들은 처음에는 매력적인 모습으로 나타나지만 아이와 연인이 정말 원하는 사랑은 주지 않는다. 그들은 끝없이 상대방에게 자신이 사랑하기에는 부족하다는 암시를 주고, 이를 통해 사랑과 애착에 굶주린 아이와 연인을 움직인다.

프레디는 해군 갑판수였다. 예로부터 배를 타고 떠난다는 것은 가족에게서 벗어난다는 것, 어른이 된다는 것을 의미했다. 『모비딕』의 이스마엘은 포경선에 오르는 것으로 새로운 인생을 시작하고 〈대부 2〉의 마이클 코를레오네는 해군에 입대해 제2차 세계대전에 참전함으로써 아버지와 가족의 뜻을 거슬렀다. 그러나 배를 타고 떠나는 것만으로는 진정한 어른이 될 수 없다는 것을 『모비딕』과 〈대부〉는 보여준다. 이스마엘은 광기에 사로잡힌 아버지 에이해브 선장을 극복해야 하고 마이클 코를레오네는 '대부'가 되어 가족을 지키는 운명을 받아들여야만 했다. 프레디가 진짜 어른이 되는 것은 랭커스터라는 아버지가 실은 약점으로 가득 찬, 그 자신이 타인의 사랑을 갈구하는 나약한 존재라는 것을 깨닫는 순간이다. 랭커스터는 프레디가 제조한 정체를 알 수 없는 술을 좋아한다. 밀주에 대한 중독적 탐닉은 이성과 과학으로 자신을 포장한 '마스터' 랭커스터의 숨은 약점이었고, 가족들은 그것을 눈치채고 경계한다. 폴 토머스 앤더슨은 아버지와 아들의 관계가 일방적이지만은 않다는 점을 포착했다. 아버지들도 한때는 누군가의 아들이었고 그들 역시 언제나 아버지를 찾고 그 아버지는 때로 자기를 숭배하는 자들 속에 있을 수 있다. 영악한 아들들은 아버지들의 그 약점을 파고든다.

우리들 모두는 한때 부모의 사랑과 보살핌이 절실한 나약한 어린아이였다. 그 사실이 변한 적은 없다. 한때 광화문 교보생명 빌딩 정면에는 "어렸던 그 아이는 어디 있을까?"라는 네루다의 시구가 적힌 대형 플래카드가 붙어 있었다. 그 어린아이는 영원히 우리 안에 있다. 성장은 끝나지 않는다. 모든 비극과 희극이 여기에서 시작된다. 배를 타고 고향을 떠나는 것, 술을 만들어 먹는 것만으로 온전한 성인이 될 수 있었다면 아마 문학과 연극, 영화 같은 것들은 존재하지 않았을 것이다.

어느 날 랭커스터는 프레디를 데리고 사막으로 간다. '마스터' 랭커스터는 프레디에게 오토바이를 타고 정해진 지점까지 갔다가 돌아오는 시험을 부과한다. 오토바이를 타고 사막을 달리던 프레디는 반환점을 돌지 않고 그대로 달려가버린다. 탁 트인 바다에서 제멋대로 살던 디오니소스적 인간이 끝내 길들지 않은 채 아버지가 정한 선 밖으로 탈출하는 장면은 통쾌하고 짜릿했다. 비록 우리가 나약한 어린아이로부터 비롯되었다 해도, 부모가 우리에게 부과한 그 굴레에서 영원히 벗어나지 못하는 것은 아닐 것이라는 희망을 나는 거기에서 보았다.

(『다다다』)

어떤 부탁

 어느 날 한 젊은 남자가 집으로 돌아와 어머니에게 좀 누워서 생각할 것이 있으니 방해하지 말아달라고 부탁을 했다. 그리고 그 남자는 침대에 들어가 잠을 잤다. 자다 깨다를 반복하며 가끔 어머니가 갖다주는 밥을 먹었다. 결코 침대를 벗어나지 않았다. 그렇게 꼬박꼬박 일 년을 그는 침대에서 천장만 바라보며 세월을 보냈다. 어디 아픈 것도 아니었다. 단지 생각할 게 조금 있다고 했다. 정말 그는 골똘히 뭔가를 생각하고 있는 것 같았다. 그리고 정말 일 년 후, 그는 자리에서 일어나 자기 어머니에게 혹시 못쓰는 화분이 하나 있느냐고 물었다. 멀쩡한 화분도 아깝지 않을 상황이었다. 어머니는 큰 화분을 그에게 내주었다.

그러자 그는 집밖으로 걸어나가더니 꼭 막대사탕처럼 생긴 주정차금지표지판을 하나 쑥 뽑아 집으로 돌아왔다. 그리고 어머니가 마련해준 화분에 그 표지판을, 마치 살아 있는 나무처럼 심었다. 그리고 그것을 사진으로 찍어 파리의 유명한 화상에게 보냈다. 현대미술을 취급하던 그 화상은 단박에 그 작품이 지닌 매력을 알아보았다. 그리고 그 작품을 사겠다고 연락을 해왔다. 일 년을 침대에서 보낸 그 남자는 그때부터 부지런히 작품을 생산하기 시작해 일약 유명작가로 급부상했고 유럽 각지의 미술관들이 그의 작품을 사들였다.

만약 우리나라였다면 어땠을까. 일단은 일 년 동안 누워 있겠다는 자식을 두고 볼 부모가 거의 없을 것이다. 그리고 추석과 설날 같은 명절이 되면 친척들이 몰려와 안부를 물을 테고 국가는 예비군 훈련이니 민방위 교육이니를 해야 한다며 소집통지서를 보낼 것이다. 동네 사람들은 사지 멀쩡한 놈이 누워서 주는 밥이나 받아먹으며 부모 고생시킨다고 수군댈 테고 최악의 경우 정신병원으로 보내졌을지도 모르는 일이다.

그렇지만 꼭 그래야 할까? '사람 도리'를 하며 무난하게 사는 사람들도 필요하지만 남이 하지 않는 엉뚱한 생각을 하고 그것을 실천에 옮기는 사람도 이 세상 어딘가에 그 쓰임이 있을 것이다. 가끔 주변에서 자기 아이가 왕따가 될까봐 지나치게 전전긍긍하는 부모들을 보게 된다. 그렇지만 고립된 개인으로 살아가는 것이 꼭 불행을 의미하지는 않는다. 예수도 한때는 홀로 광야에서 배회하는 그 사회의 왕따였다. 그분은 중요한 결정을 앞둔 순간마다 제자들과 군중을 물리치고 언덕으로 올라가 기꺼이 혼자가 되었다. 역사는 말없는 다수의 것이기도 하지만 그 속에 고독한 개인들의 몫이 전혀 없다고는 말할 수 없을 것이다.

(『랄랄라 하우스』)

엇갈림

　로맨스는 엇갈림의 서사다. 엇갈리지 않고 오다가다 다 만나면 로맨스가 아니다. 로맨스는 시간, 공간, 벡터(방향), 이 세 가지 중 하나라도 물리적으로 달라야만 성립한다. '그는 나를 오래전부터 사랑해왔지만 나는 그가 떠난 후에야 그를 사랑하기 시작했다'면 그건 시간의 엇갈림이다. '내가 사랑하는 그는 너무 멀리 있다' 혹은 '죽었다'면 그건 공간의 엇갈림이다. 로맨스 드라마의 주인공들은 만날 듯 만날 듯하면서 만나지지 않는다. 그들은 너무 빠르거나 느리다. 그게 보는 사람으로 하여금 안타까움을 자아낸다. 거 웬만하면 좀 만나게 해주지. 이런 생각이 절로 들어야 이야기가 굴러간다.

벡터가 엇갈리는 사랑도 시간과 공간이 엇갈리는 사랑만큼이나 서글프다. 같은 시간, 같은 공간 안에 있는 그녀가 나 아닌 다른 사람을 바라보고 있다는 것. 즉, 시선의 방향이 다를 때, 우리의 안타까움은 배가된다. 이 '벡터의 엇갈림'을 다른 말로 하자면 삼각관계일 것이다.

로미오와 줄리엣은 같은 시간과 같은 벡터를 공유하고 있었지만 같은 공간 안에는 머무를 수 없었다. 그들의 공간은 무덤 속에서 비로소 일치한다. 성춘향과 이몽룡도 공간이 달라 괴롭다. 사랑하는 낭군은 한양에 있는데 아리따운 춘향은 포악한 변학도가 지배하는 남원에 있다는 것. 이게 그들 괴로움의 원천이다. 물론 이 상태는 이몽룡이 다시 돌아옴으로써 해소된다. 변학도는 성춘향을 사랑한다. 그들은 같은 공간, 같은 시간 안에 있지만 시선의 방향이 영판 다르다.

〈번지점프를 하다〉에서도 이러한 엇갈림이 영화 곳곳에서 우리를 기다리고 있다. 우선 인우와 태희는 죽음으로써 한 번 엇갈린다. 그야말로 고전적인 기다림의 장소인 입영열차 앞에서 말이다. 다른 영화라면 이쯤에서 끝나겠지만, 무슨 소리, 우리의 〈번지점프를 하다〉는 좀비처럼 벌

떡 일어나 새로운 엇갈림의 방식을 보여준다. 고등학교 선생인 인우와 학생인 현빈의 엇갈림이다. 이들은 같은 시간(2000년), 같은 공간(학교)에 있지만 시선의 방향(벡터)이 완전히 다르며 일치할 가능성도 거의 없다. 이들은 동성이며 또한 사제지간이다. 게다가 인우는 유부남이다. 그러나 인우는 현빈이 죽은 태희의 현신이라고 생각하고 있으며 이 '이루어질 수 없는 사랑' 혹은 '엇갈림'이 이 이야기를 끌고가는 주 연료다.

다시 말해, 2000년 현재, 인우와 죽은 애인 태희는 시간적, 공간적으로 엇갈리고 있으며, 인우와 제자 현빈은 같은 시간과 공간에 존재하지만 서로 다른 방향을 바라보고 있다. 인우를 중심으로 한 이 불안한 엇갈림들은 제자인 현빈이 인우의 사랑을 승인함으로써 해소된다. 그러나 이들의 결합은, 로미오와 줄리엣처럼 현생에서는 받아들여지기 어려운 성질의 것이므로 결국 죽음으로 귀결된다. 이름하여 줄 없는 번지점프!

〈번지점프를 하다〉는 죽음과 성을 가로지르는 새로운 방식의 엇갈림을 한국영화사에 편입시켰다. 그리고 퀴어 문화와 동양적 사생관이라는 대단히 이질적인 요소들을 상업영화의 서사 속에 끌어들였다. 혹시 로맨스 영화에서 써먹을 수 있는 엇갈림은 누군가 벌써 다 써먹었다고 생각하는 분들은 이 영화를 보실 필요가 있다. 로맨스는 정말이지 영원히 새로운, 기묘한 장르다.

(『김영하 이우일의 영화이야기』)

부다페스트의 여인

나는 1995년 2월에 제대를 했다. 바로 그달에 한 계간지에 「거울에 대한 명상」이라는 단편을 발표하며 등단했다. 강변을 산책하던 남녀가 폐차 트렁크에 들어갔다가 빠져나오지 못한 채 절망적 섹스를 계속하다 끝내 거기서 죽는다는, 참으로 어둡고 암울한 그런 소설이었다(훗날 〈주홍글씨〉라는 상업영화로 만들어지기도 했다). 발표되자마자 원고 청탁이 빗발칠 줄 알고 전화기 옆에서 기다렸지만 몇 달 동안 전혀 소식이 없었다. 먹고살려면 취직은 해야겠기에 모교의 한국어학당에 혹시 강사 필요 없냐고 문의를 했다가 올해는 벌써 마감했으니 내년에 다시 연락하라는 답변만 들었다. 한국어를 꽤나 유창하게 구사한다고 믿는 네이티브 스피커의 한 사람으로서 하루에 네 시간만 외국인에게 한국어를 가르치면 된다는 이 직장은 이제 막 작가로 첫발을 내디딘 나에겐 꿈의 직장처럼 보였다. 그러나 어쩌랴. 모집이 끝났다는데.

동네에 '소수정예'를 표방하는 보습학원이 있어 찾아갔더니 원장이 흔쾌히 받아주면서 당장 강의에 들어가라고 했다. 남녀 고등학생 두 명에게 한 시간 동안 영어를 가르쳤는데 학생들이 심하게 똑똑했다. 나에 대한 원장의 기대가 너무 큰 것 아닌가 싶어 좀 부담스러웠다. 수업이 끝나자 원장이 그 두 학생을 데리고 원장실로 들어갔다가 잠시 후에 나와서는 나에게 말했다.

"오늘 수고했어요. 다음주부터 중학교 1학년 애들한테 영어를 가르치세요."

나중에 알고 보니 '심하게 똑똑'했던 그 두 명의 학생은 새 강사가 오면 그 실력을 평가하는 애들로, 근방의 명문고에서 전교 10등 안에 드는 우등생들이었다. '심하게 똑똑'한 아이들의 냉엄한 평가에 따라 나는 소수'정예'와는 매우 거리가 먼 극소수'비정예' 중1들의 우리에 던져졌다. 나도 모자라고 아이들도 모자라니, 나도 울고 아이들도 울고 그걸 본 원장도 울고, 울면서 강사 월급 깎고, 뭐 그런 나날이었다.

그래도 학원생활 몇 달에 어찌어찌 돈을 모아 유럽으로 배낭여행을 떠났다. 그때는 아직 〈비포 선라이즈〉가 대한민국 청춘들 가슴에 불을 지르기 전인, 말하자면 '비포 〈비포 선라이즈〉 시대'였지만 그래도 유레일패스를 끊어 한 달간의 긴 여행을 떠나는 스물여덟의 청춘이 기대하는 바가 없을 수는 없었다. 영화나 소설에서 빈번히 일어나는 로맨틱한 사건들이 곳곳에서 나를 기다리고 있을 줄 알았다. 그러나 피렌체행 기차로 갈아타기 위해 비엔나역에 내리기 전까지 근 보름 동안 나는 낭만적 사랑은커녕 말 같은 말 한마디 제대로 못한 상태로 유럽의 도시들을 헤매다니다 거의 우울증 직전의 상태에 처해 있었다. 그렇게 말다운 말에 심하게 굶주려 있던 나는 비엔나역 대합실에서 모국어가 들리자 바로 그쪽으로 고개를 돌렸다. 이십대 초반쯤으로 보이는 두 여성은 커다란 배낭을 안고 앉아서 이야기를 하고 있었다.

그녀들은 사촌자매지간으로 대학을 졸업하자마자 함께 유럽여행을 떠나온 참이었다. 나는 부다페스트행 기차를 기다리고 있던 이 자매님들을 붙들고는 보름 동안 못다 한 말들을 다 쏟아내기 시작했고, 그중에서도 특히 언니가 참을성 있게 내 폭풍수다를 들어주었다. 시간이 되자 그들이 먼저 부다페스트행 기차에 올랐고 나도 계획대로 피렌체로 향했다.

원래는 피렌체에서 3박을 하면서 느긋하게 이곳저곳을 돌아볼 계획이었다. 그런데 갑자기 피렌체에 아무 흥미가 생기지 않았다. 관광객들로 북적이는 아카데미아미술관에서 짐승남 다비드의 완벽한 몸매를 올려다보다가 문득 결심을 했다.

부다페스트로 가자!

유창한 한국어를 조금 더 구사하고 싶어서였다, 고 말인나긴 시킷길이고, 닢은 비엔나에서 만난 그 자매, 그중에서도 특히 언니가 자꾸만 눈에 어른거렸기 때문이었다. 에이, 부다페스트가 무슨 시골 동네도 아니고 그래도 명색이 한 나라의 수도인데, 무작정 가서 도대체 어디서 그들을 찾아낸단 말인가, 같은 이성적인 생각은 아예 머릿속에 떠오르지도 않았다.

다음날 아침, 밤기차에서 내려 부다페스트역을 헤매고

있는 내 앞에 거짓말처럼 그 사촌자매가 나타났다. 영화 같은 일이 마침내 내 생에도 일어난 것이다. 그들은 마침 파리행 기차시간을 알아보기 위해 역에 들른 참이라고 했다.

"숙소는 구하셨어요?"

아니라고 하자 그들은 자신들이 묵는 민박집에 빈방이 있다며 나를 데려갔다. 마음씨 좋게 생긴 주인 여자는 자기 방을 내주고 자기는 친척집에 가서 자겠다며 나가버렸다. 더욱 바람직했던 것은 내가 관심을 갖고 있던 언니는 남고, 동생만 그다음날 파리로 떠나게 되었다는 것이다. 둘은 바르셀로나에서 여권과 유레일패스를 모두 도둑맞는 사고를 당했는데, 언니 쪽 부모는 흔쾌히 한 달짜리 패스를 새로 끊어 보내준 반면, 동생네 부모는 속히 귀국시키는 쪽으로 결론을 내렸다고 한다.

다음날 동생이 파리행 기차를 타고 떠난 후, 남은 언니와 나는 같은 민박집에 머물며 부다페스트 관광을 계속했다. 낮에는 온천에서 수영을 하고 밤에는 쏟아지는 잠과 싸우며 오페라를 보고 처음 보는 맥주를 함께 마셨다.

사흘 후, 우리는 함께 비엔나행 기차에 올랐다. 그녀

는 이탈리아 쪽으로 내려가 몇몇 도시들을 둘러본 후 배를 타고 아테네로 향할 예정이었고, 나는 남부 프랑스 쪽으로 움직일 계획이었다. 그런데 기차가 비엔나에 다다랐을 무렵, 내 머릿속에 자연스럽게 이런 의문이 떠올랐다. '어차피 혼자 하는 여행에 계획이 다 무슨 소용이란 말인가.' 나는 그녀에게 말했다. 아주 오래전부터 그리스에 꼭 가보고 싶었노라고. 그녀는 내가 그러리라는 것을 미리 예상이라도 한 듯 선선히 받아들였다. "아, 그래요? 그럼 같이 가요."

아시시와 나폴리 같은 도시들을 거쳐 브린디시에 도착한 우리는 유레일패스만 있으면 무료로 승선할 수 있는 페리를 타고 아테네에 도착했다. 그리스의 작열하는 태양 아래 돌무더기 사이를 서성고 해수욕을 하고 수블라키 등을 먹으며 나흘을 함께 보낸 후, 그녀는 예정대로 이스탄불로 떠났고 나는 파리를 거쳐 먼저 귀국했다.

그리고 다음해, 나는 종로의 한 극장에서 〈비포 선라이즈〉를 보고 있었다. 배경이 비엔나라니 그것부터 신기했지만 우연은 거기까지라고 생각했었다. 그런데 그로부터 오랜 시간이 흐른 지금 나는 부산의 한 극장에서 〈비포 미드

부다페스트의 여인

나잇〉을 보고 있다. 그런데 이번엔 배경이 하필 그리스라니! 우연치고는 좀 심하다 싶었다. 게다가 나는 주인공 제시와 직업까지 같지 않은가 말이다.

예비 초등학교 교사였던 그녀는 지금 어디서 어떻게 살고 있을까. 영화 속의 그들은 어쨌든 다시 만나 지지고 볶으며 살고 있지만 현실의 우리는 서로의 안부를 전혀 모르고 있다(셀린과는 달리 그녀는 내가 치른 그 많은 낭독회 등에 한 번도 모습을 드러낸 적이 없었다). 다만 이 정도는 짐작할 수 있을 것 같다. 만약 그녀 역시 〈비포 미드나잇〉을 보았다면 비엔나에서 스쳤다가 부다페스트에서 '우연히' 다시 만나 아테네까지 함께 여행한, 자기가 쓰고 있다는 이상한 소설에 대해 말하기 좋아하던 한 남자를 반드시 기억할 것이라고.

〈비포 미드나잇〉에서 이제 사십대에 다다른 셀린은 제시에게 묻는다. "지금의 나를 만난다면 이번에도 기차에서 뛰어내릴 건가요?" 비엔나에서 만난 사람과 같이 살고 있지 않은 나는 비슷한 질문을 스스로에게 던져본다. "그녀를 만나리라는 확신도 없이 무작정 부다페스트행 기차에 다시 오를 수 있겠는가?" 그럴 수 없을 것 같다. 그런 행동은 스물여덟 살에게나 어울린다. 그럼 사십대에는 무엇이 어울리나? 바로 지금 하고 있는 것들. 극장의 어둠 속에 몸을 파묻고 영화 보기, 달콤쌉싸름한 회고담 늘어놓기, 그러다 혼자 괜히 쓸쓸한 기분에 젖어 맥주 마시기, 그리고 글쓰기.

이십대는 몸으로, 사십대는 머리로 산다. 살아보니 둘 다 나름대로 좋았다. 이제 줄리 델피와 에단 호크가 찍을 다음 영화를 기다린다. 내가 어쩌면 살았을 수도 있었을 또 다른 삶을 기다리는 기분으로.

(『다다다』)

사랑이라는 이름의 버그

스팅의 〈Fragile〉이란 노래가 있다. 가끔 가전제품 상자 표면에 컵 깨지는 아이콘과 함께 써 있는 단어다. '깨지기 쉬움.'

스팅은 노래한다. 'How fragile we are.' 우리는 얼마나 약한가. 우리는 얼마나 깨지기 쉬운가. 우리는 얼마나 연약한가. 어쿠스틱의 선율에 담아 스팅은 담담하게 노래한다. 우리는 얼마나 약한가. 그렇다. 우리는 약하다. 잘 깨진다. 박스에 담아 어딘가로 전송하기엔 너무 여리다. 사람이란 조심스럽게 전송되어야 하는 존재다. 망치로 머리를 두드려서도 안 되고 60도 이상의 열을 가해서도 안 된다. 날카로운 것으로 배를 찔러도 곤란하고 삼 미터 이상의 높이에서 떨어뜨려도 안 된다. 인간은 그렇다. 스팅 말이 옳다. 우리는 너무나 '프래자일'한 것이다.

    게다가 인간에게는 감정이라는, 진정 프래자일한 요소가 프로그래밍되어 있다. 이 프로그램은 날 때부터 내장된 것이어서 윈도95를 98로 바꾸듯이 업그레이드할 수도 없고 날마다 새로 부팅되지도 않는다. 이 프로그램에는 버그도 많아 개발자도 운영자도 전문가도 그 원인을 알 수 없는 오류 메시지를 날마다 송출한다. '이 응용프로그램이 잘못된 연산을 수행하고 있으므로 종료합니다'라는 메시지가 뜨지만 그렇다고 쉽게 종료되지도 않는다. 사랑이 대표적이다. 이 연산은 너무나 프래자일해서 고급 사용자라면 웬만해서는 수행하지 않는 것이기도 하다. 사랑이라는 이름의 이 알고리듬은 무수한 오류를 생성하고 다른 프로그램의 수행에까지 부담을 준다. 모든 메모리 용량을 혼자서 까먹으며 컴퓨터 전체의 속도를 떨어뜨리고 하드디스크에 쓸데없는 파일들을 수없이 만들어놓는다. 그렇다면 이건 일종의 바이러스는 아닐까. 그럴 수도 있을 것이다. 게다가 이 프로그램은 가끔씩 사용자가 원치 않는데도 혼자 작동을 시작하여 이 모든 오류를 스스로 만들어낸다. 한마디로, 시스템이 불안정해지는 것이다.

그렇다면 이렇게 프래자일한 '사랑'이라는 바이러스에 감염되지 않는 방법은 뭔가. 그건 바이러스 퇴치법과 같다. 의심나는 파일이 있으면 열어보지 말 것. 이건 판도라의 상자 아닌가. 그렇다, 사랑은 판도라의 상자처럼 배달되어 온다. 상자의 겉에는 매력적인 문구가 새겨져 있을 것이다. '안 열어보면 후회합니다.' '천원으로 십억원을 벌 수 있습니다.' 하긴 그런 말이 써 있지 않아도 상자란 태생적으로 매혹적이다. 그 속에 유나바머의 폭탄이 들어 있을지라도 열어보지 않고는 못 배기는 게 상자다. 겉에 컵 깨지는 아이콘과 함께 Fragile이라고 써 있으면 금상첨화다.

우리는 그렇게 사랑에 감염된다. 그러고 나면 그건 스스로 작동을 개시해 프래자일한 우리를 한껏 흔들어놓는다. 삼 미터 높이에서 던지고 망치로 머리를 때리며 칼로 배를 찌르고 40도가 넘는 고열을 가한다. 눈 덮인 산에 올라가 소리를 지르게 하고 수신인 없는 편지를 부치게 한다.

와타나베 히로코는 후지 이츠키를 사랑한다. 이츠키는 첫눈에 히로코에게 반했다고 했었다. 히로코는 그가 죽은 후에도 무덤가 언저리에 누워 그를 생각한다. 그가 죽은 산에 오르고 그의 옛 주소로 편지를 보낸다. 이미 그곳이 국도가 되어버린 줄 알면서도 편지를 보낸다는 히로코. 그럼 그 편지의 수신인은? 그건 히로코 자신이다. '와타나베 히로코입니다. 잘 지내십니까? 저도 잘 지냅니다.' 이미 프로그램은 잘못 작동하고 있다. 정상적인 사람이라면 그런 쓸데없는 짓을 할 리가 없다. 아무리 고인의 3주기라지만 눈보라 날리는 그 추운 날에 무덤가를 어슬렁거릴 이유가 없다.

그럼 죽은 후지 이츠키는 어떤가. 이츠키는 동급생이며 동명이인인 여자 이츠키를 사랑한다. 아무도 보지 않는 책의 대여카드에 자신의 이름이며 동시에 그녀의 이름인 후지 이츠키를 적어 넣는다. 이름이 같은 새김 또 새겨진다는 것은 어떤 의미일까? 이름은 무엇인가. 이름은 불려지는 것이다. 두 명의 이츠키가 만나는 첫 장면은 그래서 의미심장하다. 수업 첫날, 후지 이츠키라고 호명되는 순간 두 사람은 동시에 손을 든다. 그러면서 서로의 존재를 알게 된다. 나이면서 동시에 너인 존재를 발견한 것이다. 이 둘은 이름뿐만 아니라 나이도 같고 존재하는 공간도 같

사랑이라는 이름의 버그

으며 따라서 경험하는 것도 같다. 고향을 떠난 후지 이츠키는 또하나의 후지 이츠키, 와타나베 히로코를 사랑한다(또는 사랑한다고 믿는다). 그럼, 자신을 사랑하는 자의 최후는? 신화와 같다. 나르시스처럼 죽는 것이다. 그는 산으로 갔고 거기서 죽었다.

살아남은 후지 이츠키는? 그녀는 그 기억이, 자신과 똑같은 이름을 가진 동급생과의 기억이 고통스러웠다고 말한다. 그나마도 거의 다 잊었다고 말한다. 그렇게 하루하루를 살다가, 뭐 별스러울 것도 없는 일상을 살다가 누군가의 편지를 받는다. 그 누군가란 와타나베 히로코. 관객인 우리는 알고 있다. 그 둘은 1인 2역이다. 그 둘은 똑같은 얼굴을 가졌다. 우리는 누구나 그런 꿈을 꾼 적이 있다. 어딘가에 나와 쌍둥이처럼 똑같은 누군가가 살고 있으리라는 꿈. 영화는 이 꿈을 현실처럼 보여준다. 히로코와 이츠키, 이 두 여자는 편지를 교환한다. 이 편지는 오류였지만 역시 의미심장하다. 이 영화에서 오고가는 편지란 이 둘 사이의 편지밖에는 없는데, 그런데도 제목이 〈러브레터〉인 까닭은, 이 둘의 관계 역시 사랑이기 때문이다. 살아남은 이츠키에게 있어 히로코는 자신과 이름이 같았던 이츠키와 같은 이츠키다. 내 글이 헷갈린다면 잘 쓰고 있는 셈이다. 이건 헷갈려야 정상이다. 이 세 사람은 사실은 한 사람이기 때문이다. 그렇기 때문에 와타나베 히로코는 이츠키가 자신에게 보냈던 모든 편지들을 돌려보낼 수밖에 없는 것이다. 왜? 이츠키가 죽은 이츠키와의 추억을 회상하는 그 편지들은 사실은 자신의 과거를 향해 보낸 타임캡슐일 뿐이기 때문이다. 히로코가 '잘 지내십니까'라는 수신인 없는 편지를 보낸 것과 마찬가지다. 히로코가 죽은 자의 이름을 빌려 자신의 과거와 대면했듯이 이츠키 역시 죽은 자의 이름을 빌려 자신의 과거 속으로 여행을 한 셈이다.

그러므로 정리해보자. 후지 이츠키라는 남자는 자신과 이름이 똑같은 후지 이츠키라는 여자를 사랑했다. 후지 이츠키=후지 이츠키. 그런데 여자 후지 이츠키는 히로코와 똑같은 얼굴을 가졌다. 어쩌면 죽은 이츠키가 히로코를 사랑한 이유는 첫사랑과 닮았다는 단 한 가지 이유였는지도 모른다. 후지 이츠키=와타나베 히로코. 그럼 이렇게 된다. 후지 이츠키=후지 이츠키=와타나베 히로코. 그러니 히로코가 죽은 이츠키에게 보낸 편지가 살아 있는 이츠키에게 가고 살아 있는 이츠키가 히로코에게 보낸 편지가 다시 살아 있는 이츠키에게 돌려보내지는 것도 당연하다.

그럼 이 나르시시즘의 삼각형은 어떻게 붕괴되는가. 그것은 이 세 사람의 연결고리인 후지 이츠키가 죽음으로써 가능해진다. 모두가 살아서 대면하는 현실이었다면 지지고 볶는 일일 드라마가 될 수밖에 없었던 이 이야기는 이것을 통해 구원된다. 그러니 이제는 산에다 대고 외칠 수 있다. "잘 지내십니까? 저도 잘 지냅니다." 이 말은 메아리가 되어 히로코 자신에게 되돌아온다. 메아리는 뭔가. 자신의 말을 다른 사람의 말처럼 돌려받는 것. 다른 말로 하자면, 러브레터다.

컴퓨터가 수행하는 연산이 오류를 빚는 이유는 간단하다. 특정 루틴이 동일한 연산을 폐쇄적으로 반복하기 때문이다. 그 루틴을 빠져나와 다른 루틴을 수행해야 하는데도 계속 처음으로 돌아가라는 명령어에 직면하기 때문에 영원히 그 루틴을 빠져나갈 수 없게 되는 것이다. 지금 혹시 자기 인생이 그런 루틴 속에 빠져 있다고 믿는 분들이 있다면, 속는 셈치고 다시 부팅해보시길 권한다. 히로코에게 그것은 과거로 보내는 한 통의 편지였다. '잘 지내십니까? 저도 잘 지냅니다.' 어쩌면 그게 가장 간단한 방법일지도 모른다. 시간은 좀 걸리겠지만.

(『굴비낚시』)

내 마음의 신파

 누구나 한 자락의 신파는 있다. 세련을 피부 삼아 부착하고 다니는 모더니스트일지라도 혹은 일 년 365일 눈코 뜰 새 없이 바쁜 벤처기업 사장님일지라도 혹은 카이스트의 공부벌레들에게도 말이다. 이 한 자락의 신파는 감기균처럼 뇌 속에 잠복해 있다가 저항력이 약해지면 옳다구나 기승을 부린다. 단 증세는 고열과 구토가 아니라 최루와 우울증이다. 이 신파는 무조건반사와 메커니즘이 같다. 왜 무릎을 고무망치로 때리면 발이 튕겨 올라가는지 모르지만, 또 그러고 싶지도 않지만 내 발은 내 의지와는 상관없이 번쩍 들려 올라와 나를 머쓱하게 한다. 신파도 그렇다.

또한 신파는 지문처럼 사람마다 다르다. 예를 들면 우리 아버지는 버림받은 아이가 TV에 나오면 하염없이 운다. 그것이 폭력물이든 학원물이든 아니면 아홉시 뉴스든 상관하지 않는다. '신파균'은 맥락과 장르와 완성도를 따지지 않는다. 그냥 무조건반사처럼 정신의 저항력이 약해졌을 때 파고드는 것이다. 어떤 이는 드라마에서 남자가 여자를 사랑한다고 말하면 운다. 야, 저건 드라마일 뿐야, 그러니까 뻥이지, 아우 느끼해, 라고 아무리 말해도 먹히지 않는다. 감기는 약 먹고 푹 쉬면 낫는다고 백날 말해도 증세의 차도에는 별 진전이 없고 걸릴 감기 영락없이 또 걸리는 것과 마찬가지 이치다. 이 신파들을 유형별로 모아도 책 한 권이 될 게다. 누군가는 죽은 동물을 보면 우울해지고 또 누군가는 시험에 합격해서 온 가족이 부둥켜안는 신을 보면 대성통곡을 해야 직성이 풀린다. 꼭 봐야만 발병하는 것이 아닌 게 이 신파증후군의 특징이다. 어떤 이는 특정 냄새에 약하다. 청국장 냄새만 맡아도 하던 일 다 제쳐두고 고향 생각에 잠겨, 어머님의 손을 놓고 돌아설 적에 부엉새도 울었다오, 를 읊조린다. 반면 어떤 이는 옛 남자친구가 쓰던 향수 냄새를 맡으면 머리가 어질, 기분이 꿀꿀, 죽고 싶은 생각만 든단다. 지금도 그놈은 저 향기를 온 사방에 흩뿌리고 다니겠지, 그리고 어떤 년은 그 향기에 취해 간 쓸개 다 빼주고 있으리라, 이런 생각을 하고 있노라면 살기가 싫어질 것이다. 그럼 무슨 예고 증상이라도 있는가? 가슴께에 미미한 통증이 온다거나 아니면 골이 띵해진다거나 이런 건 없다. 사람들은 멀쩡히 자기 생활을 잘 영위하고 있다가 별안간 벼락맞듯이 옛 남자의 향수 냄새를 맡거나 청국장 냄새에 둘러싸이게 되는 것이다. 그럼 그럭저럭 괜찮던 일상이 순식간에 아련한 추억이나 회한으로 분칠돼버린다.

그럼 내 마음의 신파는 뭔가? 내 신파 코드는 바로 〈시네마 천국〉의 영화음악이다. 나는 멀쩡히 우적우적 밥을 씹다가도 혹은 침대에서 뒹굴며 잡지와 TV를 번갈아 보다가도 혹은 술집에서 술을 마시다가도 저 음악만 나오면 밥은 눈물 섞인 밥, 즉 인생을 아는 자만이 먹는 밥이 되며 잡지는 침대 아래로 떨어져 뒹굴며 술집 매상을 두 배로 올려주게 되는 것이다. 한번은 〈신세대 보고, 어른들은 몰라요〉에 그야말로 유치하기 짝이 없는 고등학생들의 연애담이 등장한 적이 있는데 이야기인즉슨 뻔하다. 여자는 불치병이요 남자는 그것도 모르고 지하철역에서 하염없이 기다리는데 아, 병원을 탈출한 여자는 천신만고 끝에 지하철역에 도착, 그러나 전철은 떠나고, 뭐 그렇고 그런, 평소라면 코웃음으로 넘겼을 그런 이야기였는데 드라마 내내 〈시네마 천국〉의 음악을 배경으로 까는 바람에 나는 눈물 콧물에 범벅이 되어 그 드라마를 주시하게 됐던 것이다. 결국 그 드라마 끝나고 나서는 머쓱, 무슨 외계인에게 홀렸다 깨어난 사람처럼, 도대체 무슨 일이 있었던 건가, 이러면서 먹던 밥을 식어버린 국에 말아 후루룩.

 난 왜 그게 내 신파 코드가 되어버렸는지는 안다. 텅 빈 수원극장. 관객은 두 명. 그날의 나는 그 썰렁한 수원극장에서 〈시네마 천국〉 감독판(속편이라고도 할 수 있겠다)을 보고 있었다. 토토의 일그러진 웃음 에피로 산뜻하게 끝을 맺는 축약판 국내 개봉작과는 달리 돌아온 토토가 우여곡절 끝에 옛 여인을 재상봉한다는 얘기가 덧붙어 있는 버전. 그 무렵 나 역시 실연당하고 방황하던 참이라, 영화 내내 눈물을 펑펑 쏟았던 것이다. 지금 생각해보면 토토의 이야기와 나의 연애담 사이에 유사성이라고는 두 남녀가 만났다 헤어졌다는 것밖에는 없었다. 어쨌든 그후로 한동안은 술집에서 그 음악만 나오면 추가주문을 쏟아내곤 했다. 지금이야 그 정도는 아니다. 그놈의 신파균에도 이제 내성이 생긴 모양이다. 아 참, 신파와 감기는 비슷한 점이 또하나 있다. 지금껏 감기가 퇴치되지 않는 이유는 감기 바이러스가 한 종류가 아니기 때문이란다. 즉, 하나의 바이러스에 대한 백신을 개발하기는 쉽지만 수백 수천 종류의 감기 바이러스에 대한 백신을 일일이 다 만들어낼 수는 없다. 신파균도 마찬가지. 감기가 퇴치되지 않는 또 한 가지 이유는 그게 죽을 병이 아니라는 점 때문이다. 죽을 병이었으면 벌써 치료법이 나왔을 것이다. 이 신파균도 마찬가지. 그렇다면? 죽을 때까지 겪으며 사는 수밖에는, 소주에 고춧가루나 뿌려 먹으면서.

(『굴비낚시』)

서정의 정치학

 왕이 있다. 왕의 자리는 고독하다. 형제들은 질투심에 사로잡혀 있으며 신하들은 언제나 모반을 꿈꾼다. 암살의 위협이 상존하며 영토를 노리는 적대국의 동태도 감시해야 한다. 그러므로 왕은 냉정해야 한다. 때가 되면 운명의 칼부를 들이나 바내 가족과 국가의 안위를 책임져야 한다. 때로는 가족이라 해도 살해해야 하며 적이라도 껴안아야 한다. 그게 왕의 운명이다. 왕은 한순간도 쉴 틈이 없다.

 〈대부〉 시리즈는 한 왕국의 전설이다. 〈대부〉에는 위에서 말한 그 모든 것이 들어 있다. 그 지점에서 〈대부〉와 셰익스피어가 만난다. 내게 있어 〈대부〉는 20세기의 셰익스피어다. 한 외로운 인간이 온갖 역경을 딛고 왕위에 오른다. 주변의 제국들은 그것을 용납하지 않는다. 그들은 합종연횡하며 신생제국의 성장을 저지한다. 결국 전쟁이다. 그 전쟁을 통해 새로운 승자가 등극한다. 그렇다고 영구한 평화는 아니다. 평화는 잠정적이다. 왕은 늙어간다. 배신자가 나타난다. 왕은 후계자에게 말한다. "누군가 네게 다가와 협상을 권하면, 그자가 바로 배신자다." 그는 생물학적 죽음과 맞서며 동시에 사회적 죽음과도 대결한다. 자신이 건설한 왕국의 패망을 막기 위해 아들에게 사람과 조직을 다스리는 법을 전수해준다.

그 아들은 어떤가. 우리의 마이클(알 파치노)은 전설의 인물답게 자신에게 주어진 운명을 거부한다. 그는 평범하게 살고자 한다. 다트머스대학교에 다니며 이탈리아계가 아닌 여자와 연애를 하며 가족의 뜻을 거스르고 해군에 입대한다. 해군이란 뭔가. 배를 타는 것이다. 해군에 입대한다는 건 배를 타고 아주 멀리 나가 싸운다는 것이다. 고래로부터 운명을 거부하는 자들이 선택한 운명은 배를 타는 것이었다. 그럼 떠날 수 있었다. 아주 멀리. 아무도 자신을 모르는 곳으로. 그곳에서 자신의 운을 시험하는 것이다.

그가 자신의 운을 시험하는 동안 왕국은 위기를 맞는다. 전형적인 전설이다. 아버지는 쇠약해지고 형제들은 무능하다. 결국 멀리 떠났던 아들이 돌아와 왕국을 계승한다. 그가 가장 싫어했던 일, 가장 하고 싶지 않았던 일을 말이다. 사람을 의심해야 하고 죽여야 하고 동시에 거둬야 한다.

그건 왕만의 일인가. 과연 왕만이 그런 일을 하고 사는 것일까. 만약 그렇다면 셰익스피어나 대부가 그렇게 많은 이들을 매혹했을 이유가 없다. 기실 〈대부〉가 보여주는 세계는 우리 모두가 사는 바로 여기, 그래 이 세상이다. 우리는 누구나 자신의 운명을 거부하고 저 먼바다로 떠나고 싶어했었다. 또 있게고 따나기도 했었다. 하지만 비낀 것은 없었다. 결국은 돌아와 그토록 하기 싫었던, 내 아버지가 했던 일을 똑같이 한다. 가족을 먹여 살리고, 누군가를 모함하고, 살아남기 위해 배신한다. 마이클이 꿈꾸었던 세상은 어디에도 없다. 여우 같은 마누라와 토끼 같은 새끼들을 데리고 주말이면 야외에 나가 샌드위치를 먹으며 회전목마를 타고, 그리하여 아무도 배신하지 않고 아무도

서정의 정치학

죽이지 않는, 그런 삶이란 없다. 〈대부 2〉에서 마이클이 깨닫는 것은 그런 것이며 그런 그에게 감정이입하는 것도 바로 그 지점이다.

우리는 또한 잘난 동생을 질투하여 그의 침실에 기관총을 쏘아대는 반푼이 뚱쟁이 프레도에게도 감정이입하며(오, 잘난 형제들은 얼마나 증오스러운가), 연애시절의 꿈을 잃어가는 남편에게 실망하여 아이를 지워버리는 마이클의 아내를 이해하며(동시에 아내에게조차 이해받지 못하는 마이클의 일이 남의 일 같지 않고), 가족을 위해 동맥을 끊어 자살하는 프랭크의 장렬한 최후에 비감해한다.

〈대부〉가 보여주는 세계는 바로 우리가 사는 세계, 고스란히 그것이다. 〈타이타닉〉 같은 영화가 보여줄 수 없는 세계(어째서 타이타닉호에는 선한 사람과 악한 사람, 두 종류의 인간밖에는 없는 걸까)가 있다. 〈대부〉 속에는 절대적으로 선한 사람도 악한 사람도 없다. 도박업 허가권으로 흥정하는 상원의원에게 마이클은 말한다. "우리는 똑같은 위선 위에서 살아갑니다." 마이클은 살인자지만 동시에 자신의 운명에 괴로워하는 오디세우스다. 그의 아내 케이는 마이클의 살인을 비난하지만 그것이 먹히지 않자 뱃속의 아이를 살해하는 것으로 그에게 맞선다. 결국 그들은 손에 피만 묻히지 않았다 뿐 똑같은 살인자다. 프레도는 동생 마이클을 살해하려 했고 마이클은 성모송을 외우며 낚시를 하는 그를 석양의 호수 위에서 사살한다. 모두가 조금씩은 서로를 배신한다. 그 배신이 치명적일 수도 있고 그렇지 않을 수도 있으나 그것이 배신이라는 사실만큼은 변하지 않는다. 이 배신의 리얼리즘, 그것이 내가 몇 번이고 〈대부〉 시리즈를 보는 이유 중의 하나다.

이 정치적 드라마의 밑바닥엔 무엇이 있나. 양파처럼 마지막 한 겹의 껍질까지 다 정치인가. 다행히 그렇지는 않다. 그곳엔 우리 삶을 지탱하는 또하나의 축, 서정이 있다. 우리는 배신당할 줄 알면서도 사랑하고, 끊임없이 우리 삶을 피곤하게 만드는 가족에게 애틋함을 느끼며, 등에 칼을 꽂은 친구를 비난하면서 그리워한다. 인간에게 굴레처럼 씌워진 서정이라는 짐. 〈대부 2〉는 그 짐을 그린다. 세례라는 성스러운 행사와 동시에 행해지는 살해극은 서정과 정치가 어떤 지점에서 만나는지 보여준다. 등이 붙은 샴쌍둥이처럼 그들은 언제나 함께 다닌다. 서정이 없다면 복수도 없다. 가족과 영토에 대한 집착 없이 전쟁은 일어나지 않는다. 시칠리아라는 실낙원이 없었다면 패밀리들은 생겨나지 못했을 것이다. 설령 생겼다 하더라도 금세 사라졌을 것이다. 그 실낙원에서 마이클은 사랑을 하고 연인은 적대 패밀리의 폭탄 테러로 가루가 된다. 그녀가 가루가 되지 않았다면 마이클은 대부가 되지 않았을 것이다. 서정이 허무를 낳고 허무가 삶을 알게 하고 그것이 정치가 된다. 이제 대부가 된 마이클은 정치를 한다. 불리한 증인을 제거하고 배신자를 총살하며 형을 살해한다. 호숫가에 면한 집에서 형이 살해되는 모습을 지켜보는 장면은 가히 〈대부 2〉의 명장면이라 할 만하다. 총소리가 울리고 새들이 깍깍대며 보트를 맴돈다. 석양이 비끼는 어두운 방에 앉아 자신의 머리를 감싸는 마이클에게는 친족 살해의 죄명까지 얹혀졌다. 서정을 배신함으로써 서정은 완성되었다.

음악은 장중하게 흐르고 그가 해군 입대를 공표하는 시점으로 플래시백. 아버지 비토 코를레오네의 생일을 축하하러 모인 형제들은 그의 결정을 비난하고 있다. 그 형제들은 이제 이 세상에 없다. 소니는 적대 패밀리의 총탄 세례를 받아 죽었고 프레도는 마이클이 죽였다. 마이클은 묻고 있는지도 모른다. 그날의 생일잔치에서 아버지가 자신을 위해 준비해두었다는 'Big Plan'이라는 게 고작 이거였느냐고.

마지막 장면. 마이클 코를레오네는 어두운 방에 홀로 앉아 있다. 이제 그는 진정한 혼자다. 아버지도 형제도 없다. 그의 왕국은 굳건하다. 정적들은 모두 제거되었다. 불리한 증인에게는 로마식 자살을 권해 동맥을 끊게 만들었다. 난봉으로 속을 썩이던 누이 코니도 집으로 들어왔다. 아이들도 그의 곁에 있다. 아내만이 멀리 떠나 있을 뿐이다. 아이들을 보러 찾아온 아내의 면전에서 조용히 문을 닫음으로써 떠나보낸 마이클. 그는 이제 진정한 혼자다. 적들은 떠나갔지만 그냥 가지 않았다. 적들은 그의 형제와 친구들을 빼앗고 떠나갔네. 그의 가슴 속에 남아 있던 최후의 서정까지 가져갔다.

누군들 그 서정과 정치의 함수에서 자유로울 것인가. 돌아보면 우리들 역시 서정과 정치의 줄다리기 속에서 산다. 속이면서 슬퍼하고 슬퍼하면서 속인다. 실리와 의리 사이에서 갈등하고, 떠나간 사랑을 그리워하면서 새로운 연인과 결혼한다.

서정의 정치학

영화는 우리 인생처럼 막을 내린다. 마이클이 어두운 방에 앉아 있다. 엔딩 크레디트가 올라간다. 클라이맥스도 카타르시스도 없다. 그것마저 우리 인생을 닮았다니, 〈대부 2〉는 한 편의 잔혹극이다.

(『굴비낚시』)

위험한 책 읽기

 작가니까 책을 쓴다. 지금까지 대략 스무 권 정도의 책을 출간했을 것이다. 그런데 읽은 것은 몇 권일까? 다독가는 아니지만 지금까지 수백 배는 읽었을 것이다. 이 비대칭성에 나는 늘 압도되곤 한다. 수천 권을 읽고 고작 스무 권을 쓴 평인에 내놓을 작가들이 그럴 것이나. 많이 읽고, 그에 훨씬 못 미치는 책을 써낸다. 양만이 문제가 아니다. 질에 있어서도 대체로 읽은 것보다 못한 것을 써서 세상에 남긴다.

 지금 내 서가에 있는 책들은 짧게는 몇 년, 길게는 몇천 년을 살아남은 것들이다. 이 책을 통해 나는 주로 이렇게 오래 살아남은 책들, 사람들이 흔히 고전이라 부르는 책들을 중심으로 이야기를 해나갈 생각이다.

보르헤스의 말을 빌리자면 고전은 클라시스classis, 즉 전함이나 함대에서 유래한 것이라고 한다. 함대의 필수 덕목은 질서와 규율이다. 전함들은 절대로 서로 부딪쳐서는 안 되며, 너무 멀리 떨어져서도 안 된다. 고전들도 그러하다. 고전은 오랜 세월을 거쳐 내려왔기 때문에 자연스럽게 정리의 과정을 거듭하여 거치게 되었다. 세계문학전집들에는 심지어 번호까지 매겨져 있다. 그 번호는 편집자가 되는대로 붙인 것이 아니라 전집을 편찬한 이들이 각각의 책의 중요성에 따라 질서를 부여한 결과다. 예를 들어 민음사 세계문학전집의 1권은 오비디우스의 『변신 이야기』다. 반면 문학동네 세계문학전집은 톨스토이의 『안나 카레니나』에서 시작한다. 이런 순서는 세계문학전집의 기획자들이 고전에 대해서 어떻게 규정하고, 어떤 작품에 가중치를 두고 있는지를 보여주는 것이다. 반면 당대에 출판되고 있는 책들은 아직 어수선한 채로 남아 있다. 그 책들은 인쇄소에서 서점으로, 서점에서 각 가정으로, 다시 헌책방으로 이동하면서 제자리를 찾지 못하고 있다. 세월이 충분히 지나야만 그중에서 어떤 책이 옥이고 어떤 책이 돌인지가 가려질 것이다.

고전이라는 이 질서정연한 함대의 선두에는 단연 『일리아스』와 『오디세이아』가 자리잡고 있을 것이다. 보르헤스가 굳이 고전이라는 말이 '함대'에서 유래했음을 이야기한 것도 바로 이 두 서사시를 염두에 두었기 때문일 것이다. 나 역시 그리스인들이 수천 척의 배로 이루어진 함대를 이끌고 트로이 정벌을 떠나는 장면으로부터 이야기를 시작하고자 한다. 독자 여러분 역시 이 두 작품을 '다시' 읽어보기를 권한다. 나는 이런 어법을 이탈로 칼비노에게 배웠다. 『왜 고전을 읽는가』의 서두에서 칼비노는 고전을 '사람들이 처음 읽으면서도 다시 읽고 있다고 말하게 되는 책'이라고 정의한다. 이 정의가 고전을 읽지 않은 독자들의 겸연쩍음을 덮어주면 또 다른 정의는 그것을 시인하고 있다. 그는 고전이 처음 읽을 때조차 다시 읽는다는 느낌을 주는 책이라고 이야기한다. 그러니까 고전이란 처음 읽으면서도 '다시' 읽는다고 '변명'을 하게 되는 책이지만, 처음 읽는데도 어쩐지 '다시' 읽는 것 같은 느낌을 주는 책이라는 것이다.

나 역시 『오디세이아』의 완역본을 마흔이 넘어서야 읽었지만 그전에도 늘 잘 알고 있다고 생각하고 있었다. '아, 트로이의 목마를 만들었던 그 오디세우스가 전쟁이 끝난 후, 바다에서 온갖 고난을 겪으며 집으로 돌아오는 이야기 아닌가? 아내는 구혼자들에게 시달리며 물레로 실을 잣고 있고, 뭐 그런 얘기지.' 나와 같은 독자들을 위해 이탈로 칼비노는 이런 정의도 준비해두고 있었다. 고전이란, 워낙 많이 들어서 잘 알고 있다고 생각하지만 실제로 읽게 되면 예상했던 것보다 더 독창적이고 놀라운 점들을 발견하게 되는 책이라는 것이다. 사실 내가 『오디세이아』를 '다시' 읽게 된 것은 바로 이탈로 칼비노의 이 책 『왜 고전을 읽는가』 덕분이었다. 막상 읽어본 후, 나는 굉장한 충격을 받게 되었다.

어린 날의 나는, 아마 여러분도 비슷하리라 생각하지만, 이 작품을 축약본으로 읽었다. 이런 어린이용 축약본들은 호메로스가 사려 깊게 배치한 플롯을 무시하고 사건을 연대기순으로 풀어놓은 경우가 많았다. ①트로이전쟁이 그리스 연합군 측의 승리로 끝나고, ②오디세우스가 부하들을 이끌고 고향으로 출발하고, ③그를 미워한 신의 분노로 바다에서 온갖 시련을 겪다가, ④아테나의 도움으로 천신만고 끝에 고향으로 돌아가, ⑤아내를 괴롭히던 구혼자들을 물리치고 귀향에 성공한다. 이런 식이다. 특히 이 중에서 오디세우스가 바다에서 겪은 신비로운 모험담들만 기억에 남았다. 외눈박이 괴물 키클롭스, 선원들을 유혹하는 세이렌 같은 존재들 말이다. 그런데 이 서사시의 원래 플롯은 전혀 달랐다. 『오디세이아』는 아테나가 다른 신들에게, 포세이돈의 노여움을 사 고향으로 돌아가지 못하고 있는 우리의 영웅 오디세우스를 어떻게 하면 무사히 귀향시킬 수 있을까 논의하는 장면에서 시작한다. 그 시점에 오디세우스는 이미 십 년을 바다에서 떠돌다가 칼립소의 포로가 되어 있었던 것이다. 아테나는 다른 신들의 동의를 얻어 오디세우스를 구하기 위해 백방으로 노력한다. 그의 아들 텔레마코스도 만나서 아버지를 찾아 떠나라고 격려도 한다. 그런데 이야기가 한참 진행되도록 우리의 주인공 오디세우스는 코빼기도 내비치지 않는다. 오디세우스는 우여곡절 끝에 칼립소의 품에서 벗어나 파이아키아 부근에서 난파를 당하고 나서야 자신의 모험담을 들려준다. 그 지점에서부터 우리가 익히 알고 있는 키클롭스니 세이렌이니 칼립소니 하는 이야기들이 등장한다. 그런데 이것은 오디세우스가 자신이 진짜 오디세우스라는 것을 증명하기 위해서 늘어놓는 소리이기 때문에 진실한 증언인지 즉석에서 지어낸 이야기인지를 구별하기 어렵다. 시작 부분에서는 분명 호메로스로 짐작되는 이가 화자의 역할을 맡고 있었는데 이 부분부터는 오디세우스가 화자의 역할을 대신하게 된다. 오디세우스가 등장해서 '오디세우스의 모험'을 이야기하는 기묘한 장면이 펼쳐지는 것이다.

이야기 속의 시간도 현재와 과거를 오간다. 현재는 아테나가 회의를 소집한 시점이고, 오디세우스가 벌써 십 년째 바다를 방랑하고 있던 때다. 아테나가 행동을 개시하고 오디세우스의 아들 텔레마코스가 아버지를 찾으러 떠나고 오디세우스가 칼립소의 마수로부터 달아나는 것까지는 시간이 순차적으로 흐른다. 그러나 오디세우스가 등장하면서 시간은 다시 트로이 멸망 직후로 돌아가 그의 모험담을 다룬다. 지금으로부터 약 이천팔백 년 전에 살았던 호메로스는 왜 이렇게 복잡한 방식을 사용한 것일까? 그것은 이미 당대의 독자(청중)들이 오디세우스의 이야기를 굉장히 잘 알고 있었기 때문일 것이다. 트로이의 목마를 구상한 오디세우스는 이미 수많은 이야기와 전설의 소재가 되었을 것이고, 그렇기에 호메로스가 이 장대한 서사시를 쓸 무렵에는 에게해 일대에 그 이야기를 모르는 사람이 없었을 것이다. 그는 후대의 천재적인 작가들, 특히 셰익스피어가 그랬듯이 '모두가 다 아는 이야기를 다르게 쓰기' 위해 노력했을 것이다. 호메로스는 여러 겹으로 텍스트를 감싸고, 이야기에서 가장 흥미로운 부분인 오디세우스의 모험 부분을 '이야기 속의 이야기'로 만들었으며, '늙고 힘 빠진 영웅이 과연 구혼자로 둘러싸인 아내 페넬로페를 구해낼 수 있을까'라는 질문에 대한 해답은 이야기 마지막에 배치해 독자가 흥미를 잃지 않도록 배려했다. 게다가 외눈박이 괴물이 바위를 집어던진다든가 하는 당시로서도 믿기 어려운 이야기는 호메로스 자신의 입으로 하지 않고 오디세우스를 통해 하도록 설정했다. 그렇게 함으로써 오디세우스의 모험담은 좀 더 신뢰감을 갖게 되었다.

이순신이라는 영웅을 우리는 잘 알고 있다. 어떻게 잘 알고 있을까? 그를 소재로 한 수많은 서사물,『칼의 노래』라든가 영화〈명량〉을 통해 아는 것이다. 이렇게 잘 알려진 인물을 주인공으로 삼아 작품을 만들 때에는 누구든 깊은 고민을 하지 않을 수 없을 것이다. 여러 방식이 있겠지만 현대의 작가라면 적어도 이순신의 탄생부터 죽음까지를 연대기순으로 그리지는 않을 것이다. 명량해전이 임박한 시점이라든가, 백의종군의 명을 받고 통제사의 자리에서 내려오는 장면이라든가 하는 극적인 포인트에서부터 시작해 간혹 과거의 일화들을 회상해가며 결정적 장면, 즉 그의 전사라는 클라이맥스를 향해 달려갈 것이다. 호메로스는 이미 이천팔백여 년 전에 이런 기법들을 터득하고 있었으며, 이를 자유자재로 구사하고 있었다. 이런 점이 나를 놀라게 했던 것이다. 이런 점을 들어 호메로스가 이천팔백여 년 전에 이미 대단히 '현대적인' 작품을 쓰고 있었다고 보는 이들이 있다. 하지만 나는 반대로 생각한다. 오히려 현대의 작가들이 쓰고 있는 작품들이, 소설이든 영화든 TV 드라마든 간에, 고대적이라고 봐야 한다. 우리는 이미 고대 그리스인들이 창안한 이야기 방식에서 그렇게 멀리 나아가지 못했을지도 모른다. 호메로스가 『일리아스』와 『오디세이아』를 쓴 지 몇백 년이 지난 후 쓰인 다른 작품을 보면 이런 심증이 좀더 굳어진다. 어떤 이들은 고전이 진부할 것이라 지레짐작한다. 그러나 그렇지 않다. 오래 살아남은 고전은 처음부터 나름의 방식으로 새로웠는데 지금 읽어도 새롭게 다가온다. 다시 말해 지금 읽어도 새로운 것은 쓰인 당시에도 새로웠을 것이다. 왜냐하면 고전이라고 해서 하늘에서 뚝 떨어진 것이 아니기 때문이다. 그들 역시 당대의 진부함과 싸워야만 했다. 고전은 당대의 뭇 책들과 놀랍도록 달랐기 때문에 살아남았고 그렇기에 진부함과는 정반대에 서 있다. 오랜 시간이 지나도 낡거나 진부해지지 않았기 때문에 그 책들은 살아남았고 여러 언어로 번역되었고 후대로 전승되었을 것이다. 기원전 436년에서 기원전 433년에 이르는 어떤 시기에 위대한 극작가 소포클레스는 『오이디푸스 왕』을 집필하여, 일종의 오디션이라 할 수 있는 비극 경연대회에 참가한다. 이 작품이 포함된 비극 삼부작으로 소포클레스는 이등을 차지한다. 20세기 말, 한 재벌기업의 광고는 '이등은 아무도 기억하지 않는다'고 선언했지만 『오이디푸스 왕』은 이등임에도 이천 년이 넘도록 기억되는 작품이 되었고, 그해 일등을 차지한 작품은 잊힌 채 전승되지 않고 있다.

    내가 이 작품을 읽게 된 계기는 스웨덴 출신의 작가 헨닝 망켈이 출연한 2011년 7월 3일자 BBC 〈월드 북클럽〉 팟캐스트를 통해서였다. 진행자 해리엇 길버트가 '당신은 극작가로 출발했는데 어떤 계기로 범죄소설을 쓰는 작가가 되었는가'라고 질문하자 망켈은 범죄소설이라는 장르 구분부터 자신은 동의하기 어렵다고 답한다. 많은 사람이 백오십 년 전의 에드거 앨런 포로부터 범죄소설이 유래되었다고 믿고 있지만, 자신은 범죄소설이야말로 가장 오래된 장르라고 생각하며 그 기원은 이천 년도 더 된 그리스비극으로 거슬러올라간다고 말했다. 그는 에우리피데스의 『메데이아』를 거론하며 자기 아이들을 제 손으로 살해하는 여자 주인공이 등장하는 이런 이야기가 범죄소설이 아니라면 그 어떤 것도 범죄소설이 아니라고 단언한다. 범죄소설이라는 것이 그토록 오래된 것이라면, 자신이 쓰고 있는 작품들 역시 범죄소설이라는 협소한 장르로 분류되는 것을 원치 않는다는 뜻이었을 것이다. 그리스비극의 몇몇 작품들을 범죄소설의 기원으로 보는 이런 생각은 망켈이 처음이 아니다. 코넌 도일이나 에드거 앨런 포 이전에는 범죄소설이 없었다고 믿는 이들은 흔히 탐정이나 경찰력의 존재가 이 장르에 필수적이라고 보고 있다. 그러나 망켈처럼 범죄소설의 정의를 폭넓게 보고자 하는 이들도 많다. 살인이 일어나고, 수사가 시작되고, 범인을 찾아내는 모든 이야기가 범죄소설일 수 있는 것이다. 숙부의 사악한 범죄를 추적하는 『햄릿』도 이런 의미에서는 탐정이다. 망켈은 『메데이아』를 예로 들었지만, 많은 이가 범죄소설의 기원으로 소포클레스의 『오이디푸스 왕』을 거론한다. 데이비드 미킥스 같은 비평가는 "소포클레스의 이 희곡은 독특하고 아주 아이러니한 탐정소설이기도 하다. 오이디푸스는 노련한 탐정으로 자처하며 자기도 모르게 자신의 뒤를 밟고, 그 결과 자신의 몰락에 일조한다"•고 말한다. 그러니까 이 이야기는 탐정이 수사를 하다보니 자신이 범인이라는 것을 알게 되는 일종의 탐정소설이라는 것이다.

나는 『오이디푸스 왕』 역시 읽지 않았으면서도 그 내용을 다 알고 있다고 생각하고 있었다. 지크문트 프로이트가 명명한 오이디푸스 콤플렉스에 대해 귀에 못이 박이도록 들었을 뿐 아니라 이야기의 줄거리도 여러 경로로 접한 바 있었으니까. 음, 아들이 아버지를 죽이고 어머니와 동침하리라는 신탁을 들은 왕과 왕비가 젖먹이를 내다버리지만 이 아들은 나중에 스핑크스의 수수께끼를 풀고, 길에서 우연히 마주친 아버지를 죽인 다음, 과부가 된 어머니

• 데이비드 미킥스, 『느리게 읽기』, 이영아 옮김, 위즈덤하우스, 2014, 335~336쪽.

와 결혼하였으나 나중에 이 모든 사실을 알게 되어 제 눈을 찌른 후 방랑을 떠난다는 이야기 아니야? 맞다. 그 이야기가 맞다. 낯선 얘기도 아니다. 우리는 이런 유형의 민담을 세계 여러 곳에서 발견할 수 있다. 예를 들어 구약성서에 등장하는 모세 역시 이스라엘 백성의 남자아이를 다 죽이라는 명을 피해 나일 강가에 버려졌으나 목욕을 하러 온 공주와 시녀들에게 발견되어 파라오의 왕궁에서 자라게 되고, 나중에는 이집트에 큰 타격을 주는 반란의 지도자가 된다. 그런데 막상 읽어보고 나는 깜짝 놀랐다. 소포클레스는 이런 흔한 민담과는 전혀 다른 방식으로 이야기를 진행해나가고 있었기 때문이다.

『오디세이아』를 쓴 호메로스처럼 소포클레스 역시 이미 널리 알려져 있는 이 이야기를 새롭게 구성할 필요를 느꼈을 것이다. 그래서 그는 연대기적 서술을 포기한다. 게다가 그가 쓰려고 했던 것은 몇 시간 안에 끝을 내야 하는 연극의 대본이었으니 과감한 압축이 필요했을 것이다. 그래서 연극이 시작되면 우리는 이미 왕좌에 오른 오이디푸스를 보게 된다. 이런 서사기법을 '결정적 순간의 바로 직전에서 시작한다'고 말한다. 그는 전염병이 창궐한다는 신하들의 보고를 받고 나라와 백성을 걱정하고 있다. 당시의 그리스인들은 전염병을 신들의 분노 때문이라고 믿었고 오이디푸스 역시 그랬다. 그러니 그는 이 전염병의 원인을 찾아내겠다, 즉, 누가 신들의 분노를 자아냈는가를 찾기 위해 이미 행동을 시작했다고 말한다. 그리고 신들의 이 분노가 선왕인 라이오스의 죽음과 관련이 있다고 하자, 그 살인자를 찾아 철저하게 죄를 묻겠다고 선언한다. "나는 이 살인자가 누구이든, 내가 권력과 왕좌를 차지하고 있는 땅으로부터 배척하는 바요. 누구도 그를 받아들여 접대하지 않고, 말을 걸지 않도록, 또 신들께 드리는 기도나 제사에 함께하지도, 성수聖水를 뿌리지도 못하게 말이오. 외려 나는, 우리를 오염시키는 그를 모두가 집에서 쫓아내라 명하오, 신께서 내리신 퓌토의 신탁이 방금 내게 밝히신 것처럼. 이렇게 함으로써 나는 저 신과 고인의 동맹자가 될 것이오. 나는, 저 짓을 행한 자가 혼자서 숨어 있든 다수와 함께든 간에, 사악한 그자가 불행하게 되어 비참한 삶을 마치길 기원하겠소."•

• 소포클레스, 『오이디푸스 왕』, 강대진 옮김, 민음사, 2009, 34~35쪽.

위험한 책 읽기

이 장면을 보고 있었을 고대 그리스의 관객들은 어땠을까? 당시 그리스 시민들은 마치 우리가 인기 TV 드라마를 보기 위해 시간을 맞춰 TV를 켜듯이 일과를 마치면 도시 중앙에 있는 노천극장으로 몰려갔다. 스타 배우도 있었을 것이고 당연히 인기 작가도 있었을 것이다. 그래서 어떤 날은 관객으로 미어터지고 또 어떤 날은 썰렁했을 것이다. 어쨌든 그들은 반원형극장의 객석에 앉아 그 잘난 오이디푸스가 살인자를 저주하는 장면을 내려다보고 있었을 것이다. 그들은 이미 오이디푸스가 범인이라는 것을 알고 있었을 것이다. "이 바보야, 네가 저주하는 그 살인자가 바로 너 자신이야!" 어릴 때부터 집안의 어른이나 동네의 이야기꾼으로부터 여러 번 들은 이야기일 테니까. 그러니 관객들은 바로 이 장면에서 데이비드 미킥스가 언급한 '아이러니'와 서스펜스를 느끼고 전율했을 것이다. 오이디푸스는 자신만만하다. 그는 아무도 풀지 못한 스핑크스의 수수께끼를 풀 정도로 똑똑했고, 길에서 만난 라이오스 왕과 그의 수행원들을 혼자 때려죽일 정도로 무용도 있었다. 그는 테베의 왕이 되었고 네 아이의 아버지가 되었다. 이 운명의 날이 오기 전까지만 해도 그는 남부러울 것이 하나도 없었다. 그러나 소포클레스는 이 잘난 남자가 단 하루 만에 철저하게 파멸하는 이야기를 보여준다.

그렇다. 『오이디푸스 왕』은 단 하루의 이야기다. 수사를 명하고, 증인들이 불려오고, 결국 라이오스 왕을 살해한 범인이 자신임을 알게 되고, 어머니이자 아내인 이오카스테가 자살하고, 그가 제 눈을 찔러 스스로 장님이 되는 것까지도 모두 단 하루의 일이다. 소포클레스는 마치 잘 만들어진 한 편의 현대영화처럼 치밀한 플롯으로 오이디푸스를 영광의 왕좌에서 파멸의 구렁텅이로 몰아넣는다. 『오이디푸스 왕』 역시 『오디세이아』와 마찬가지로 이렇게 뒤집어 말할 수 있다. 우리가 극장에서 팝콘을 먹으며 보는 현대의 영화들이야말로 『오이디푸스 왕』으로부터 유래했다, 혹은 현대의 영화나 소설은 아직도 『오이디푸스 왕』의 자장 안에 있다고. 왜냐하면 이 희곡에 적용된 여러 기법은 아직도 현대영화에서 그대로 쓰이고 있기 때문이다.

아리스토텔레스는 『시학』에서 비극의 시간에 대해, "비극이 취급하는 사건은 태양이 일회전하는 동안의, 혹은 그것을 그다지 초과하지 않는 동안의 것에 국한되는 경향이 있는 데 반하여, 서사시는 시간적으로 제한이 없다"•고 말한다. 즉, 극이 절정으로 치달아 클라이맥스에 가까워졌다면 그 결말은 다음날 동이 트기 전에는 끝나야 한다는 뜻이다. 이런 원칙은 셰익스피어의 희곡들, 예컨대 『로미오와 줄리엣』『오셀로』『리어 왕』 등에서 그대로 지켜질 뿐 아니라 20세기 이후에 제작된 수많은 영화들에서도 그대로 구현된다.

2004년에 개봉한 마이클 만 감독, 톰 크루즈 주연의 〈콜래트럴〉을 살펴보면 어떨까? LA의 평범한 택시 기사 맥스는 우연히 킬러 빈센트를 태우게 되는데, 빈센트는 맥스에게 하룻밤 동안 개인 기사로 일해주면 육백달러라는 거금을 주겠다고 제안한다. 첫번째 목적지에서 한가롭게 대기하던 맥스의 택시 위로 시체가 떨어지면서 맥스는 자기가 지금 어떤 일을 돕고 있는지 알게 된다. 그 밤이 지나기 전에 평온했던 맥스의 삶은 혼란으로 빠져들고 최고의 킬러인 빈센트 역시 파멸한다. 영화의 클라이맥스인 빈센트와 맥스의 총격전은 동이 터오는 LA의 지하철을 배경

• 아리스토텔레스, 『시학』, 손명현 옮김, 고려대학교출판부, 2009, 36쪽.

으로 벌어진다. 만약 빈센트와 맥스가 아침이 되어 한숨을 돌린 후, 낮잠을 자고 난 뒤에 다시 만나 총격전을 벌였다면 어떻게 되었을까? 현실에서는 가능하지만 영화로서는 굉장히 맥빠지는 전개가 되었을 것이다. 현대소설은 제한된 시간 안에 읽어야 하는 것이 아니기 때문에 영화만큼 이런 원칙에 구애받지 않지만, 그럼에도 불구하고 많은 소설들이 결말에 다다라서는 하루가 지나기 전에 극적인 갈등을 마무리하고자 한다.

오래전에 알고 지낸 한 젊은 영화감독은 아리스토텔레스의 『시학』 문고판을 늘 주머니에 넣고 다니다가 시간이 나면 꺼내보곤 했다. 얇은 책이기 때문에 저렇게 읽다가는 다 외워버리지 않을까 싶었지만 그는 언제나 그 책을 보며 창작의 방향을 바로잡는다고 말했다. 예컨대 "희극은 현실적 인간 이하의 악인을 표현하려 하고 비극은 그 이상의 선인을 표현하려고 한다"•는 구절은 여전히 유효하다. 코미디 영화를 만들겠다면 보통 사람들보다 어딘가 못난 점이 있는 인물이 등장해서 못난 행동을 해야 한다. 아

• 같은 책, 17쪽.

리스토텔레스가 말한 '악인'은 나쁜 일을 저지르는 사람을 뜻하는 말이 아니라 '못난 일을 하는 사람'이라는 뜻에 가깝다. 마찬가지로 그가 말한 '선인' 역시 착한 사람이라기보다 관객들 다수보다 나은 점이 있는 사람을 뜻한다. 오셀로는 무공이 높은 장군이었고, 리어 왕은 신하들로부터 존경받는 왕이었고, 이순신은 지략과 리더십을 겸비한 제독이었다. 오이디푸스 역시 테베의 왕이었고 영리했다. 로미오와 줄리엣은 귀족의 자제였을 뿐 아니라 보통 사람으로서는 꿈도 꾸기 어려운 열렬한 사랑에 자기 몸을 던졌다.

비극은 대부분 우리보다 나은 사람이 내재된 성격적 결함으로 파멸하는 얘기다. 반대로 희극은 우리보다 못한 이가 우스꽝스러운 행동을 하는 것을 편안한 마음으로 보는 것이다. 그러니 시나리오를 쓰려고 한다면 적어도 자기가 쓰는 것이 비극인지 희극인지를 결정해야 하고, 그에 따라 걸맞은 덕성 혹은 모자람을 인물에게 부여하지 않으면 안 된다.

아리스토텔레스는 또한 "비극에서 우리가 가장 흥미를 느끼는 요소인 '급전'과 '발견'은 플롯의 부분이다. 또

하나의 증거로는 시작의 초심자가 플롯의 구성보다도 먼저 조사와 성격 묘사에 능할 수 있다는 사실을 들 수 있는데, 그것은 거의 모든 초기 시인들에서 볼 수 있는 사실이다"•라고 말하는데, 이는 플롯을 성격보다 더 높이 평가하는 그의 이론과 일치한다. 그는 극에서 중요한 것은 인물의 성격보다 '사건의 결합', 즉 플롯이라고 본다. 그리고 이 플롯에서 중요한 것은 스토리를 완전히 달리 보게 만드는 반전, 그리고 그 반전을 통해 주인공이 획득하게 되는 새로운 인식이라고 보았다.

『오이디푸스 왕』의 반전은 범인이 왕 자신이라는 것이 밝혀지는 부분이다. 이 부분에서 왕은 세상에서 제일 똑똑하고 잘났다고 생각해왔던, 죄는 오직 다른 사람이 지을 뿐 자신은 그럴 리가 전혀 없다고 믿었던 중대한 하자과 오만을 '발견'한다. 그때까지 오이디푸스에 감정이입했던 관객들은 자연스럽게 그의 발견을 자신의 것으로 받아들인다. 우리는 자기 자신과 주변에서 벌어지는 일을 잘 알고 있다고 생각한다. 그러나 어떤 사건이 벌어지면 우리

• 같은 책, 42쪽.

는 알게 되는 것이다. 주변은커녕 자기 자신이 누구인지조차 모르는 존재가 바로 자신이라는 것을. 이런 발견의 순간에 리어 왕은 통탄한다. "내가 누구라고 말할 수 있는 자 누구냐?"• 막내딸의 진심은 헤아리지 못한 채 다른 딸들의 입에 발린 아양에 넘어간 자신의 어리석음 때문에 파멸한 그는 이제 자신이 누구인지조차 모르는 존재가 되었다. 〈콜래트럴〉의 빈센트도 인생의 마지막날에 이르러서야 자기가 냉혈의 킬러만은 아니었다는 것을 깨닫는다. 이런 '발견'의 장면이 비극에서 필수적이라는 것을 아리스토텔레스는 이천 년도 더 전에 알고 있었고, 그에게 이런 깨달음을 준 것은 바로 당대의 탁월한 비극 작가들, 소포클레스나 아이스킬로스 같은 이들이었을 것이다.

관객보다 잘난 줄로만 알았던 대단한 인물들이 자신의 어리석음과 오만, 무지를 발견하고 대면하는 순간은 큰 카타르시스를 준다. 고대 그리스인들은 하마르티아hamartia라는 말을 즐겨 썼다. 이 말은 인간의 성격에 잠복해 있는 중대한 약점을 의미하는 것이다. 가장 흔한 하마르티아는 휴

• 윌리엄 셰익스피어, 『리어 왕』, 박우수 옮김, 열린책들, 2012, 47쪽.

브리스hubris, 즉 오만이었다. 신들 앞에 겸허하지 않고 스스로 잘났다고 생각한 인간이 그 오만 때문에 파멸하는 이야기는 고대 그리스의 수많은 비극으로부터 셰익스피어를 거쳐 지금까지 내려오고 있다. 맥베스는 자신이야말로 왕이 되어야 한다고 믿었기 때문에, 즉 분수를 모르고 오만했기 때문에 자기를 믿고 찾아온 왕을 죽였고, 그것 때문에 죽음에 이르게 된다. 〈콜래트럴〉의 빈센트 역시 평범한 택시 기사 맥스 때문에 자신이 죽게 되리라고는 꿈에도 생각지 못했을 것이다.

앞서 말한 젊은 영화감독은 시나리오를 쓸 때마다 아리스토텔레스와 고대 그리스인들이 이천사백 년 전에 발견한 이 원칙들을 잊지 않으려 노력한다고 했다. 그 감독 덕분에 나도 『시학』을 읽기 시작했고 그 독서는 이후에 내가 쓴 몇몇 소설에 영향을 주었다. 2006년에 발표한 『빛의 제국』에는 간첩으로 남파되었지만 무슨 이유에서인지 상부로부터 버려진 채 혼자 힘으로 중산층으로 살아가는 데 성공한 남자가 주인공으로 나온다. 이 소설은 『오이디푸스 왕』처럼 단 하루의 시간 동안 진행된다. 아주 잘살아가는 줄로만 알았던 이 남자의 삶은 단 하루 동안 완전히 붕괴된다. 2013년작 『살인자의 기억법』은 한 번도 검거되지 않았던 늙은 연쇄살인범이 마치 리어 왕처럼 자기가 누구인지도 모르는 상태로 추락하는 이야기다. 늙은 연쇄살인범은 오만하기 이를 데 없고, 스스로 완벽한 존재라고 생각한다. 그러나 실은 간단한 일상생활도 해낼 수 없는 상태라는 것이 밝혀진다. 물론 내가 쓴 소설들은 영감을 준 저 걸작들에 비할 수 없겠지만, 나 이외에도 전 세계의 수많은 작가들이 비슷한 과정을 거쳐 '새로워 보이지만 실은 오래된' 작품을 써내고 있다.

비극의 주인공들은 항상 너무 늦은 순간에야 자신의 어리석음을 깨닫곤 하지만, 독자는 독서를 통해 커다란 위험 없이 무지와 오만을 발견하곤 했다. 특히 고전이란, 이탈로 칼비노의 정의처럼 예상하지 못했던 어떤 것들을 준비해두고 있다. 읽지 않았으면서도 다 알고 있다고 생각했던 독자의 오만은 오이디푸스의 헛된 자신감을 닮았다. 그리고 그 자만심은 독서를 통해서 비로소 교정된다.

독서는 왜 하는가? 세상에는 많은 답이 나와 있다. 나 역시 여러 이유를 갖고 있다. 그러나 무엇보다도 독서는 우리 내면에서 자라나는 오만(휴브리스)과의 투쟁일 것이다. 나는 호메로스의 『오디세이아』와 소포클레스의 『오이디푸스 왕』을 읽으며 '모르면서도 알고 있다고 믿는 오만'과 '우리가 고대로부터 매우 발전했다고 믿는 자만'을 발견하게 되었다. 이렇게 독서는 우리가 굳건하게 믿고 있는 것들을 흔들게 된다. 그렇다면 독자라는 존재는 독서라는 위험한 행위를 통해 스스로 제 믿음을 흔들고자 하는 이들이라고 할 수 있을 것이다. 비평가 해럴드 블룸은 『교양인의 책읽기』의 서문에서 이렇게 말한 바 있다. "독서는 자아를 분열시킨다. 즉 자아의 상당 부분이 독서와 함께 산산이 흩어진다. 이는 결코 슬퍼할 일이 아니다."•

(『다다다』)

• 해럴드 블룸, 『교양인의 책읽기』, 최용훈 옮김, 해바라기, 2004, 15쪽.

책 속에는 길이 없다

'책 속에 길이 있다'는 관용구가 있다. 어쩌면 이 관용구는 길이 드문 시절에 만들어졌을지도 모른다. 지금도 그렇지만 과거에는 '길을 내겠다' '다리를 놓아주겠다'는 선거 공약이 많았다. 길은 편리하지만 길을 내는 것은 돈이 많이 드는 귀한 일이었으니 책을 길에 비유했다는 것은 그렇게 귀한 것을 상대적으로 값싸게 구할 수 있다는 뉘앙스를 담고 있었을 것이다. 실제로 잘 풀리지 않는 답답한 문제에 대한 해답을 책에서 구한 경험을 우리는 독자로서 대부분 가지고 있다.

그러나 지금은 길이 너무 많은 시대여서 우리는 오히려 여러 길 중에서 하나를 선택하기 위해 고심한다. 자동차마다 달려 있는 내비게이션이나 스마트폰의 지도가 그 역할을 대신해주기도 한다. 이런 시대에는 '책 속에 길이 있다'는 말은 예전처럼 근사하게 들리지 않는 것 같다. '길? 그래, 길이 있겠지. 그래서 뭐?' 같은 마음이 드는 것이다.

시대적 변화는 그렇다 치고, 소설 속에도 길이 있을까? 이 문제에 답하기는 좀 어렵다. 소설은 다른 책들과는 달리 길이 뚜렷이 보이지 않거나 보인다 해도 너무 많아서 '속시원한 해결책으로서의 길'과는 거리가 멀다고 할 수 있다. 우리가 잘 알고 있다시피 엠마 보바리와 돈키호테도 소설의 애독자였다. 그들은 소설에서 길을 발견했다고 믿었다. 엠마 보바리는 자신이 살고 있는 지루한 시골 마을에서 날마다 화려한 파티가 열리는 궁정으로 이어지는 길을 낭만적 연애소설에서 발견한다. 돈키호테 역시 시대착오적인 기사소설이 인도하는 길로 달려간다. 가는 길에는 풍차의 모습을 한 거인과 시골 처녀로 탈바꿈한 공주가 기다리고 있다. 그들이 발견한 길은 그들을 시련 속으로 이끈다.

프란츠 카프카의 『성』은 바로 이 '길'의 존재를 문제삼는다. 측량기사 K는 성주인 백작으로부터 초청을 받고 성으로 향한다. 소설은 이렇게 시작한다.

> K는 밤늦은 시각에 도착했다. 마을은 깊이 눈 속에 파묻혀 있었다. 성이 있는 산은 안개와 어둠에 둘러싸여 있어서 전혀 보이지 않았고, 커다란 성이 있음을 알려주는 아주 희미한 불빛조차도 눈에 띄지 않았다. K는 국도에서 마을로 통하는 나무다리 위에 서서 아무것도 없어 보이는 허공 속을 한참 쳐다보았다.•

우리의 K는 길 위에 있다. 마을은 눈 속에 파묻혀 있고 목적지인 성은 보이지 않는다. 그는 숙소를 찾아 여관으로 들어가는데 그곳에서 성에서 집사의 아들이라는 사람에게 이상한 얘기를 듣는다.

> "이 마을은 성의 영지입니다. 여기서 살거나 묵는 사람은 말하자면 성안에서 살거나 숙박하는 것과 같습니다. 누구든 백작님의 허가를 받아야만 그렇게 할 수 있습니

• 프란츠 카프카, 『성』, 홍성광 옮김, 펭귄클래식코리아, 2008, 7쪽.

다. 그런데 당신은 그런 허가증을 갖고 있지 않거나, 또는 적어도 그것을 제시하지 않았습니다."•

우리의 K는 묻는다.

"내가 길을 잘못 든 모양인데 여기가 어느 마을인지요? 여기가 성인가요?"
"물론입니다."(…)"베스트베스트 백작님의 성입니다."••

측량기사 K는 분명 성을 향해 가고 있었고 그 성은 안개와 어둠 때문에 보이지도 않는 상태였는데 알고 보니 그는 이미 성안에 들어와 있었던 것이다. 그런데도 다음 날 아침 K는 백작을 만나기 위해 성으로 떠난다. 이미 성에 있는데 성을 찾아 떠나야 하는 것이니 정말 이상하다. 길을 가다 만난 어떤 선생은 "성을 구경하세요?"라고 묻는다. 이곳에 처음 왔다, 어젯밤에야 도착했다는 K에게 그는

• 같은 책, 8쪽.
•• 같은 쪽.

다시 "성이 마음에 들지 않나요?"*라고 물어 K를 당황하게 한다. 백화점의 점원에게 어떤 물건이 있느냐고 물었는데 "왜요? 이 물건이 마음에 안 드세요?"라는 질문을 들은 것과 비슷한 상황일 것이다.

> 그는 다시 앞으로 걸어갔지만, 길은 길게 뻗어 있었다. 도로, 즉 마을의 큰길은 성이 있는 산으로 나 있지 않았다. 성이 있는 산에 가까이 다가가는 듯하다가, 마치 일부러 그런 듯 구부러져버렸다. 성에서 멀어지는 것도 아니면서 그렇다고 가까워지는 것도 아니었다. K는 이 길이 결국에는 성으로 접어들 거라는 기대를 계속 버리지 않았다.**

돈키호테와 엠마 보바리에게는 그토록 자명했던 길이 측량기사 K에게는 오리무중이다. 길은 계속 등장하지만 별 의미가 없다. 그 길은 목적지로 "가까이 다가가는 듯하다가, 마치 일부러 그런 듯 구부러져버리기" 때문이다. 소설의 독자가 처한 상황이 이와 비슷하다. 소설의 첫 장을

---

* 같은 책, 18~19쪽.
** 같은 책, 20쪽.

펼치며 우리는 어떤 '길'을 기대한다. 우리를 확실한 깨달음과 즐거움이 있는 곳으로 인도할 길을 찾고자 한다. 책에는 차례와 쪽수 같은 것이 있어 길은 자명해 보인다. 그러나 측량기사 K와 같은 딜레마에 독자는 바로 봉착하게 된다. 우리는 이미 소설 속에 들어와 있지만, 어쩐지 아직 어딘가에 제대로 도착하지 않았다고 느낀다. 분명히 가야 할 어떤 곳이 있다고 생각한다. 그래서 우리는 책장을 넘긴다. 길에서 만난 선생이 K에게 묻듯이 소설은 우리에게 질문한다.

"소설 읽고 계세요?"

"네, 방금 읽기 시작했습니다."

"소설이 마음에 드시나요?"

아직 이런 이야기신지도 모르는 정내에서 우리는 그 소설에 대한 어떤 판단을 요구받는다. 우리는 별다른 정보도 없는 상태에서 마음에 드는지 안 드는지를 결정한다. 만약 소설이 별로라면 당장 독서를 그만두고 싶으니까. 그런데 어떤 소설은 처음부터 우리의 마음을 사로잡는다. 방금 읽기 시작했지만 벌써 마음에 든다. 그런데 이런 질문은 독서를 계속하는 동안 수도 없이 우리의 마음속에서 반복된다.

 책을 읽는 것은 매우 능동적일 수밖에 없는 작업이다. ①눈으로 글자를 읽고 손으로 책장을 넘기면서, ②'지금 무슨 일이 일어나고 있는가'를 파악하고, ③동시에 '앞으로 무슨 일이 일어날 것인가'를 예측한다. 책장이 몇 장 더 넘어가면 이 예측은 검증이 된다. 맞을 때도 있고 틀릴 때도 있는데, 맞아서 기분이 좋을 때도 있고 틀려서 허를 찔렸으나 그래서 더 재미있을 때도 있다. 맞든 틀리든 우리는 예측을 계속한다. 그리고 그 예측이 맞나 틀리나를 확인하기 위해 책장을 넘긴다. 때로는 아무 생각 없이 책에 푹 빠지고 싶지만, 그렇게 수동적이기는 쉽지 않다. 우리의 뇌는 끝없이 활동하면서 다음 문장, 다음 사건, 최종 결말을 상상한다. 이런 활동을 멈추게 할 수는 없다. '그는 아내를 사랑했다. 그러나 파티에서 검은 드레스를 멋지게 차려입은 제인을 보는 순간……'까지만 읽어도 우리 뇌는 다음에 일어날 사건을 상상하기 시작한다. '옛날 옛적 어느 왕국에……'까지만 보고도 우리는 공주나 왕자, 왕이나 왕비가 나타날 것이라 예상할 수 있다.

 추리소설 같은 경우에는 결말이 매우 궁금하기 때문에

독자는 범인이 누구인가 또는 이 사건은 도대체 왜 일어났는가 같은 것을 알고 싶어한다. 이런저런 가설에 따라 추리를 하면서 작가가 제시한 줄거리를 따라간다. 너무 독자가 예상한 그대로여도 재미가 없을 테고, 아무도 예상할 수 없는 결말이어서도 곤란하다. 예컨대 작품에는 오직 세 명의 용의자만 등장하고 있는데 나중에 알고 보니 한 번도 등장하지 않은 어떤 미친 사람에 의해 살인이 저질러진 것으로 결말이 난다면 독자는 화를 낼 것이다. 정해진 한계 안에서 작가와 독자는 두뇌 싸움을 벌인다. 현실에서는 자기 예측이 맞을 때 기쁨을 느끼지만 이야기의 세계에서는 독자의 예상을 절묘하게 비껴갈 때 쾌감이 있다. 큰 줄거리의 흐름도 그렇지만, 문장 하나하나의 연결이 나름가 사신니 베일 단시 싶은 잇도 득시의 예상에 너무 부합해버리면 재미가 없다. 소설에서 모든 게 생각한 대로 굴러가기 시작하면 독자는 긴장을 풀어버린다. 반면 생각지 못한 방향으로 흘러가는 이야기와 문장들은 독자를 바짝 긴장시킨다.

재능 있는 작가는 작품을 시작하는 첫 문장 하나로도 독자를 이야기 속으로 끌어들인다. 박민규의 『카스테라』

첫 문장을 읽은 것은 내가 어느 신문사의 신춘문예 예심을 보고 있을 때였다. 산더미처럼 쌓인 투고작을 하나하나 검토하는 것은 정말 괴롭고 지루한 일이다. 그러니 첫 문장으로 심사위원을 사로잡는 것은 매우 중요하다. 『카스테라』의 첫 문장은 이렇다.

> 이 냉장고의 전생은 훌리건이었을 것이다.•

소설의 초입에 냉장고가 등장하는 일도 드문데, '전생'이나 '훌리건' 같은 단어가 이어지는 것은 생뚱맞다. 그러나 그렇기 때문에 어쩐지 다음 이야기가 궁금해진다.

> 오늘 엄마가 죽었다. 아니, 어쩌면 어제인지도 모른다.••

알베르 카뮈의 『이인』의 유명한 서두다. 엄마가 죽는 것은 인생에서 정말 중요한 사건이다. 그래서 독자들은 "오늘 엄마가 죽었다" 다음에 큰 슬픔이나 비탄, 죄의식

• 박민규, 『카스테라』, 문학동네, 2005, 13쪽.
•• 알베르 카뮈, 『이인』, 이기언 옮김, 문학동네, 2011, 9쪽.

같은 것을 말하는 문장을 기대한다. 그러나 알베르 카뮈는 바로 "아니, 어쩌면 어제인지도 모른다"는 문장을 붙여 독자의 기대를 배반한다. 주인공은 엄마가 언제 죽었는지도 모르거나 별 관심도 없는 사람인 것 같다. 오늘이나 어제는 기억하기 어려울 정도의 과거도 아니기 때문이다.

몇 년 전 지방에서 열리는 국제영화제에 심사를 하러 간 일이 있다. 나와 함께 심사를 하게 된 사람은 꽤 유명한 영화감독이었다. 어느 날 그 감독이 나에게 묻기를, 관객들이 영화감독에 대해서는 정말 비판적인데, 독자들도 소설가에게 그러느냐는 것이었다. 영화를 보고 나오다 화장실에 들르면 거기에서부터 벌써 영화와 그것을 만든 감독, 배우에 대한 비판이 오가는 것을 들을 수 있다. 꽤 험한 말이 나오는 경우도 많다. 하지만 소설가에 대해서는 그렇게까지 분노에 찬 반응을 보이는 일이 드물다. 나는 그 감독에게 이렇게 설명했다.

"소설이든 영화든 끝까지 봐야 온전한 반응이 나올 수 있는데, 소설은 영화와 달리 끝까지 보는 경우가 드물고, 일단 끝까지 보았다면 그것은 그 작품의 어떤 면을 좋아했기 때문입니다. 독자는 등장인물을 이해하고 그 인물에 감정이입이 되지 않으면 소설을 끝까지 읽어내기 어렵습니다. 그러니 어떤 소설을 끝까지 읽었다면 거기엔 무엇이든 독자의 마음을 사로잡는 최소한의 것이 있었음을 의미합니다. 만약 어떤 소설이 실망스러웠다면 바로 던져버리고 그 작품에 대해서는 잊어버리거나 입을 다물었을 겁니다.

그런데 영화는 어떤가요? 사람들은 광고나 배우 인터뷰 같은 것을 보고 영화를 보러 갑니다. 때로는 영화관에서 볼 영화가 그것밖에 없어서 어떤 영화를 억지로 보기도 합니다. 영화를 보는 동안 설령 내용이 마음에 들지 않아도 밖으로 나가기가, 특히 동행이 있는 경우에는 더 힘들지요. 그러니 마음에 안 드는 영화와 그것을 만든 감독에 대해 화장실에서 욕을 퍼붓게 됩니다. 속았다는 배신감, 억지로 감상을 강요당했다는 불쾌감 때문일 겁니다."

책이 충분히 재밌지 않으면 우리는 책장을 덮고 책을 그만 읽기로 결심한다. 그래도 된다. 아무도 뭐라고 하는 사람이 없다. 영화는 상영 도중에 일어나서 나가려면 눈치가 보이지만 책은 혼자 읽는 것이어서 잠깐 책장을 덮는다고 어떤 문제도 일어나지 않는다. 그러니까 책을 읽는 매 순간, 우리는 결정을 내리고 있는 것이다. 조금 더 읽겠다고.

조금만 더, 조금만 더, 조금만 더. 그렇게 해서 한 권의 책을 끝내게 된다. 완독이라는 것은 실은 대단한 일이다. 그만 읽고 싶다는 유혹을 수없이 이겨내야만 하니까.

어떤 어려움을 겪었든, 일단 한 편의 소설을 다 읽고 나면 작가에 대해 호감까지는 아니더라도 어떤 친근감을 느끼게 된다. 극단적인 가정이지만, 독자가 오직 한 명밖에 없는, 무지하게 안 팔리는 책이 있다고 치자. 그런 경우에도 이 외로운 독자는 그 책을 끝까지 다 읽은 사람을 한 명 상정할 수 있다. 바로 작가다. 그 책에 대해서 뭔가 얘기를 하고 싶다면, 작가를 찾아가면 되니까. 그리고 그 둘은 바로 공감대를 형성할 수 있을 것이다.

측량기사 K에게 있어 '성'은 분명한 목표다. 때로는 손에 잡힐 듯 가깝게 보이지만, 그런 예측은 곧 잘못된 것으로 판명된다. 성으로 이어진 것처럼 보이던 길도 "마치 일부러 그런 듯 구부러져버린다". 그래도 K는 "길이 결국에는 성으로 접어들 거라는 기대를 계속 버리지 않는다". 독자들 역시 소설의 첫 장을 펼치면서 '길'을 찾는다. 이 소설이 어떤 소설이며, 작가가 하려는 말은 무엇인지 찾기를 기대한다. 하버드대학교에서 열린 한 강연에서 오르한 파

책 속에는 길이 없다

묵은 소설의 독자가 겪게 되는 이 여정을 '중심'을 찾는 탐색의 과정으로 이야기한 바 있다.

소설에 감춰진 중심부가 있고, 바로 그것 때문에 독자는 소설 속의 모든 요소를 마치 주의깊은 사냥꾼처럼 살피게 된다는 파묵의 견해는 탁월하다. 현실의 자연 그 자체는 아무 의미가 없다. 강가의 오리나무와 버드나무는 그저 거기에 있는 것이다. 하지만 소설 속 주인공의 눈을 통해 보인다면 그것은 완전히 다른 의미를 갖게 된다. 독자는 그 뒤에 의미가 감춰져 있다고 믿기 때문에 허투루 보아 넘기지 않는다.

낭만적 사랑을 꿈꾸던 엠마 보바리는 로돌프라는 남자의 꾐에 빠져 함께 승마를 하게 된다. 두 사람이 탄 말은 인적이 드문 숲으로 들어간다. 말을 타고 달릴 때 엠마의 눈에 비친 풍경은 이렇다.

> 길가의 키 큰 양치식물이 엠마의 등자에 걸리곤 했다. 로돌프는 걸음을 멈추지 않은 채 몸을 굽혀 그것을 떼어주었다. 때로는 나뭇가지를 헤쳐주기 위해서 그녀 옆으로 달려가기도 했는데 그때 엠마는 그의 무릎이 다리를 스

치는 것을 느꼈다. 하늘은 파랗게 개고 나뭇잎은 전혀 움직이지 않았다. 꽃이 만발한 히스 관목으로 뒤덮인 넓은 공터가 곳곳에 있었고 제비꽃이 상보처럼 깔려 있는가 하면 곧이어 회색, 갈색, 황금색 등 갖가지 색깔의 나뭇잎으로 얼룩덜룩한 수목의 군집이 나타나곤 했다. 때때로 관목 사이로 작은 새들의 날갯짓 소리, 혹은 떡갈나무 숲에서 날아오르는 까마귀들의 부드럽고 목 쉰 듯한 울음소리가 들려왔다.•

독자는 엠마와 로돌프 사이에서 무슨 일이 벌어질지 예상하기 시작한다. 드디어 엠마는 그토록 꿈꾸던 열애의 대상을 만나게 될까? 그저 사건의 전개만이 궁금한 독자라면, 도대체 양귀비꽃이라든가, 히스라든가, 제비꽃, 심지어 까마귀 울음소리 같은 것은 왜 나올까 짜증이 나기도 할 것이다. 하지만 주의깊은 독자라면, 특히 이 소설을 두 번 세 번 읽는 독자라면 줄거리의 전개가 아니라 플로베르가 도대체 왜 이런 요소들을 소설에 집어넣었을까 궁

• 귀스타브 플로베르, 『보바리 부인』, 이봉지 옮김, 펭귄클래식코리아, 2013, 224쪽.

책 속에는 길이 없다

금해할 것이다. 플로베르는 단어 하나하나에 너무도 공을 들인 작가로 알려져 있고, 이 소설 역시 무수한 수정을 통해 완성했음이 많은 기록으로 증명되고 있다. 그러니 그가 그저 꽃과 까마귀, 떡갈나무를 좋아해서 혹은 원고료를 더 받아볼 욕심으로 이 부분을 넣은 것은 아닐 것이다. 파묵식으로 말하자면 '중심부를 찾는 독자'는 그 어떤 것도 간과하지 않는다. 특히 이 대목은 엠마가 처음으로 외간남자와 바람을 피우는 장면이기 때문에 소설에서 매우 중요한 지점이다. 플로베르는 마치 이후에 등장할 영화의 시대를 예견하기라도 한 것처럼 이 소설 곳곳에서 카메라의 앵글을 연상시키는 기법을 사용하고 있다. 내가 처음 이 소설을 읽었을 때 가장 놀란 것도 바로 그런 부분이었고, 작가가 의식적으로 시점의 이동을 통해 주인공의 내면에 대한 힌트를 독자에게 제공하고 있다고 생각한 부분이 조금 전에 예로 든 부분이었다.

엠마는 아직 말 위에 있다. 승마 자세는 허리를 꼿꼿이 세우는 것이다. 그녀는 고삐를 쥐고 있다. 아직은 삶에 대한 통제권을 유지하고 있는 것이다. 그리고 그녀는 덤불과 제비꽃, 공터를 내려다본다. 그러나 이들은 곧 말에서 내린다. 로돌프가 말을 매고 엠마는 "앞장서서 마차 바큇자국 사이에 난 이끼 위를 걸어갔다". 아직도 그녀는 상황을 주도하고 있다. '앞장서서' 걸어가고 이끼를 내려다보고 있다. 그런 그녀의 뒷모습을 보며 로돌프는 "마치 그녀의 맨살을 보는 것 같은" 느낌을 받는다. 이 순간부터 엠마는 로돌프의 욕망의 대상으로 바뀌게 된다. 독자는 자기도 모르게 로돌프의 시선으로 엠마를 보기 시작한다.

> 그녀는 머리에 남자 모자를 쓰고 그 아래로 허리까지 비스듬히 내려오는 푸른 베일을 쓰고 있었는데 그 베일을 통해 보이는 그녀의 얼굴은 마치 푸른 물속에서 헤엄치고 있는 것처럼 보였다.*

"보였다"니? 누가 본다는 걸까? 바로 로돌프다. 이어지는 대목을 '중심부를 찾는' 독자가 되어 주의깊게 읽어보겠다.

• 같은 쪽.

엠마는 머리를 숙이고 땅 위에 널려 있는 나무 지저깨비를 한쪽 발끝으로 건드리며 귀를 기울이고 있었다.

그러나 "이제 우리들의 운명은 하나가 되지 않았습니까?" 하는 말에는 "아, 아니에요! 잘 아시잖아요. 그건 불가능해요" 하고 대꾸했다.

그녀는 일어서서 가려고 했다. 그가 그녀의 손목을 잡자 그녀는 멈춰 섰다. 그러고는 한참 동안 사랑이 가득한 젖은 눈으로 가만히 그를 바라보다가 갑자기 딱 잘라 말했다.

"아! 제발, 그런 이야기는 그만해요…… 말은 어디 있지요?"

그는 짜증과 화가 섞인 몸짓을 했다. 그녀가 되풀이했다.

"말은 어디 있죠? 어디 있느냔 말이에요."

그러자 그는 야릇한 미소를 지으며 눈을 똑바로 뜬 채 이를 악물고 두 팔을 벌리면서 그녀 쪽으로 다가갔다.

그녀는 부들부들 떨면서 뒤로 물러났다. 그리고 더듬거리며 말했다.

"아! 무서워요! 겁이 나요! 우리 돌아가요!"

"그럼 할 수 없군요." 그는 표정을 바꾸며 말했다.

그러고는 다시 곧 은근하고 부드럽고 소심한 태도로 돌아갔다. 그녀는 그에게 팔을 내맡겼고, 두 사람은 되돌아섰다. 로돌프가 말했다.

"대체 웬일이에요? 왜 그랬죠? 알 수가 없네요. 아마 저를 오해하신 거겠죠. 당신은 제 마음속에서 견고한 받침대 위에 높이 받들어 모신 성모마리아처럼 순결하고 거룩한 존재입니다. 하지만 저는 살기 위해서 당신이 필요합니다. 당신의 눈, 당신의 목소리, 당신의 생각이 필요합니다. 제 친구가 되어주세요. 제 누이, 제 천사가 되어주십시오."

그는 팔을 뻗어 그녀의 허리를 감았다. 그녀는 빠져나가려고 조금 꿈틀거렸다. 그는 이렇게 그녀를 부축한 채 걸어갔다.

두 마리의 말이 나뭇잎을 뜯어 먹고 있는 소리가 들렸다.

"아! 조금만 더! 돌아가지 말고 여기 있어줘요!"

로돌프가 말했다.

그는 그곳에서 조금 떨어진 연못가로 그녀를 이끌고 갔다. 수초들이 물결 위에 녹색의 덤불을 만들고 있었다.

시들어버린 수련이 골풀 사이에 조용히 떠 있었다. 풀을 밟는 두 사람의 발소리에 개구리들이 껑충 뛰어 몸을 숨겼다.

"제가 잘못한 거예요. 당신 말을 듣다니, 제가 미쳤어요."

"왜요……? 엠마! 엠마!"

"아! 로돌프……!" 그녀는 그의 어깨에 기대며 천천히 말했다.

그녀의 옷이 남자의 벨벳 저고리에 찰싹 달라붙었다. 뒤로 젖힌 그녀의 흰 목덜미가 한숨으로 부풀었다. 정신이 아득해진 그녀는 몸을 부르르 떨었다. 그녀는 온통 눈물에 젖은 얼굴을 가리며 몸을 내맡겼다.

저녁 어둠이 내리고 있었다. 수평으로 비낀 햇살이 나뭇가지 사이로 비쳐들어 그녀는 눈이 부셨다. 여기저기, 나뭇잎 위에, 그리고 땅 위에, 마치 날아가던 벌새 떼가 깃털을 흩뿌린 것 같은 빛의 조각들이 점점이 떨고 있었다. 주위는 고요하기만 했다. 무언가 감미로운 것이 나무들로부터 새어 나오는 것 같았다. 그녀는 심장이 다시 뛰는 것을 느꼈다. 마치 우유로 된 강이 흐르듯 피가 몸속

을 순환하는 것도 느껴졌다.•

보수적인 시대였던 만큼 플로베르는 엠마와 로돌프의 정사를 구체적으로 묘사하지 않았다. 대신 엠마가 세상을 바라보는 앵글의 변화를 통해 암시한다. "땅 위에 널려 있는 나무 지저깨비"를 보던 엠마가 로돌프에게 몸을 맡긴 후에는 "수평으로 비낀 햇살"에 눈부셔한다. 이 대목은 엠마가 풀밭에 누워 있음을 강력하게 암시한다. 누워 있는 그녀는 주위를 둘러본다. "빛의 조각들이 점점이 떨고" 있는 것을 발견한다. 그녀는 자신의 심장이 '다시' 뛰기 시작한다고 느낀다. 즉 그전에는 심장이 멎어 있었던 것처럼 느꼈다는 것을 함축한 문장이다. 주의깊은 독자는 엠마의 삶에 커다란 변화가 일어났다는 것을 눈치 채게 된다. 조금 전까지 열렬히 엠마를 설득하던 로돌프는 무심히 "이 사이에 여송연을 문 채, 주머니칼을 꺼내 두 개의 고삐 중 부러진 것을 고치고 있었다".•• 칼로 고삐를 다듬는 것 같은 일은 흥분한 상태에서는 할 수 없는 일이다. 로

• 같은 책, 225~227쪽.
•• 같은 책, 227쪽.

돌프는 격정의 순간을 지났고 엠마의 심장에는 다시 피가 돌기 시작한다.

두 사람은 올 때와 같은 길로 용빌에 돌아갔다. 진흙 위에 나란히 찍힌 그들의 발자국이 보였고, 아까와 똑같은 관목과 풀밭과 자갈을 보았다. 그들 주변에는 아무것도 달라진 것이 없었다. 그러나 그녀에게는 산이 이동한 것보다 더 중대한 무엇인가가 일어났다.•

『보바리 부인』은 흔하디흔한 이야기라고 할 수 있다. 바람난 유부녀의 이야기니까. 그런데 플로베르는 왜 이런 뻔한 이야기를 쓰겠다고 마음먹었을까? 플로베르가 루이즈 콜레에게 보낸 편지는 현대소설을 언급할 때 정말 자주 인용되는 구절이다.

내가 생각하는 절대적 아름다움이라는 것은 나 스스로 실천에 옮겨보고 싶은 바로 무無에 관한 한 권의 책,

• 같은 쪽.

외부 세계와의 접착점이 없는 한 권의 책이다. 마치 이 지구가 아무것에도 떠받쳐지지 않고도 공중에 떠 있듯이 오직 스타일의 내적인 힘만으로 저 혼자 지탱되는 한 권의 책, 거의 아무런 주제도 없는, 만약 그런 것이 가능하다면 적어도 주제가 거의 눈에 띄지 않는 한 권의 책 말이다. 가장 아름다운 작품들은 최소한의 소재만으로 이루어진다. 표현이 생각에 가까워지면 가까워질수록 어휘는 더욱 생각에 밀착되어 자취를 감추고, 그리하여 더욱 아름다워지는 것이다.•

그러니까 플로베르는 "거의 아무런 주제도 없는" 책을 쓰고 싶었다는 것이다. 세르반테스의 『돈키호테』에는 분명한 주제가 있다. 기사소설의 허황됨을 폭로하겠다는 것이다. 그러나 19세기의 플로베르에게 주제는 더이상 중요치 않았다. 그는 "스타일의 내적인 힘만으로" 우뚝 선 한 권의 책을 상상했던 것이다. 그러기 위해서 이야기와 소재는 단순하고 뻔한 것이어야 한다. 그래야 사람들이 스

• 귀스타브 플로베르, 『세 가지 이야기』, 고봉만 옮김, 문학동네, 2016, 189쪽.

타일에 집중할 테니까. 요는 소재나 주제가 아니라 그것을 표현하는 작가의 스타일이라는 것이다.

플로베르의 이 편지를 파묵의 '감춰진 중심부'와 관련지어보면 흥미롭다. "거의 아무런 주제도 없는, 만약 그런 것이 가능하다면 적어도 주제가 거의 눈에 띄지 않는" 책이란 즉, 중심부가 보이지 않는 책이라 할 수 있다. 플로베르는 통속적 로맨스 소설의 외양으로 장막을 친 후에, 즉 그것으로 사람들을 안심시킨 후에, 그 안을 매우 복잡한 미로로 설계해놓았다. 로맨스 소설의 장막을 젖히고 『보바리 부인』 안으로 들어온 독자들은 측량기사 K처럼 성을 찾아 헤매기 시작한다. 사람들이 찾는 로맨스 소설의 익숙한 감상이 바로 측량기사 K의 성이다. 플로베르는 엠마 보바리 같은 독자를 싫어했던 게 틀림없다. 익숙한 줄거리, 뻔한 배경, 그렇고 그런 장식적인 대화, 눈물바람으로 헤어지는 연인들, 과장된 결말 같은 것을 제공하고 싶지 않았던 것이다. 그래서 엠마 같은 독자를 소설 속으로 끌어들인 후에는 매우 낯설고 이상한 풍경으로 데려간다.

나는 오래전에 이 소설의 첫 부분을 읽다가 덮었던 기억이 있다. 너무 이상했기 때문에 프랑스에서 문학을 전공하고 돌아온 어떤 평론가에게 전화를 걸어 『보바리 부인』의 서두가 너무 이상하지 않으냐, 도대체 여기서 '우리'란 누구냐고 물었다.

    우리가 자습실에서 공부하고 있을 때 교장 선생님께서 들어오셨다. 그 뒤로 사복 차림의 신입생과 큰 책상을 든 사환이 따라 들어왔다. 자고 있던 학생들이 깨어났고, 다들 공부 중에 깜짝 놀랐다는 듯이 자리에서 일어났다.
    교장 선생님은 **우리**에게 앉으라고 손짓을 하셨다. 그러고는 자습 지도교사 쪽을 돌아보며 나직한 목소리로 말씀하셨다.
    "로제 선생님, 이 학생을 부탁해요. 중학교 2학년 과정에 들어갔습니다. 학업과 품행이 양호하니 그 나이에 맞는 상급반으로 올려줍시다."
    문 위의 모퉁이에 있어 잘 보이지도 않는 그 신입생은 열댓 살 남짓한 시골뜨기로 **우리** 반 누구보다도 키가 컸다.●

● 귀스타브 플로베르, 『보바리 부인』, 13쪽.

신입생은 성인이 되어 엠마와 결혼하게 되는 샤를 보바리다. '우리'는 샤를의 동급생들이다. 그런데 이 '우리'는 이때 잠깐 등장하고는 다시는 소설에 나오지 않는다. 이건 좀 이상하다. '우리'는 '신입생'이 들어오는 것을 본다. 소설의 서두니까 화자이자 관찰자인 '우리'는 매우 중요한 존재 같지만 몇 페이지 넘어가기도 전에 허망하게 소설 속 세계로부터 사라진다. 나에게 전화를 받은 그 평론가는 자신도 오래전에 『보바리 부인』을 읽기는 했지만 그게 그렇게 이상하다고 생각하지는 않았다고 말했다. "아니, 이상해요. 분명히 이상해요. 혹시 플로베르 이전에도 이런 방식의 서두를 사용한 작가가 있었어요? 혹시 이게 19세기 프랑스에서 유행했던 어떤 특별한 방식인가요?" 그는 아마 아닐 거라고 말했다.

이런 서두는 마치 소설을 써본 경험이 별로 없는 풋내기 작가가 쓴 것처럼 보이기도 한다. 엠마 보바리가 주인공인 소설이고 샤를은 이렇다 할 역할도 없다. 이런 인물의 등장을 동급생의 시선으로 굳이 서술할 필요가 없다. 독자들에게 혼선만을 안겨주니까. 나 역시 그런 의문을 품었다. 샤를을 관찰하고 있는 이들은 누구지? 샤를의 전학 장면은 나중에 무엇에 대한 복선으로 작용하는 거지? 그러나 이 부분은 일종의 맥거핀에 불과하다. 저 유명한 '극 초반에 총이 나왔다면 언젠가는 발사되어야 한다'는 말을 남긴 이는 안톤 체호프다. 플로베르는 그것을 뒤집어 사용한다. 극 초반에 총이 나왔더라도 독자들이 그 총이 발사되어야 한다고 굳게 믿는다면 꼭 발사할 필요는 없다고 말이다.

『보바리 부인』은 이런 식으로 끝까지 독자들과 게임을 벌인다. 독자들은 지름길로 '감춰진 중심부'에 도달하려 애쓰고, 플로베르는 쉽게 도달할 수 없도록 독자들을 엉뚱한 방향으로 유인한다. 그러기 위해 시점을 이 사람에서 저 사람으로 자주 이동시키고(20세기 이전의 소설에 이 흔한 기법은 아니다), 긴 세월을 건너뛰는가 하면, 로맨스에 꼭 필요하지 않을 여러 인물들을 등장시킨다. 로돌프와의 밀회가 성사되는 곳은 어울리지 않게도 장바닥 같은 농사 공진회장이다. 플로베르는 여기에서 마치 현대 영화의 몽타주 기법을 연상시키는 서술 방식을 구사하며 독자를 당황케 한다. 그럼에도 불구하고 독자들은 중심을 향한 탐구를 멈추지 않는다. 그러나 그 중심은 쉽게 드러나지 않는다. 마침내 엠마가 죽고 샤를이 파산하면서 소설은 끝이 난다. 뭐야? 이게 끝이야? 이 소설의 중심부는 무엇이었나? 딱 이런 문장은 아니겠지만 독자는 뭔가 허탈한 느낌에 소설의 마지막 장을 다시 들춰본다. 그렇다. 분명히 소설은 끝이 났다. 여러 남자와 바람을 피우던 부도덕한 여자는 자살해버렸다. 그렇다면 그 '감춰진 중심부'라는 것은 '유부녀가 부도덕한 행위를 하다가는 끝이 좋지 않다' 같은 교훈일까? 그럴 수도 있다. 중심부가 꼭 심오할 필요는 없으니까. 플로베르는 분명히 말했다. "거의 아무런 주제도 없는, 만약 그런 것이 가능하다면 적어도 주제가 거의 눈에 띄지 않는" 책을 쓰겠다고. 중심부는 그 무엇이라도 좋은 것이다. 플로베르는 중심부가 아니라 독자가 중심부에 다다르는 과정이 중요하다고 보았던 것이다. 만약 플로베르에게서 현대소설이 시작되었다고 말할 수 있다면 바로 이 때문일 것이다. 그는 주제와 교훈을 강조하는 소설들을 낡은 것으로 만들었다.

　엠마 보바리는 사랑의 모험을 계속하지만 독자는 그 모험을 좇기보다 엠마를 서술하는 플로베르의 필치를 따라간다. 뻔하디뻔한 기사소설에 맞서 『돈키호테』를 지은 세르반테스처럼 플로베르는 이 상투적 불륜담을 완전히 새롭게 써 보인다. 그 결과 엠마 보바리는 놀랍도록 생생한 캐릭터가 되었다. 소설의 클라이맥스로 가까이 가면 마치 귀기가 서린 것처럼 섬뜩하기까지 하다.

다음 목요일, 호텔 방에서 레옹과 만났을 때 그녀는 얼마나 격정적이었던가! 그녀는 웃고 울고 노래하고 춤추고, 셔벗을 주문하고 담배도 피워보려고 하는 등 그가 보기에 매우 기이한 행동을 했지만 그래도 무척 멋지고 매력적이었다.

그는 그녀가 왜 더욱 격렬하게 삶의 쾌락에 몸을 내던지는지 알 수 없었다. 그녀는 걸핏하면 화를 내고, 식탐이 많아지고, 우울해졌다. 그러고는 세상 아무 따위는 개의치 않는다고 하면서 고개를 빳빳이 쳐들고 그와 함께 거리를 산책했다. 그러나 가끔 엠마는 갑자기 로돌프와 마주치지나 않을까 하는 생각에 몸서리를 쳤다. 영원히 헤어졌음에도 아직도 그녀는 그에게서 완전히 해방되지 못하고 어딘가 종속되어 있는 기분이기 때문이었다.

어느 날 밤, 그녀는 용빌에 돌아오지 않았다. 샤를은

거의 제정신이 아니었고 어린 베르트는 엄마 없이는 자지 않겠다고 떼를 쓰면서 가슴이 찢어질 듯이 울었다.•

소설 속 캐릭터가 이렇게 생생하게 되면 사람들은 두려움을 느낀다. 하지만 무엇 때문에 이토록 엠마를 생생하게 느끼는지 알 수가 없기 때문에 사람들은 엠마의 부도덕을 고발한다. 소설 속 인물을 법정에 세울 수는 없으니 작가를 소환한다. 플로베르는 법정에 서야만 했다.

클리셰로 가득한 소설은 안전한 세계다. 재벌 2세가 가난한 알바생과 사랑에 빠지는 것은 현실에서는 드물고 위험한 일일지 몰라도 TV 드라마 속에서는 너무 흔해서 어떤 시청자도 크게 긴장하지 않는다. 엄청난 악당이 등장하는 할리우드 액션 영화를 우리는 팝콘을 질겅질겅 씹으며 태연히 본다. '뭐? 백팩에 든 폭탄으로 맨해튼을 날려버린다고? 와, 재밌겠는데!' 하지만 뛰어난 작가가 새로운 스타일과 참신한 표현으로 제시하면 사람들은 그 이야기를 현실과 구별하지 못하게 된다. 아니, 때로는 현실보다

• 같은 책, 385~386쪽.

더 두렵게 생각하기 시작한다.

그러니 소설을 읽는다는 것은 어떤 주제나 교훈을 얻기 위함도 아니고, '감춰진 중심부'에 도달하기 위한 여정도 아니다. 소설을 읽는 동안 우리는 분명히 어떤 교훈을 얻은 것 같기도 하고, 주제를 찾아낸 것 같기도 하고, '중심부'를 열심히 찾아 헤매다 얼추 비슷한 곳에 당도한 것도 같은데, 막상 다 읽고 나면 그게 아니었다는 묘한 기분에 사로잡히게 된다.

그렇다면 우리가 소설을 읽는 진짜 이유는 무엇일까? 그것은 바로 헤매기 위해서일 것이다. 분명한 목표라는 게 실은 아무 의미도 없는 이상한 세계에서 어슬렁거리기 위해서다. 소설은 세심하게 설계된 정신의 미로다. 그것은 성으로 향하는 K이 어렵게 닮았다. 저멀리 어슴푸레 보이는 성을 향해 길을 따라 걸어가지만 우리는 쉽게 그 성에 도달하지 못한다. 대신 낯선 인물들을 만나고 어이없는 일을 겪는다. 일상에서는 느낄 수 없는 감정들을 경험하기도 하고, 한 번도 생각해본 적이 없는 문제를 곰곰이 짚어보기도 한다. 그러므로 서점 서가에 꽂힌 그 수많은 책들 중에서 우리가 굳이 소설을 집어드는 이유는, 고속도로로 달리는 것에 싫증이 난 운전자가 일부러 작은 지방도로로 접어드는 이유와 비슷하다. 소설을 읽으면서 우리의 이성은 줄거리를 예측하고, 작가의 의도를 가늠하고, 인물의 성격을 우리가 알고 있는 현실의 누군가와 비교하기도 한다. 반면 우리의 감성은 작가가 써놓은 적확하고 아름다운 문장에 탄복하기도 하고, 예리한 인물 묘사에 공감하기도 하고, 주인공이 처한 고난에 가슴 아파하기도 한다. 이성과 감성이 적절히 균형을 이룰 때, 우리의 독서는 만족스러운 경험이 된다. 때로 이성에 이끌렸다가 때로 감성에 이끌렸다가 하면서 우리의 정신은 책 속에 구현된 그 이상한 세계를 점차 이해해가기 시작한다. 그리고 마침내 그 세계의 일원이 된다.

그러므로 좋은 독서란 한 편의 소설에 대해 모든 것을 알아내는 것이 아니다. 오히려 작가가 만들어놓은 정신의 미로에서 기분좋게 헤매는 경험이다. '아, 왠지 모르겠지만 이 소설은 정말 재미있어. 인물들은 생생하고, 사건들은 흥미롭고, 읽는 내내 정말 흥분되더군. 주인공은 지난밤 꿈에도 나왔어.' 이것으로 충분하다. 어차피 우리가 알아낸 모든 것은 작가가 꾸며낸 허구에 불과하다. 그 모든 요소와 장치는 독자로 하여금 작가가 창조한 그 세계에서 멋진 경험을 할 수 있게 제공된 것이다.

  누군가는 물을 것이다. "우리의 시간은 소중하다. 그런 귀중한 시간을 들여 소설을 읽는다면 뭔가 얻는 것이 있어야 하지 않겠는가?" 아마 플로베르라면 이렇게 대답했을 것이다. "그 아까운 시간을 들여 고작 '바람피우면 죽는다' 같은 교훈이나 얻는다면 그것이야말로 시간의 낭비일 겁니다." 분명히 우리는 소설을 읽음으로써 뭔가를 얻는다. 그런데 그 뭔가를 남에게 설명하기도 어렵다. 왜냐하면 내가 경험한 미로와 타인이 경험한 미로가 모두 다르기 때문이다. 우리는 화폐경제에서 살아가기 때문에 교환이 불가능한 것들은 무가치하다고 생각하는 버릇이 있다. 그러나 정말 소중한 것은 교환이 불가능하다. 부모가 준 사랑을 계량화해서 자식이 되갚을 수는 없다. 어려움에 처한 타인을 도운 경험이 똑같은 형태로 내게 돌아오지도 않는다. 마스터카드의 광고는 그 지점을 파고든다. 멋진 경험들, 예를 들어 자녀와 함께한 캠핑 같은 것을 인상적으로 보여준 다음 이렇게 말하는 것이다. "It's priceless." 값으로 따질 수 없는 경험들을 신용카드로 사라는 것이다. 그들이 은폐하는 것은 청구서가 한 달 후에 날아온다는 것이고, 결국은 가격이 존재한다는 것이다. 그러나 독서는 다르다. 소설을 읽음으로써 우리가 얻은 것은 고유한 헤맴, 유일무이한 감정적 경험이다. 이것은 교환이 불가능하고, 그렇기 때문에 가치가 있다. 한 편의 소설을 읽으면 하나의 얇은 세계가 우리 내면에 겹쳐진다. 나는 인간의 내면이란 크레이프 케이크 같은 것이라 생각한다. 일상이라는 무미건조한 세계 위에 독서와 같은 정신적 경험들이 차곡차곡 겹을 이루고 쌓여가면서 개개인마다 고유한 내면을 만들어가게 되는 것이다.

현대의 기업들은 우리를 소비자라 부른다. 구글 같은 기업은 우리를 빅데이터의 한 점으로 본다. 정당은 우리를 유권자로 여긴다. 우리의 개성은 몰각되고 행위만이 의미 있다. 우리가 더이상 물건을 사지 않고, 인터넷에 접속하지도 않으며, 투표에도 참여하지 않는다면 그들에게 우리는 존재하지 않는 것과 마찬가지가 된다. 그러나 우리는 그런 몰개성적 존재로 환원되는 것을 거부할 수 있다. 바로 우리 안에 나만의 작은 우주를 건설함으로써 그렇게 할 수 있다. 현실의 우주가 빛나는 별과 행성, 블랙홀 등으로 구성되어 있다면, 크레이프 케이크를 닮은 우리의 작은 우주는 우리가 읽은 책으로 구성되어 있다. 그것들이 조용히 우리 안에서 빛날 때, 우리는 인간을 데이터로 환원하는 세계와 맞설 존엄성과 힘을 가질 수 있을 것이다.

(『다다다』)

독자, 책의 우주를 여행하는 히치하이커

다시 호르헤 루이스 보르헤스로 돌아간다. 그가 우주를 육각형 진열실로 가득한 도서관으로 상상한 것은 유명하다.

유대인들의 비전秘傳 '카발라'는 신이 세계를 창조한 후 여섯 방향에서 봉인했다고 말하고 있다. 보르헤스는 아마도 그 영향을 받아 도서관, 아니 우주를 육각형으로 상상했을 것이다. 누구나 알다시피 도서관은 책을 모아놓은 곳이다. 누구라도 그곳에 들어가면 어떤 신성함을 느끼게 된다. 많은 저자가 이미 이 세상 사람이 아니기 때문에 책등은 묘비처럼 느껴진다. 그곳은 죽은 이와 산 자가 가장 평화롭게 공존하는 공간이고 엄밀한 의미에서 저자가 죽어 있는지 살아 있는지 신경쓰는 사람도 거의 없다. '작가는 자기가 쓴 책에 묻힌다'는 말의 의미를 가장 실감할 수 있는 곳도 바로 도서관일 것이다. 움베르토 에코와 대담을 하던 장클로드 카리에르가 "나는 책이 많이 있는 어떤 방으로 가서 그중 한 권도 손을 대지 않고 그저 바라보기만 한답니다. 그러면 무어라고 설명하기 힘든 무언가를 받게 돼요. 그것은 어떤 강한 흥미라고도 할 수 있고, 어떤 안도감이라고도 할 수 있지요"•라고 말할 때, 책을 사랑하는 독자라면 그게 어떤 느낌인지 단박에 짐작할 수 있다.

도서관이 우주라는 말은 곱씹을수록 의미심장한 말이 아닐 수 없다. 우주 안의 사물은 모두 연결되어 있다. 우주에 존재하는 네 가지 힘, 즉 거시 세계를 구성하는 중력과 미시 세계를 구성하는 전자기력, 그리고 극미 세계를 구성하는 강력과 약력이 없다면 우주는 존재하지 않았을 것이다. 이런 힘들은 우주 안의 모든 존재가 서로를 끌어당기고 밀어내면서 서로 영향을 주고받도록 만든다. 책의 우주도 이와 비슷하다. 책은 독립적으로 존재할 수 없다. 개개

• 움베르토 에코·장클로드 카리에르, 『책의 우주』, 임호경 옮김, 열린책들, 2011, 343쪽.

의 책은 다른 책이 가진 여러 힘의 작용 속에서 탄생하고, 그후로는 다른 책에 영향을 미치기 시작한다. 도서관은 영향을 주고받는 정도가 큰 책들끼리 분류하여 모아놓는다. 아무래도 같은 분야의 책들이 서로 영향을 많이 주고받을 테니까 서양철학 책은 서양철학 책끼리, 프랑스소설은 프랑스소설끼리 모아놓는다. 그러나 그렇다고 해서 분류가 다른 책들 사이에 힘의 작용이 없는 것은 아니다. 다만 대체로 약할 뿐이다.

어렸을 때의 나는 다른 모든 사람들과 마찬가지로 책들이 서로 연결되어 있다는 생각 같은 것은 전혀 하지 않고 책을 읽었다. 심지어 『15소년 표류기』의 저자가 『해저 2만 리』의 저자와 같은 저자라는 것도 몰랐다. 그저 재미있는 이야기를 읽으면 그만이라고 생각했으니까. 그러나 점점 많은 책을 읽어나가면서 개개의 책들이 외딴섬처럼 고립돼 있는 것이 아니라 거미줄처럼 촘촘하게 연결되어 있다는 것을 느끼게 되었다. 나중에는 소설과 소설이 어떻게 연결되어 있는가를, 마치 탐정이 무관해 보이는 사건과 사건 사이의 관계를 유추하듯이, 하나하나의 단서들을 수집하고 분석하여 이를 토대로 소설문학이라는 거대한 세계의 지도를 완성하려는 욕망이 생겨났다.

인간은 모두 자신이 사는 세계를 잘 알고자 한다. 난파하여 무인도에 표류한 로빈슨 크루소는 나름의 안정을 찾자마자 섬 여기저기를 답사하기 시작한다. 그것이 분명 고립된 섬이 맞는지, 그 섬에 자신 말고는 아무도 없는지 알고자 한다. 그것은 당연한 욕망이다. 독자 역시 소설이라는 세계에 발을 디뎠다면, 그리고 그 세계에서 계속 살아가기를 원한다면, 그 세계가 얼마나 깊고 넓은지, 그리고 지금 자신은 어디에 있는지를 알고 싶어하는 게 자연스럽다. 유명한 출판사에서 내는 세계문학전집 같은 경우는 우리에게 이 세계의 길잡이로 삼을 만한 랜드마크와 대략적인 지도를 제공한다. 그들은 대체로 호메로스나 오비디우스, 셰익스피어노부터 출발하나고 된아프 19세기까지 대략 비슷한 경로를 제시한다. 그러나 20세기에 들어오면 길이 좀 어지러워진다. 한때 누구나 고전이라고 생각했던 작품들, 예를 들어 서머싯 몸의 『달과 6펜스』라든가 앙드레 지드의 『좁은 문』 같은 작품이 최근에는 누락되기 시작하고, 새로운 작품들이 등장하고 있다. 그러나 변하지 않는 것이 있다면 목록에서 빠지는 작품이든 새로 등재되는 작품이든 간에 그들이 소설문학이라는 거대한 세계 안에 속해 있고, 다른 여러 작품들로부터 받은 영향을 통해 탄생했다는 것이고 그들 역시 다른 작품들에 영향을 주고 있다는 것이다.

  소설들이 서로 이렇게 연결되어 있기 때문에, 작가들이 가장 많이 받는 질문이 '어떤 작가로부터 영향을 받았습니까?'인 것은 자연스럽다. 나 역시 무수히 이 질문을 받았다. 주로 신인 작가들이 대상이 되는데, 독자들은 잘 알지 못하는 신인 작가를 좀더 잘 알기 위해서 그 질문을 던지는 것이다. 영화 〈친구〉에서 "니 아버지 뭐하시노?"라고 묻던 담임선생님처럼, 독자는 작가에게 그가 즐겨 읽었던 작품들의 리스트를 요구한다. 그러나 작품활동을 오래 해온 작가, 이름을 얻은 작가 같은 경우는 이런 질문을 불쾌해할 수 있다. 이미 발표한 작품을 통해 충분히 유추할 수 있다고 생각하기 때문이다. 나 역시 우리나라에서는 더는 그런 질문을 거의 받지 않지만, 아직도 해외에서는 그런 질문을 받곤 한다. 몇 년 전 한 선배 작가와 함께 프랑스에서 행사를 한 적이 있었다. 그분은 프랑스 기자로부터 바로 그 질문을 받자, '영향을 받은 지가 너무 오래돼서 기억이 나지 않는다'고 퉁명스럽게 대꾸했다. 반면 밀란 쿤데라처럼 자신이 받은 영향의 계보를 상세하게 기술하고, 때로 이를 업데이트하면서 유럽 소설문학에서 자신이 서 있는 지점을 명확히 밝히려고 시도하는 경우도 있다.『소설의 기술』이나『커튼』같은 저술을 통해 쿤데라는 세르반테스-라블레-플로베르-카프카로 이어지는 유럽소설의 뼈대를 세운 다음, 중부유럽 출신의 작가들로 살을 채우고, 그 흐름의 계승자로서 자신을 위치시킨다. 워낙 뛰어난 에세이스트인지라 읽다보면 그게 바로 유럽 소설문학의 계보다, 라는 생각이 들지만, 조금 시간이 지나면 그가 여러 뛰어난 작가의 작품, 예컨대 발자크, 빅토르 위고, 괴테 등을 누락시키거나 우회했다는 것을 깨닫게 된다.

영향과 계보에 대한 그의 의식은 다른 어떤 작가보다도 강하고, 그 흔적은 그의 발언과 작품 양자에서 자주 드러난다. 1985년 예루살렘상 수상 연설에서도 그는 오직 네 명의 작가를 언급하는데 바로 플로베르와 라블레, 로런스 스턴, 그리고 톨스토이다. 그의 대표작이라 할 수 있는『참을 수 없는 존재의 가벼움』에 등장하는 개의 이름이 카레닌이라는 것도 그렇다면 우연은 아닌 것이다. 소설 사이의 관계에 매우 민감해져 있는 독자라면 주인공 토마시와 테레자가 키우는 개의 이름이 하필이면 카레닌이라는 것에서 쿤데라가 실은 『안나 카레니나』를 자신의 방식으로 다시 쓰려고 시도한 것은 아닌가 유추하기도 할 것이다.

  톨스토이의 안나는 남편과 아이를 버리고 젊은 남자 블론스키를 선택했다가 여러 시련을 감내하던 끝에 달리는 기차에 뛰어들어 생을 마감한다. 쿤데라의 테레자 역시 의문의 교통사고로 생을 마감한다. 바람둥이 의사 토마시를 선택했다가 인생의 큰 변화와 고통을 겪게 된다는 것도 비슷하다. 토마시는 의사지만 소포클레스의 『오이디푸스 왕』에 사로잡혀 있다. 그는 그것에 대해 글을 썼다가 정치적으로 몰락하게 된다. 그는 오이디푸스 왕만큼이나 똑똑하고 매력적이지만 공산주의 치하에서는 그게 독이 된다. 우리는 『참을 수 없는 존재의 가벼움』 하나에서만도 수없이 많은 연결점을 찾아낼 수 있다. 호기심 많은 열성적 독자라면 그런 연결점을 따라 독서를 확장해갈 것이다. 그리고 얼마 지나지 않아 책의 세계가 '바벨의 도서관'이며 우주라는 것, 보르헤스의 저 유명한 단편의 제목처럼 '끝없이 두 갈래로 갈라지는 길'들로 이루어진 세계라는 것을 어렴풋이 짐작하게 된다.

우주의 모든 것이 연결되어 있듯이 소설의 세계도 이어져 있다. 살만 루슈디가 목숨의 위협과 도피생활 속에서 아들을 위해 쓴 아름다운 동화 『하룬과 이야기 바다』에는 전문적 이야기꾼인 라시드와 그의 아들 하룬이 나온다.

> 하룬은 아버지를 저글링 곡예사로 생각할 때가 많았습니다. 곡예사가 여러 개의 공을 한꺼번에 돌리듯, 라시드는 다양한 이야기를 현기증이 날 만큼 어지럽게 돌리면서도 단 한 번도 실수를 하지 않았기 때문입니다. 도대체 그 많은 이야기가 어디서 왔을까? 라시드가 미소지으며 입만 벌리면, 비법 이야기, 거기 이야기, 공주 이야기, 기쁜 숙부 이야기, 살찐 숙모 이야기, 콧수염을 기르고 노란 체크무늬 바지를 입은 악당 이야기, 환상적인 경치 이야기, 겁쟁이 이야기, 영웅 이야기, 전쟁 이야기, 재미있고 흥얼거리기 쉬운 노래 대여섯 곡을 갖춘 새로운 영웅 이야기가 튀어나오는 것 같았습니다. (…)
> "그러지 마시고 가르쳐주세요. 정말로 그 이야기들은

어디서 오는 거예요?"

하룬이 끈질기게 물으면, 라시드는 신비롭게 눈썹을 꿈틀거리며, 허공에서 마녀가 주술을 쓸 때와 같은 손가락 모양을 만들었습니다.

"드넓은 '이야기 바다'에서 온단다. 따뜻한 '이야기 물'을 마시면, 시냇물처럼 흐르는 이야기가 나를 가득 채우는 걸 느낄 수 있지."

이 말을 듣고 하룬은 오히려 애가 탔습니다.

"그럼 아버지는 그 따뜻한 물을 어디에 보관하세요? 뜨거운 물병에 넣어두셨을 텐데, 전 그런 것을 본 적이 없거든요."

"뜨거운 물은 '물의 정령'들이 설치해놓은 눈에 보이지 않는 수도꼭지에서 나온단다." 라시드는 웃지도 않고 진지하게 말했습니다. "그걸 마시려면 가입자로 계약해야 해."

"어떻게 하면 가입자가 될 수 있어요?"

"아, 그건 너무 복잡해서 설명할 수가 없구나."•

• 살만 루슈디, 『하룬과 이야기 바다』, 김석희 옮김, 문학동네, 2012, 11~13쪽.

그렇다. 이야기는 이야기의 바다에서 온다. 책은 네모난 종이로 되어 있고 시작과 끝이 분명하기 때문에 우리는 개개의 책을 하나의 독립적이고 완결적인 것으로 상상하곤 한다. 그러나 루슈디가 통찰했듯 책은 독립되어 있을지 몰라도 그 속에 들어 있는 이야기는 물이나 바다처럼 유동적이다. 그것은 흘러다니고 합쳐지고 나뉘고 인간의 내부를 '가득 채우곤' 한다. 그러므로 독자가 된다는 것은 이야기의 바다에서 흘러나오는 따뜻한 물을 받아 마실 수 있는 '계약자'가 되는 것이다.

우리는 셰익스피어의 『리어 왕』을 보면서 소포클레스의 『오이디푸스 왕』을 자연스럽게 떠올리게 된다. 왕이 나오고, 두 왕은 모두 극 초반에 자신감에 넘치는 활력적인 존재였다가 자기함정에 빠져 미쳐버리거나 몰락한다. 눈먼 오이디푸스가 딸의 손을 붙잡고 테베를 떠날 때, 리어는 죽은 코델리아의 차가운 손을 잡고 비통해한다. 예민한 독자들은 전혀 관계없어 보이는 두 작품 사이의 연관 관계를 찾는 작업을 멈추지 않고, 그런 탐사가 독서의 쾌감을 줄이지도 않는다. 주제 사라마구의 『눈먼 자들의 도시』와 알베르 카뮈의 『페스트』의 유사성은 너무나도 명백하다.

도시에 알 수 없는 전염병이 퍼지고, 도시가 폐쇄되고, 이에 맞서는 주인공의 투쟁이 시작된다(물론 사라마구의 비전이 좀더 암울하다. 도시는 바로 야만으로 추락하고 인간은 동물적 상태에서 만인 대 만인의 투쟁을 벌이니까). 반면 프란츠 카프카의 『소송』과 알베르 카뮈의 『이방인』이 서로 연결되어 있다고 하면 아마 많은 독자들이 놀랄 것이다. 둘은 얼핏 보아 비슷한 점을 찾기 어렵기 때문이다. 그런데 내가 대학에서 학생들과 함께 '고전 읽기'라는 수업을 했을 때, 한 학생이 두 작품 사이의 유사성을 주장하고 나섰다. 그러자 여러 학생들이 즉각 이를 수긍했다. "저희도 그렇게 느꼈어요"라고 말했다. 나 역시 알베르 카뮈가 프란츠 카프카의 작품에서 강력한 영향을 받았다고 생각한다. 특히 『이방인』에서는 요제프 K의 그림자를 강하게 느낄 수 있다.

프란츠 카프카의 『소송』은 이렇게 시작한다.

> 누군가 요제프 K를 중상모략한 것이 틀림없다. 그가 무슨 특별한 나쁜 짓을 하지도 않은 것 같은데 어느 날 아침 느닷없이 체포되었기 때문이다.*

반면 『이방인』의 뫼르소는 '특별한 나쁜 짓'을 저질렀다. 아랍인을 총으로 쏴 죽인 것이다. 그러나 그가 체포, 기소된 이후의 일은 요제프 K에게 벌어진 일과 비슷하게 흘러간다. 그는 아랍인을 살해한 것보다 어머니의 장례와 관련된 일련의 일로 더 비난받게 된다. 알베르 카뮈는 이 부분에 많은 장을 할애한다.

재판장은 겉으로 보기엔 내 사건과 무관하긴 하지만, 어쩌면 매우 밀접하게 관련된 문제들을 이제 짚고 넘어가려 한다고 말했다.**

집사의 지인들 중에 한 사람이 내가 엄마의 나이를 모르더라고 말했다는 것이었다.***

내가 엄마를 보고 싶어하지 않았고, 담배를 피웠고, 잠

• 프란츠 카프카, 『소송』, 권혁준 옮김, 문학동네, 2010, 9쪽.
•• 알베르 카뮈, 『이인』, 이기언 옮김, , 문학동네, 2011, 95쪽.
••• 같은 책, 97쪽.

을 잤고, 카페오레를 마셨다고 말했다. 그때 온 법정을 술렁이게 하는 뭔가 느껴졌고, 처음으로 난 내가 죄인이라는 걸 깨달았다.•

마리는 말을 하려 하지 않았지만, 검사의 끈질긴 요구에 굴복한 나머지, 해수욕, 영화 관람, 그리고 우리집에 왔던 사실을 얘기했다. 검사는 수사 과정에서의 마리의 진술을 검토한 후, 그날의 영화 프로그램을 조사해보았다고 말했다. 검사는 마리 자신이 당시 어떤 영화가 상영되었는지를 밝힐 것이라고 덧붙였다. 마리는 거의 기어들어가는 목소리로 사실은 페르낭델의 영화였다고 밝혔다. 마리가 말을 마쳤을 때, 법정은 쥐죽은듯 고요했다. 검사는 매우 심각한 표정을 지으며 자리에서 일어나더니, 내가 보기엔 정말이지 북받쳐 오르는 목소리로 나에게 손가락질을 하면서, 천천히 또박또박 끊어 말했다. "배심원 여러분, 어머니가 돌아가신 다음날, 저 인간은 해수욕을 하고, 부적절한 관계를 맺고, 코미디 영화를 보러 가서 낄낄거렸

• 같은 책, 97~98쪽.

습니다. 더 이상 드릴 말씀이 없습니다."•

참다못한 뫼르소의 변호인은 항변한다. 어머니 장례식과 관련해 기소당한 것이냐, 살인으로 기소당한 것이냐고. 검사는 변호인의 순진함을 비웃으며 이렇게 말한다.

> 검사가 다시 자리에서 일어나더니 (…) 이 두 가지 사건 사이에는 심오하고, 비장하고, 본질적인 관계가 있다는 걸 느끼지 않을 수 없을 것이라고 지적했다. 검사가 단호하게 소리쳤다. "그렇습니다. 본 검사는 저 인간이 범죄자의 마음가짐으로 어머니의 장례를 치렀기 때문에 기소하는 바입니다."••

재판의 마지막이 되면 본말이 완전히 전도된다. 뫼르소는 범죄를 저질렀기 때문이 아니라 범죄자의 마음을 가진 것이 분명하므로 유죄라는 것이다. 근대는 합리성의 시대다. 유죄판결을 내리려면 이에 합당한 증거가 있어야 한

• 같은 책, 101~102쪽.
•• 같은 책, 104쪽.

다. 마음은 근대 형법의 영역이 아니다. 그런데 뫼르소는 그 마음으로 인해 유죄라고 검사는 주장하고 있다. 카뮈는 근대의 합리성 뒤에 여전히 웅크리고 있는 전근대의 비합리성을 간파하고 있다. 뫼르소는 연기를 할 줄 모르는 인물이다. 그런 사람을 우리는 순진하다고 말한다. 그는 어머니를 여읜 아들이 해야 할 법한 사회적 행위를 연기하지 않았고, 실은 그것 때문에 이 사회로부터 영원히 추방되는 것이다.

카프카의 요제프 K도 비슷하다. 그는 자신이 매우 영리하게 행동하고 있고, 상황을 통제하고 있다고 믿는, 그러나 실은 뫼르소처럼 기소당하고 심판당할 것을 끝없이 두려워하는 인물이다. 뫼르소처럼 요제프 K 역시 순진하다. 그는 아무 이유 없이 기소당했지만, 자신이 잘 행동하기만 하면 이 난관을 빠져나갈 수 있으리라 생각한다. 그는 자기 행동에 대한 결과를 계속 예측하지만 늘 예측과는 다른 결과를 마주하고 당황한다. 세상에 대한 그의 순진한 믿음은 예컨대 이런 식이다.

    도대체 어떻게 된 영문인지는 알 수 없지만 아침의 사

건으로 그루바흐 부인의 하숙집 전체에 큰 혼란이 발생했고, 질서가 회복되기 위해서는 자신이 꼭 필요할 것이라는 생각이 들었다. 일단 질서가 회복되면 사건의 흔적은 말끔히 사라질 것이고 모든 것은 본래의 상태로 돌아갈 것이다.•

그의 '정신 승리'는 도저하다. 대학생과 다투다가 힘에서 밀리자 K는 이렇게 말한다.

> 패배를 당한 것은 단지 그가 싸움을 걸었기 때문이다. 만일 그가 집에 있으면서 평소와 같은 생활을 해나간다면 그는 이들 어느 누구보다도 훨씬 우세할 것이고, 그의 길에 방해가 되면 누구든지 발로 한 번 걷어차 비키게 할 수 있을 것이다.••

왜 아니겠는가? 집에만 있으면 누구든 못 이기겠는가? 상상 속에서야 이종격투기 세계챔피언도 한 방에 쓰러뜨

• 프란츠 카프카, 같은 책, 30쪽.
•• 같은 책, 81쪽.

릴 수 있다. 하지만 현실에서 싸움을 걸면 패배를 당하게 된다. 결국 독자는 곧 알게 된다. 그의 믿음이 얼마나 순진한 것이었는가를. K는 순진할 뿐 아니라 약간의 피해망상 증상까지 보인다. 아무 이유 없이 기소당했기 때문에 그럴 수도 있고, 원래가 그런 성격일 수도 있다. 예컨대 그는 법정에 출두해서도 난데없이 일장 연설을 한다. 그는 자신에 대한 체포가 부당하다고 역설한다.

K는 여기서 잠시 말을 중단하고, 침묵을 지키고 있는 예심판사 쪽을 바라보았다. 그러면서 그는 예심판사가 마침 군중 속의 누군가를 쳐다보면서 어떤 신호를 보내고 있는 것을 우연히 포착했다는 생각이 들었다. K는 미소를 지으며 말했다. "여기 제 옆에 계신 예심판사께서 방금 여러분 중 누군가에게 어떤 비밀스러운 신호를 보냈습니다. 그러니까 여러분 중에 여기 연단 위에서 지시를 받는 사람이 있습니다. 저로서는 방금 보낸 신호가 야유를 하라는 것인지 아니면 갈채를 보내라는 것인지 알 수 없지만, 저는 이 일을 사전에 들추어냄으로써 이 신호의 의미를 알 수 있는 기회를 의도적으로 포기하는 것입니다. 저는

조금도 상관없습니다. 그래서 예심판사님께 공개적으로 권한을 드리겠습니다. 돈을 주고 고용한 사람들에게 비밀 신호 대신 큰 소리로 명령을 내리시지요. 예를 들면 '지금은 야유를 보내라!', 그리고 다음번에는 '지금은 박수를 쳐라!' 하고 말하면 되겠지요."

예심판사는 당황한 탓인지 아니면 초조해서인지 의자에 앉아 몸을 이리저리 움직였다. (…)

"제 말은 이제 곧 끝납니다." K는 이렇게 말하면서, 종이 없었으므로 주먹으로 탁자를 내리쳤다. 서로 맞대고 있던 예심판사와 조언자의 머리가 그 소리에 놀라 순간적으로 떨어졌다. "이 모든 일이 저와는 아무 상관도 없기 때문에 저는 이 사건을 차분하게 판단할 수 있습니다. 그리고 여기분이 쇼에 이 법인이키는 것요 중요하게 생기친 다면 제 말을 경청하는 것은 매우 유익할 겁니다. 제가 말하는 것에 대해 여러분이 서로 의견을 나누는 일은 나중으로 미루어주시기 바랍니다. 저는 시간이 없고 곧 가야 하니까요."

즉시 장내가 조용해졌다. 이제 K는 집회를 이처럼 완전히 통제하고 있었다. 사람들은 처음처럼 마구 소리를 지르지도 않았다. 박수를 치지도 않았지만, 이제는 그의 말을 확신하거나 거의 그런 단계에 와 있는 것 같았다.•

혼자만의 믿음에 갇혀 있는 존재는 어린아이와 같다. 그래서 아이들을 놀려먹는 것이 가능하다. 아이들은 뽀로로나 산타클로스가 실존한다고 믿고, 자기가 어떤 믿음을 품으면 그것이 실현된다고 생각한다. 요제프 K가 그런 인물이다. 피해망상에 가까운 자신의 연설이 청중을 감동시켰으며, 그렇기에 재판도 간단하게 끝낼 수 있다고 믿는 것이다. 카프카의 『소송』을 선입견 없이 읽어나가다보면 마치 한 편의 코미디를 보는 것처럼 웃기는 대목이 많다. 바로 이런 어리석음 때문이다. 뫼르소와 요제프 K 모두 마치 미로에 갇힌 실험용 쥐처럼 세계에 대해 좁은 시야를 가지고 있다. 밀란 쿤데라는 「세르반테스의 절하된 유산」이라는 에세이에서 세계를 바라보는 주인공들의 관점에 대해 흥미로운 역사적 비교를 하고 있다.

돈키호테가 드넓은 세상을 향해 모험을 떠났다면, 발자

• 같은 책, 63~64쪽.

크의 세계는 사회제도의 틀 안에 제약되며, 엠마 보바리에 이르면 모험은 불가능해지고 오직 꿈과 몽상만이 가능해진다고 말한다.

밀란 쿤데라의 통찰에 동의하는가 아닌가를 떠나서, 우리는 돈키호테와 엠마 보바리와 요제프 K를 하나의 소실점을 향해 정렬할 수 있다는 것에 어떤 쾌감을 느끼게 된다. 이 셋은 모두 모험을 하고 있다. 돈키호테가 자발적으로, 엠마 보바리가 환상에 이끌려서 모험을 떠난다면, K는 소환을 당하여 어쩔 수 없이 모험을 한다. 카프카의 바로 다음 세대라 할 수 있는 카뮈의 뫼르소 역시 '무시무시한 상황의 함정'에 빠져 자기 바깥의 그 어떤 것도 볼 수 없는 상태가 된다. 카프카가 창조한 이런 상황과 인물은 20세기 이후 그 수많은 텍스트 안에서 발견될 수 있다.

어떤 작가들은 공개적으로 특정 텍스트를 '다시 쓰기'도 했다. '아이오와대학교 국제 창작 프로그램'에서 한 달여를 같이 보냈던 일본 작가 미즈무라 미나에 씨는 독특한 방식으로 자신만의 소설 세계를 구축해왔다. 그녀는 나쓰메 소세키의 미완성 장편을 이어 쓰거나, 에밀리 브론테의 『폭풍의 언덕』을 일본 사소설의 문체를 빌려 쓰고는

'본격소설'이라는 이름을 붙이기도 했다. 우리나라에는 그녀의 작품 중 『본격소설』만이 번역돼 있다. 이 소설은 작가 자신이 1970년대 일본 경제가 세계화되던 시절에 미국 동부에서 직접 겪은 일처럼 쓰여 있다. 운전기사로 들어온 아즈마 다로라는 인물은 단박에 히스클리프를 연상시킨다. 그러나 그렇다고 해서 이 소설이 과거에 유행하던 번안소설은 아니다. 미즈무라 미나에는 영문학의 대표적 고전을 일본인을 주인공으로, 미국 동부를 배경으로 다시 씀으로써 놀라운 효과를 자아냈다. 거기에다 일인칭 화자가 자신이 직접 겪은 일을 중심으로 서술하는 일본문학 특유의 사소설적 문체를 한 겹 더 겹쳐놓음으로써 '소설이란 무엇인가'라는 질문을 자연스럽게 이끌어내고 있다. 누구나 알다시피 에밀리 브론테의 『폭풍의 언덕』은 훗날 수많은 소설과 영화에 강력한 영향을 끼쳤다. 식민지 출신으로 짐작되는 피부색의 히스클리프는 양자로 들어와 또래인 캐서린과 함께 행복한 어린 시절을 보내지만 이후 온갖 박대와 설움을 받게 되고 캐서린이 린튼의 청혼을 받자 집을 뛰쳐나간다. 나중에 엄청난 부자가 되어 돌아와 복수를 자행한다는 이런 스토리는 전 세계 거의 모든 TV

드라마에서 흔히 볼 수 있다. 이 뻔한 이야기를 다시 쓰겠다고 도전한다는 것은 쉽지 않은 일임에 틀림없다. 비슷하면서 달라야 하고, 다시 쓰는 이유가 분명해야 할 테니까.

　물론 『로미오와 줄리엣』이라든가 『춘향전』 같은 경우에는 지금도 수없이 '다시 쓰이고' 있다. 소설의 경우에는 의외로 그런 작업이 드물었는데, 그것은 근대에 들어서면서 소설가에게 더더욱 '창조적 예술가'라는 후광이나, '무에서 유를 창조하는 천재'라는 식의 신화가 덧씌워지면서부터다. 하지만 그 어떤 소설가도 무에서 유를 창조할 수는 없다. 이미 쓰인 것을 조금씩 바꿔가며 자신의 것으로 만들어갈 수 있을 뿐이다.

　샬럿 브론테의 『제인 에어』 역시 진 리스라는 작가에 의해 『광막한 사르가소 바다』라는 이름으로 다시 쓰였다. 일종의 프리퀄이라고도 할 수 있는 이 이야기는 『제인 에어』에서 골방에 갇혀 단말마의 소리만 지르는 것으로 묘사된 로체스터의 부인 버사가 어떻게 그 골방에 갇히게 되었는가를 추적하고 있다. 『제인 에어』에서는 그저 두 연인의 장애물 정도로만 취급된 한 미친 여성에게 주목한다는 점에서 이 소설은 작가의 여성주의적 관점과 의도를 분명히 느낄 수 있다. 지금도 그렇지만 특히 과거에는 특별한 여성들은 남성중심주의 사회에서 미친 여자로 취급당하면서 매장당하거나 고립되곤 했다. 카미유 클로델이나 나혜석이 바로 그런 취급을 받았다. 진 리스는 바로 그런 점을 버사를 통해 드러내려고 했던 것이다.

노벨문학상 수상작가인 존 쿳시 역시 대니얼 디포의 『로빈슨 크루소』를 '포'라는 제목으로 다시 쓴다. 그는 우리가 알고 있던 용감하고 정의롭고 신앙심이 깊은 크루소는 잊으라고 말한다. 대신 비열하고 고집 세고 섬을 결코 탈출하지 않으려는 늙은이를 보여준다. 게다가 『포』의 화자는 크루소가 아니라 수전 바턴이라는 여성이다. 이 여성은 우여곡절 끝에 바다에 내던져져 표류하다 크루소가 살고 있는 섬에 도착하게 된다. 섬에는 십오 년 동안 섬을 지배하며 살아온 크루소 영감과 혀가 말려 말을 못하는 흑인 노예 프라이데이가 있다. 크루소는 성질이 급하고 거만한데다가 모든 것에 의욕을 잃어버린 사람으로 묘사되어 있다.

포스트모더니즘 시대에 특히나 이런 작업, '정전 다시 쓰기'가 많았다. 이렇게 대놓고 '다시 쓰기'를 표방하든 그렇지 않든, 여전히 전 세계의 작가들이 무언가를 다시 쓰고 있다. 그런 과정을 통해 보르헤스의 '도서관', 책의 우주는 점점 더 커져간다. 소설을 쓴다는 것은 땅을 사서 집을 짓는 것과는 좀 다르다. 소설 쓰기란 남의 것을 잠깐 빌려왔다가 그것을 다시 책의 우주에 되돌려주는 작업이다.

그렇다면 소설을 읽는 것은 바로 이 광대한 책의 우주를 탐험하는 것이다. 우리는 『나니아 연대기』의 옷장처럼 하나의 책을 통해 그 우주에 들어간다. 책은 새로운 세계로 통하는 문이자 다른 책으로 연결해주는 징검다리다. 소설과 소설, 이야기와 이야기, 책과 책 사이의 연결을 찾아내는 것은 독자로서 큰 즐거움이 아닐 수 없다. 우리는 이야기에 흠뻑 빠져들면서도, 그 이야기와 다른 이야기의 연결점을 찾아내고, 그런 링크를 발견하면서, 전혀 관계없어 보이는 소설과 소설 사이의 유사점을 찾아내기도 한다. 그러면서 독자는 자기만의 책의 우주, 그 지도를 조금씩 완성하게 된다.

지금까지 우리는 그 우주의 아주 작은 부분을 함께 탐색해보았다. 호메로스와 소포클레스로부터 시작해 세르반테스와 플로베르, 미즈무라 미나에나 존 쿳시의 작업까지를 살펴보았다. 이들은 훌륭한 작가들이지만 책의 우주는 이보다 훨씬 더 광대하다는 것, 우리의 유한한 삶보다 오래 영속하리라는 것을 우리는 잘 알고 있다. 다만 이들로부터 시작해 연결점들을 찾아내고, 더 근사한 별자리를 발견하면서 책의 우주를 확장해갈 일이 우리에게 남아 있다.

  사실 독자로 산다는 것에 현실적 보상 같은 것은 없을지도 모른다. 그러나 우리의 짧은 생물학적 생애를 넘어 영원히 존재하는 우주에 접속할 수 있다는 것, 잠시나마 그 세계의 일원으로 살아갈 수 있다는 것, 어쩌면 그것이야말로 독서의 가장 큰 보상일지도 모른다. 별들이 수백 수천 년 전에 보내온 빛이 이제야 우리의 망막에 와닿듯이 책 역시 까마득한 시공을 초월해 우리에게 도달하고 영향을 미친다. 밀란 쿤데라의 통찰처럼, 비록 우리 현대인의 시야가 마치 요제프 K의 그것처럼 좁아져 있고 모두가 세속적 이해와 단기적 전망으로 아웅다웅하며 살아가고, 세계가 돈키호테와 같은 모험을 더이상 허용하지 않는다 해도, 우리에게는 이 좁은 전망을 극적으로 확장해줄 마법의 문이 있다. 바로 '이야기의 바다'로 뛰어들어 '책의 우주'와 접속하는 것이다.

(『다다다』)

평범

처음 작가가 되기로 마음을 먹었을 때, 나를 가장 괴롭혔던 문제는 내가 지극히 평범한 존재라는 것이었다. 내가 아는 작가란 언덕배기에서 풀 뜯어먹고 있는 소 한 마리만 봐도 그 소의 전생과 후생, 그 모든 생의 업이 떠올라 눈물이 팽 도는, 또는 곡기를 끊은 채 술만으로 2박 3일을 보낼 수 있는, 뭐 그런 괴이한 존재들이었다. 그들은 일반인과는 유전자부터가 다르며 살아온 환경도 결코 범속해서는 아니 되었다. 빨치산을 아버지로 두었거나 남의 집의 양자로 보내졌거나 하는 과거를 가진 건 기본이고 작품이 안 써지면 엽총으로 자기 머리를 쏴서 자살을 한다거나 하는 기행도 서슴지 않아야 하는 그런 종족들이었다.

그런데 나는 그렇지 못했다. 나는 국가에서 녹을 먹는 아버지 밑에서 태어나 별다른 굴곡 없이, 심지어 한 번의 재수도 없이 착착착 진학했다. 1980년대에 대학을 다녔으되 미문화원에 불을 지르지도 못했으며 공장에 들어가 국가 전복(?)을 획책하지도 않았고 국가보안법을 위반한 적도 없었다. 실패한 연애 때문에 청산가리를 구하러 다녀본 적도 없고 술 때문에 몸을 망쳐 병원에 몸을 맡긴 일도 없었다.

그랬다. 나는 지극히 평범했다. 그게 나의 콤플렉스였다. 그래서 나의 습작기와 등단 무렵은 이 콤플렉스를 인정하고 그것을 극복하는 일에 바쳐졌다. 나는 작가가 되지 못하리라. 된다 해도 그들처럼, 내가 존경해마지않았던 선배들처럼 쓰지 못하리라는 절망에 빠져 있었던 것이다.

그런데 어느 날인가. 문단의 한 술자리에서 누군가가 내게 말해주었다. 넌 네가 아주 별나다는 걸 알고 있나? 그는 이렇게도 평범한 내가 문단에서는 오히려 평범하지 않을 수 있다는 걸 알려주었다. 나는 도시에서 자라났다. 시골의 풀내음보다 자동차 배기가스가 더 익숙했고 별문제 없는 부모 덕택에 가족보다는 다른 사회적 관계에 더 몰두할 수 있었다. 문학과는 별 관련 없는 길을 걸어왔기에 컴퓨터와 대중문화에 더 친근감을 느꼈고 구경꾼으로 살아왔기에 1980년대에 별로 빚진 것도 없었다. 그랬다. 어느 순간 주위를 둘러보니 나야말로 별종이었다. 문제적 인간들로 가득찬 곳에서 나는 별다른 문제를 가지지 않은 역설적 의미의 문제적 인간이었다.

그러므로 나는 중력이 강한 별에서 온 사람처럼 자유롭게 떠다닐 수 있었다. 그리고 때는 바야흐로 거품의 시대였다. 주위를 둘러보면 온통 화려한 것투성이였다. 별난 사람들 천지였고 모 신문의 별지에는 날마다 신기한 인물들로 한 면이 다 채워졌다. 1980년대에는 사람들이 왜 다른 사람들과 다른가를 고민했다. 왜 나는 노동자가 될 수 없을까. 왜 나는 민중이 아닌가. 1990년대, 사람들은 왜 다른 사람들과 달라질 수 없나를 고민하고 있었다. 화려한 네온사인 아래를 걸어가며 사람들은 묻고 또 물었다. "왜 멀리 떠나가도 변하는 게 없을까, 인생이란." 빛이 찬란할수록 어둠은 깊었다. 모두들 지극히도 평범한 자신을 저주하며 하루하루를 보내고 있었다. 나는 그런 이야기를 쓰기로 했다. 아무것도 특별할 게 없는 그러나 그렇기에 아주 특별한 사람들의 이야기를 역시 별로 특별할 게 없는 내가, 내 방식 그대로 쓰기로 했다. 그러다보면 길이 있겠지. 그러면서 지금도 쓰고 있다.

(『포스트 잇』)

작가의 말

많이 쓰고 적게 건진 세월

 어려서부터 나는 글을 쓰는 사람이 되고 싶었다. 그때 생각했던 '글'이란 소설이 아니라 산문이었다. 소설은 아무나 쓰는 게 아니라고 생각했다. 그런데 덜컥 소설가가 되었다. 그렇다고 소설만 쓰지는 않았다. 산문도 꾸준히 썼니.

 이 책에 실을 글들을 찾기 위해 산문 원고들이 담긴 컴퓨터 폴더를 오랜만에 열어보았는데 새삼 놀랄 일이 많았다. 아, 내가 천주교에서 발간하는 매체에도 글을 실었었구나. 부모님은 내 글이 그 어떤 다른 매체에 실렸을 때보다 '서울주보'에 실렸을 때 반가워하고 본당 신부님에게도 자랑을 했던 모양이다. 내용은 신앙과는 거리가 먼, 그야말로 일상 잡문이었다. 때마침 우리 집에 들어온 두 마리 길냥이 얘기, 민방위훈련 감상, 진화론의 이른바 '할머니 가설' 같은 것에 대해서 썼는데 오래 계속하지는 않았다. 『들숨날숨』이라는 가톨릭 출판사가 발행하는 월간지에도 연재를 했었는데 주로 음악에 대한 글이었다. 신인 시절에는 그렇게 온갖 것을 다 썼다.

SK텔레콤이 젊은 층을 겨냥해 세기말인 1999년에 선보인 TTL이라는 화제의 브랜드가 있었다. 그 TTL은 『TTL 매거진』이라는 무가지도 냈는데 나도 필진이었다(는 것을 이번에 발견했다). 서평 코너를 맡았던 모양인데 25년 전의 내가 아멜리 노통브, 에밀 아자르, 제임스 미치너, 에마뉘엘 카레르, 무라카미 류, 요시모토 바나나, 마루야마 겐지 등의 소설을 당시의 젊은 독자들에게 소개하고 있었다.

영화에 대해서도 많이 썼다. 월간지 『스크린』이 시작이었다. 중학교 때 짝이었던 녀석이 아버지가 창간한 잡지를 물려받고는 내게 지면을 주었다("지면을 준다"라는 표현, 정말 오랜만에 써보는 것 같다. 그때는 정말 '지면'을 주는 것이었다). 영화를 시사회에서 공짜로 볼 수 있다는 꼬임에 넘어가 2001년 무렵부터 쓰기 시작했고 이런 글쓰기는 이후 주간지인 『씨네21』로도 이어졌다. 〈화양연화〉〈지옥의 묵시록〉〈디 아더스〉〈메멘토〉〈건축학개론〉〈그래비티〉〈마스터〉〈비포 선라이즈〉 같은 영화들에 대해 썼다. 영화에 대해 썼던 글들은 이후 『굴비낚시』나 『김영하 이우일의 영화이야기』 같은 책으로 묶였다. 한국영화가 발흥하고 씨네필들이 쏟아져나오던 시절이라 읽어주는 이들이 많았다.

한국일보와 중앙일보 같은 일간지에도 짧은 글들을 연재했다. 2014년에는 뉴욕타임스에도 한국에서 일어난 여러 일을 칼럼으로 썼다. 어느 회에선가 당시 대통령을 '독재자의 딸'이라 언급했는데 이후 정권의 블랙리스트에 올랐다는 것을 나중에 한 한국문학번역원 관계자에게 전해 들었고 나중에 공식적으로도 확인이 되었다. 블랙리스트에 올랐다고 무슨 큰 불이익을 받은 것은 없었다. 해외 행사에 더러 초청을 못 받은 게 전부였다.

아직 스마트폰이 대중화되기 전이었던 시절, 사람들은 시사주간지도 많이 사 보았고 나도 『시사저널』에 글을 연재했다. 지금으로부터 딱 20년 전인 2005년에 이런 글을 썼다는 것을 이번에 발견하고 웃었다.

작가의 말

다른 나라에서는 작가들이 강연보다는 낭독을 한다. 책이 새로 나오면 그 책을 들고 순회 낭독 여행을 떠나는 것이 일반적이다. 작가들은 '자유' 주제의 강연을 준비할 필요가 없다. 자기 책 중에서 한 부분을 골라 서점 같은 곳에서 독자들 앞에서 읽는다. 서점들은 따로 공간을 마련하지 않고 매대를 조금 밀어 약간의 공터를 만드는데 책더미 사이에 작가와 독자가 옹기종기 모여 앉아 있는 모습이 정겹게 느껴지기도 한다. 소설가뿐 아니라 대단히 분명한 메시지를 가진 정치, 사회과학 쪽 책의 저자들도 그렇게 한다. 독자들은 몇십 분 동안을 참을성 있게 듣고 궁금한 것이 있으면 작가에게 질문한다. 작가들은 답변을 하고, 그 모든 것이 끝나면 자기 책을 들고 온 사람들에게 사인을 해준다. 작가가 강연을 하는 사회와 낭독을 하는 사회. 연원을 따져 들어가면 더 깊은 문화적 전통이 드러나겠으나 일단 지금으로서는 우리 사회에 낭독의 문화를 들여오는 것은 어떨까 생각하고 있는 중이다.

라이프치히 도서전에 다녀와서 쓴 글인데, 동료 작가

누구도 낭독회를 먼저 시작하지 않아서 그냥 내가 스타트를 끊었다. 『랄랄라 하우스』 출간 기념으로 교보문고 강남점에서 열었던 낭독회 포스터에는 "영화에 시사회가 있다면 책에는 낭독 프리미어가 있다"라는 문구가 적혀 있었다. '프리미어'라고 했던 것은 그 행사가 책 출간 당일에 열렸기 때문이었다. 책이 서점에 채 깔리지도 않고 낭독부터 듣는, 당시로서는 생경한 콘셉트의 행사여서 출판사, 서점 모두 걱정하며 진행했던 이벤트였는데 막상 참여했던 독자들은 꽤 재미있어했던 기억이 난다. 아, 한국에서도 낭독회가 되는구나 확신하게 되었던 계기였다. 지금은 여기저기서 많이들 하고 있는 것 같다. 좋은 일이다.

『그라치아』나 『마담 피가로』 같은 패션지와도 간혹 인연이 있었다. 「시간 도둑」이나 「수면 노동자 미스 김」 「예측 불가능한 인간이 된다는 것」 같은 글들인데, 몇 년 후 산문집 『보다』에 몇 편이 묶였다. 이후로 나는 청탁을 받아 산문을 쓰는 일을 그만두었다. 『보다』와 같이 3부작의 하나로 기획되었던 후속작 『읽다』부터 나는 혼자 책 한 권 분량의 주제를 정해놓고 글을 쓰기 시작해 단행본으로 냈다. 그게 내게 더 잘 맞는 방식 같아서였다. 『오래 준비해온 대답』이나 『여행의 이유』 『단 한 번의 삶』 같은 산문집들이 그렇게 쓰여진 것이다.

  이렇듯 30년에 걸쳐 다양한 매체에 발표한 글들, 단행본으로 묶은 글들 중에서 추려 한 권의 책으로 묶는 일은 간단치 않았다. 선정 원칙은 현재성이었다. 지금 읽어도 좋은가, 까지는 바라지 않고, 지금도 읽을 수 있는가, 읽어도 괜찮은가를 기준으로 추려보았다. 지금보다 한참 젊었던 시절, 마감에 시달리며 허둥지둥 써내려간 이 어지러운 글들의 묶음을 2025년의 독자들이 부디 너그러운 마음으로 읽어주기를 바라는 마음뿐이다. 귀한 지면을 허락하고 게으른 필자를 독촉해 원고를 받아내준 여러 매체의 편집자들과 게재를 허락해준 데스크들에게도 이 자리를 빌려 감사를 드린다.

                                    2025년 11월
                                      연희동에서
                                          김영하

30/3 산문선
ⓒ김영하 2025

초판 인쇄 2025년 10월 29일
초판 발행 2025년 11월 24일

지은이 김영하

펴낸곳 복복서가㈜
출판등록 2019년 11월 12일 제2019-000101호
주소 03720 서울특별시 서대문구 연희로 28길 3
홈페이지 www.bokbokseoga.co.kr
전자우편 edit@bokbokseoga.com
마케팅 문의 031) 955-2689

ISBN 979-11-94996-04-0 04810
　　　979-11-94996-02-6 (세트)

이 책의 판권은 지은이와 복복서가에 있습니다.
이 책 내용의 전부 또는 일부를 재사용하려면 반드시 양측의 서면 동의를 받아야 합니다.
이 책의 일부를 어떤 방식으로든 인공 지능 기술이나 시스템 훈련 목적으로 사용하거나 복제할 수 없습니다.
No part of this book may be used or reproduced in any way for the purpose of training artificial intelligence techniques or systems.

잘못된 책은 구입하신 서점에서 교환해드립니다.
기타 교환 문의 031) 955-2661, 3580